빠른시작

중학 국어 **첫 문법**

KB046976

빠른시작

▎중학 국어 빠작 시리즈

비문학 독해 0, 1, 2, 3 ┃ 독해력과 어휘력을 함께 키우는 독해 기본서
문학 독해 1, 2, 3 ┃ 필수 작품을 통해 문학 독해력을 기르는 독해 기본서
문학×비문학 독해 1, 2, 3 ┃ 문학 독해력과 비문학 독해력을 함께 키우는 독해 기본서
고전 문학 독해 ┃ 필수 작품을 통해 고전 문학 독해력을 기르는 독해 기본서
어휘 1, 2, 3 ┃ 내신과 수능의 기초를 마련하는 중학 어휘 기본서
한자 어휘 ┃ 한자를 통해 중학 국어 필수 어휘를 배우는 한자 어휘 기본서
첫 문법 ┃ 중학 국어 문법을 쉽게 익히는 문법 입문서
문법 ┃ 풍부한 문제로 문법 개념을 정리하는 문법서
서술형 쓰기 ┃ 유형으로 익히는 실전 TIP 중심의 서술형 실전서

▎이 책을 쓰신 선생님

이은정(신천중)

빠른시작

중학 국어
첫 문법

이 책의 차례

책 속의 책

정답과 해설 + 체크! 필수 문법 개념

모르는 용어를
찾아보고 싶다면
본책 맨 뒷장에 있는
'핵심 용어 찾아보기'를
활용하세요!

이 책의 구성과 특징

개념 학습

중학 국어 과정의 문법 개념을 짧은 단위로 끊어서 이해하기 쉽게 정리했습니다.

❶ 개념 설명

꼭 알아야 할 핵심 내용을 풍부한 예시, 표와 그림을 통해 쉽게 설명했습니다.

❷ 예시로 정리

실례를 통해 개념을 다시 한번 짚어 주어 개념을 명확하게 이해하도록 했습니다.

❸ 궁금해요

개념과 관련하여 헷갈리기 쉬운 내용이나 더 알아 둘 내용을 제시하여 빈틈없이 학습하도록 했습니다.

연습 문제

학습한 개념을 제대로 이해했는지 바로 확인할 수 있는 문제를 제시했습니다.

❹ 개념 확인

OX 문제, 빈칸 채우기 등의 단답형 문제를 통해 학습 내용을 바로 점검하고 반복 학습하도록 했습니다.

❺ 개념 적용

학습한 개념을 예시에 적용해 보는 문제를 통해 개념을 완벽하게 이해하도록 했습니다.

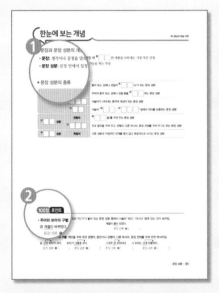

한눈에 보는 개념

짧게 끊어서 설명한 개념을 한번에 모아 한눈에 볼 수 있게 정리했습니다.

① 개념 정리
학습한 개념을 되짚어 스스로 정리해 보면서 문법 실력을 다지도록 했습니다.

② 100점 포인트
시험에서 자주 틀리는 내용을 중심으로 함정을 피하는 비법을 설명하고 문제를 통해 연습하도록 했습니다.

내신 실전 문제

개념과 관련된 내신형 문제를 제시했습니다.

고난도, 서술형 등 다양한 유형의 문제를 통해 시험 유형을 파악하고 개념을 적용하여 문제를 해결하는 방법을 알도록 했습니다.

실력 완성 문제

개념 응용 문제, 개념 통합 문제를 제시했습니다.

심화 문제를 통해 문법 실력을 완성하여 시험에 완벽하게 대비하도록 했습니다.

쪽지 시험

• 개념을 반복 학습할 수 있는 연습 문제를 추가로 제공했습니다.
• 학습 계획표에 제시한 일일 학습량에 따라 회차를 구분하여 당일 학습을 점검하며 마무리하도록 했습니다.

25일 완성! 권장 학습 계획표

• 다음 계획표에 따라 공부하면 25일 만에 문법 공부를 끝낼 수 있어요!

일차	공부한 내용	공부한 날짜
1일	Ⅰ 단어 01~05 • 쪽지 시험 1회	월 일
2일	Ⅰ 단어 06~08 • 쪽지 시험 2회	월 일
3일	Ⅰ 단어 09~10 • 쪽지 시험 3회	월 일
4일	Ⅰ 단어 11~13 • 쪽지 시험 4회	월 일
5일	Ⅰ 단어 14 • 쪽지 시험 5회 • 한눈에 보는 개념 • 내신 실전 문제	월 일
6일	Ⅰ 단어 15~16 • 쪽지 시험 6회 • 한눈에 보는 개념 • 내신 실전 문제	월 일
7일	• 실력 완성 문제	월 일

일차	공부한 내용	공부한 날짜
8일	Ⅱ 문장 01~05 • 쪽지 시험 7회	월 일
9일	Ⅱ 문장 06~09 • 쪽지 시험 8회	월 일
10일	• 한눈에 보는 개념 • 내신 실전 문제	월 일
11일	Ⅱ 문장 10~12 • 쪽지 시험 9회	월 일
12일	• 한눈에 보는 개념 • 내신 실전 문제	월 일
13일	• 실력 완성 문제	월 일
14일	Ⅲ 음운 01~06 • 쪽지 시험 10회	월 일

일차	공부한 내용	공부한 날짜		일차	공부한 내용	공부한 날짜
15일	·한눈에 보는 개념 ·내신 실전 문제	월 일		22일	V 언어와 국어 01 ·쪽지 시험 14회 ·내신 실전 문제	월 일
16일	Ⅲ 음운 07~10 ·쪽지 시험 11회	월 일		23일	V 언어와 국어 02 ·쪽지 시험 15회 ·내신 실전 문제	월 일
17일	·한눈에 보는 개념 ·내신 실전 문제	월 일		24일	V 언어와 국어 03~04 ·쪽지 시험 16회 ·한눈에 보는 개념 ·내신 실전 문제	월 일
18일	·실력 완성 문제	월 일		25일	·실력 완성 문제	월 일
19일	Ⅳ 발음과 표기 01~04 ·쪽지 시험 12회	월 일				
20일	·한눈에 보는 개념 ·내신 실전 문제	월 일				
21일	Ⅳ 발음과 표기 05 ·쪽지 시험 13회 ·내신 실전 문제 ·실력 완성 문제	월 일				

자신의 속도에 맞추어
공부하고 싶다면
나만의 학습 계획을 세워
공부해 보세요!

I

단어

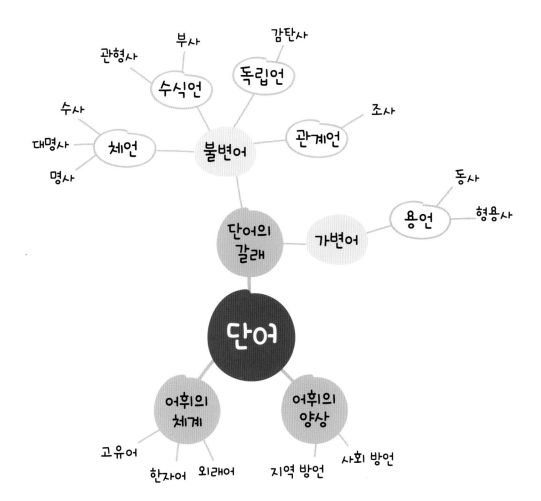

01 품사의 개념

● **품사**(갈래 品品, 말씀 사詞: 말의 갈래)**의 개념**

단어❶를 일정한 기준❷에 따라 나누어 공통된 성질을 가진 것끼리 묶은 갈래

❶ **단어**(홀 單單, 말씀 어語: 하나하나의 말)**: 홀로 쓰일 수 있는 말 또는 홀로 쓰일 수 있는 말에 붙어 쉽게 떨어지는 말**

  예 <u>나</u>? <u>나</u>는 <u>신발</u>을 샀어, <u>신발</u>! ┌─ : 홀로 쓰일 수 있는 말
  └─ : 홀로 쓰일 수 없지만 홀로 쓰일 수 있는 말('나', '신발')에 붙어 쉽게 떨어지므로 단어로 인정함.

❷ **분류 기준**

형태	단어는 문장에서 쓰일 때 형태가 변하는지에 따라 '불변어(형태가 변하지 않는 단어)와 가변어(형태가 변하는 단어)'로 나뉨.	예 나는 그가 좋다. 그가 좋은 나. ─ : 형태가 변하지 않는 단어 - 불변어 ─ : 형태가 변하는 단어 - 가변어
기능	단어는 문장에서 쓰일 때 어떤 기능(역할)을 하는지에 따라 '체언, 수식언, 독립언, 관계언, 용언'으로 나뉨. └ 이 개념들은 뒤에서 공부하니 여기에서는 분류 기준에 주목하세요. ┘	다른 말을 꾸며 주는 역할을 하는 단어 - 수식언 예 새 자전거가 깨끗하다. 깨끗한 상태의 주체 자전거의 상태를 설명하는 가 되는 단어 - 체언 역할을 하는 단어 - 용언
의미	단어는 문장에서 쓰일 때 어떤 의미를 나타내는지에 따라 '명사, 대명사, 수사, 관형사, 부사, 감탄사, 조사, 동사, 형용사'로 나뉨. 이때 '의미'는 개별 단어의 의미가 아니라 같은 갈래에 속하는 단어 전체가 공통으로 지니는 의미를 가리킴.	예 정호는 뛰고, 수희는 걷는다. ─ : 이름을 나타내는 단어 - 명사 ─ : 움직임을 나타내는 단어 - 동사

예시로 정리

형태가 변하지 않는 단어 - 불변어 ┐ ┌ '기어가고, 기어가면' 등으로 형태가 변하는 단어 - 가변어
기어가는 움직임의 주체가 되는 단어 - 체언 ├ 뱀이 기어간다. ┤ 뱀의 움직임을 설명하는 역할을 하는 단어 - 용언
이름을 나타내는 단어 - 명사 ┘ └ 움직임을 나타내는 단어 - 동사

◀● 정답과 해설 2쪽

개념 확인

1 다음 설명이 맞으면 ○, 틀리면 ✕ 표시를 하시오.

(1) 단어를 공통된 성질을 가진 것끼리 묶은 갈래를 품사라고 한다. ·········· (   )

(2) 단어는 형태가 변하는지에 따라 9개의 품사로 나뉜다. ·········· (   )

(3) 단어는 기능에 따라 체언, 수식언, 독립언, 관계언, 용언으로 나뉜다. ·········· (   )

개념 적용

2 제시된 기준에 해당하는 단어를 〈보기〉에서 모두 찾아 쓰시오.

┌─ 보기 ─┐

동생이 새 운동화를 신었다.   상수가 옛 사진을 보았다.

(1) 형태가 변하는 단어	

(2) 다른 말을 꾸며 주는 역할을 하는 단어	

(3) 사람이나 사물의 이름을 나타내는 단어	

02 명사

● **명사**(이름 명名, 말씀 사詞: 이름을 나타내는 말)**의 개념**

사람이나 사물 등의 이름을 나타내는 단어 **예** 이순신, 어머니, 나무, 과일

● **명사의 종류**

구체성이 있는지에 따라	구체 명사	구체적인 대상의 이름을 나타내는 명사	**예** 나무, 하늘, 집, 자동차, 호랑이
	추상 명사	추상적인 대상의 이름을 나타내는 명사	**예** 우정, 행복, 노력, 희망, 시간, 믿음
사용 범위에 따라	고유 명사	특정하거나 유일한 대상의 이름을 나타내는 명사	**예** 이순신, 신사임당, 부산, 한국
	보통 명사	같은 특성을 지닌 대상에 두루 쓰이는 명사	**예** 과일, 사람, 동물, 꽃, 학교
자립성이 있는지에 따라	자립 명사	다른 말의 도움 없이 홀로 쓰일 수 있는 명사	**예** 어머니, 바다, 친구, 평화, 구름
	의존 명사	앞말의 꾸밈을 받아야만 쓰일 수 있는 명사	**예** 먹을 것, 말할 뿐, 한 명, 두 개

예시로 정리

집에 도착한 콩쥐는 일곱 명의 친구와 함께 즐거운 시간을 보냈어요.

구체성 여부에 따라:	구체 명사	구체 명사	구체 명사	구체 명사	추상 명사
사용 범위에 따라:	보통 명사	고유 명사	보통 명사	보통 명사	보통 명사
자립성 여부에 따라:	자립 명사	자립 명사	의존 명사	자립 명사	자립 명사

●● 정답과 해설 2쪽

개념 확인

1 다음 빈칸에 들어갈 알맞은 말을 쓰시오.

(1) ⬜⬜ 은/는 사람이나 사물 등의 이름을 나타내는 단어이다.

(2) 같은 특성을 지닌 대상에 두루 쓰이는 명사를 ⬜⬜ 명사라고 한다.

(3) 다른 말의 도움 없이 홀로 쓰일 수 있는 명사를 ⬜⬜ 명사라고 한다.

개념 적용

2 다음 문장에서 명사를 모두 찾아 표시하시오.

(1) 너 주말에 약속 있어?

(2) 한라산에 가려면 마실 것을 챙겨.

(3) 병아리가 알을 깨고 나왔다.

(4) 아이가 눈물을 그치자 평화가 찾아왔다.

3 〈보기〉에 쓰인 명사에 대한 설명이 맞으면 ○, 틀리면 × 표시를 하시오.

보기

울릉도에 도착한 어부는 물고기 세 마리를 잡았다.

(1) '울릉도'는 같은 특성을 지닌 대상에 두루 쓰이는 명사이다. ⋯⋯⋯⋯⋯⋯⋯ (　　)

(2) '어부', '물고기'는 구체적인 대상의 이름을 나타내는 명사이다. ⋯⋯⋯⋯⋯ (　　)

(3) '마리'는 앞말의 꾸밈을 받아야만 쓰일 수 있는 명사이다. ⋯⋯⋯⋯⋯⋯⋯⋯ (　　)

03 대명사

● **대명사**(대신하다 代代, 이름 명名, 말씀 사詞: 이름을 대신하는 말)**의 개념**

사람, 사물이나 장소의 이름을 대신하여 나타내는 단어 **예** "수미야, 옷이 너에게 잘 어울려." "이것 선물 받았어."
　　　　　　　　　　　　　　　　　　　　　　　　사람의 이름('수미')을 대신하여 나타냄.　　　사물의 이름('옷')을 대신하여 나타냄.

● **대명사의 종류**

인칭 대명사	사람의 이름을 대신하여 나타내는 대명사	**예** 나, 저, 우리, 저희, 너, 당신, 여러분, 너희, 그, 그이, 이분, 저분
지시 대명사	사물이나 장소의 이름을 대신하여 나타내는 대명사	**예** 이것, 그것, 저것, 무엇, 여기, 거기, 저기, 어디

예시로 정리

현수는 어제 꽃집에 갔다. 그는 거기에서 장미꽃을 샀다. 그것은 무척 예뻤다.
사람의 이름('현수')을 대신하여　　장소의 이름('꽃집')을 대신하여　　사물의 이름('장미꽃')을 대신하여
나타내는 인칭 대명사　　　　　　나타내는 지시 대명사　　　　　나타내는 지시 대명사

● 정답과 해설 2쪽

개념 확인

1 다음 괄호 안에 알맞은 말을 고르시오.

(1) 사람, 사물이나 장소의 이름을 대신하여 나타내는 단어를 { 명사 / 대명사 }라고 한다.

(2) 사람의 이름을 대신하여 나타내는 대명사를 { 인칭 / 지시 } 대명사라고 한다.

(3) 사물의 이름을 대신하여 나타내는 대명사를 { 인칭 / 지시 } 대명사라고 한다.

개념 적용

2 〈보기〉에서 밑줄 친 대명사가 대신하여 나타내는 대상을 찾아 쓰시오.

> ─────── 보기 ───────
> **바로**: 여보세요? 유리야, <u>우리</u> 떡볶이 먹으러 갈래?
> **유리**: <u>너</u> 지금 집이야? <u>나</u> 공원에 있는데, 그럼 <u>여기</u>로 올래?

(1) 우리: ＿＿＿＿＿＿＿＿＿　　　(2) 너: ＿＿＿＿＿＿＿＿＿

(3) 나: ＿＿＿＿＿＿＿＿＿　　　(4) 여기: ＿＿＿＿＿＿＿＿＿

3 〈보기〉에서 대명사를 모두 찾아 종류에 따라 나누어 쓰시오.

> ─────── 보기 ───────
> 저희　　그이　　교실　　어디　　먹다　　무엇　　강릉　　여러분

(1) 인칭 대명사	
(2) 지시 대명사	

04 수사

● **수사**(셈 수數, 말씀 사詞: 셈을 나타내는 말)**의 개념**

사람이나 사물 등의 수량이나 순서를 나타내는 단어 **예** 하나, 둘, 첫째, 둘째

● **수사의 종류**

양수사	수량을 나타내는 수사	**예** 하나, 둘, 셋, 일, 이, 삼
서수사	순서를 나타내는 수사	**예** 첫째, 둘째, 셋째, 제일, 제이, 제삼

예시로 정리

하나만 알고 둘은 모르는군요. 중요한 것은 첫째도 건강, 둘째도 건강입니다.
└─ 수량을 나타내는 ─┘   └─ 순서를 나타내는 ─┘
       양수사   서수사

궁금해요

Q '첫째, 둘째, 셋째'라는 단어는 모두 수사인가요?

A '첫째, 둘째, 셋째'가 순서를 나타내 '첫 번째, 두 번째, 세 번째'로 바꾸어 쓸 수 있으면 수사입니다. 하지만 '첫째, 둘째, 셋째'가 형제자매 가운데의 차례를 나타내 '첫째 자식, 둘째 자식, 셋째 자식'으로 바꾸어 쓸 수 있으면 명사입니다. '나의 부탁은 첫째, 행복하고 둘째, 공부를 열심히 해라.'에서 '첫째, 둘째'는 수사이고, '우리 첫째는 키가 크고 둘째는 키가 작다.'에서 '첫째, 둘째'는 명사입니다.

●● 정답과 해설 2쪽

개념 확인

1 다음 빈칸에 들어갈 알맞은 말을 쓰시오.

(1) 사람이나 사물 등의 수량이나 순서를 나타내는 단어를 ☐☐(이)라고 한다.

(2) 사람이나 사물의 ☐☐을/를 나타내는 말을 양수사라고 한다.

(3) 사람이나 사물의 순서를 나타내는 말을 ☐☐☐(이)라고 한다.

개념 적용

2 다음 문장에서 수사를 모두 찾아 표시하시오.

(1) 셋이 먹다 둘이 죽어도 모를 정도로 맛있다.

(2) 셋째야, 너는 삼 더하기 사의 답이 무엇인지 아니?

(3) 여러분 중에서 제이, 제삼의 세종 대왕이 나오기를 바랍니다.

3 제시된 종류에 해당하는 수사를 〈보기〉에서 찾아 쓰시오.

┌─ 보기 ─┐
어제 달리기를 했는데, 나는 첫째로 들어와서 물통 하나를 상품으로 받았어.

(1) 수량을 나타내는 수사: _____

(2) 순서를 나타내는 수사: _____

05 체언

● **체언**(몸 체體, 말씀 언言: 몸이 되는 말)**의 개념**

· 문장에서 주로 움직임이나 상태의 주체(누가/무엇이)가 되거나 움직임의 대상(누구를/무엇을)이 되어 문장의 몸체 역할을 하는 단어 **예** 고양이가 물을 마신다.
움직임('마신다')의 주체가 됨.　움직임('마신다')의 대상이 됨.
· 명사, 대명사, 수사가 체언에 해당함.

● **체언의 특성**

· 문장에서 쓰일 때 형태가 변하지 않음. **예** 발이 물에 빠졌다. 물이 얼었다.
· 다른 말의 꾸밈을 받을 수 있음. **예** 온갖 꽃이 피었다. 그 무엇이 우리를 기다릴까? 저 둘이 나를 본다.
· 조사와 결합하여 쓰이기도 하고, 홀로 쓰이기도 함. **예** 나는 사탕 하나를 먹었다.
단어 사이의 문법적 관계를 나타내거나, 앞말에 특별한 뜻을 더해 주는 단어 → 19쪽 참고

예시로 정리

우리는 헌 책 하나를 샀다.
움직임('샀다')의 주체가 되는 체언 ── 움직임('샀다')의 대상이 되는 체언

궁금해요

Q 체언은 모두 다른 말의 꾸밈을 받을 수 있나요?
A 체언인 명사, 대명사, 수사 모두 다른 말의 꾸밈을 받을 수 있습니다. 다만, 대명사와 수사는 명사에 비해 다른 말의 꾸밈을 받는 데 제약이 있습니다. 명사 '신발'은 '그 신발, 새 신발'과 같이 자유롭게 다른 말의 꾸밈을 받습니다. 그러나 대명사 '어디'나 수사 '셋'은 '그 어디', '그 셋'과 같이 꾸밈을 받을 수는 있지만, '새 어디', '새 셋'과 같이 꾸밈을 받을 수는 없습니다.

●● 정답과 해설 2쪽

개념 확인

1 다음 설명이 맞으면 ○, 틀리면 ✕ 표시를 하시오.

(1) 체언에 해당하는 품사는 명사, 대명사, 수사이다. ⋯⋯⋯⋯⋯⋯⋯⋯⋯⋯ (　)
(2) 체언은 문장에서의 쓰임에 따라 형태가 변한다. ⋯⋯⋯⋯⋯⋯⋯⋯⋯⋯ (　)

개념 적용

2 다음 빈칸에 들어갈 알맞은 말을 쓰시오.

┌─ 보기 ─┐
둘이 먼저 가. 영희가 그를 데려간대.

(1) 〈보기〉에 쓰인 체언은 총 (　)개이다.
(2) 〈보기〉에서 수사와 명사는 움직임의 (　)이/가 되고, 대명사는 움직임의 (　)이/가 된다.

3 다음 밑줄 친 체언의 종류를 바르게 연결하시오.

(1) 이것보다 저것이 크다. · 　 · ㉠ 명사
(2) 하늘에 구름 한 점 없다. · 　 · ㉡ 대명사
(3) 귀는 둘인데 입은 하나이다. · 　 · ㉢ 수사

06 관형사

● **관형사**(갓 관冠, 모양 형形, 말씀 사詞: 갓처럼 놓여 다른 말을 꾸며 주는 말)**의 개념**

체언 앞에 놓여서 '어떠한(어떤)'의 방식으로 체언을 꾸며 주는 단어 예 새 학기, 저 신발, 한 개

체언('학기')을 꾸며 줌.　　체언('신발')을 꾸며 줌.　　체언('개')을 꾸며 줌.

● **관형사의 종류**

성상 관형사	대상의 성질이나 상태를 나타내는 관형사	예 새, 헌, 옛
지시 관형사	특정한 대상을 가리키는 관형사	예 이, 그, 저, 이런, 그런, 저런, 무슨, 어느
수 관형사	수량이나 순서를 나타내는 관형사	예 한, 두, 세/서/석, 네/너/넉, 첫째, 둘째, 여러, 모든

예시로 정리

두 사람이 다시 찾은 그 가게는 옛 모습 그대로였다.

체언('사람')의 수량을 나타내는 수 관형사　　체언('가게')을 가리키는 지시 관형사　　체언('모습')의 상태를 나타내는 성상 관형사

궁금해요

Q 지시 대명사와 지시 관형사, 수사와 수 관형사는 똑같아 보이는데 어떻게 구별할 수 있나요?

A 체언인 지시 대명사와 수사는 조사와 결합할 수 있지만, 관형사는 조사와 결합할 수 없습니다. 따라서 단어 뒤에 조사가 결합할 수 있는지를 살펴보면 지시 대명사와 지시 관형사, 수사와 수 관형사를 구별할 수 있습니다. '이보다 더 좋을 수 있을까?'에서 조사 '보다'와 결합한 '이'는 지시 대명사이고, '이 사람을 보세요.'에서 조사 없이 체언 앞에 놓인 '이'는 지시 관형사입니다. '다섯이 놀았다.'에서 조사 '이'와 결합한 '다섯'은 수사이고, '다섯 사람이 모였다.'에서 조사 없이 체언 앞에 놓인 '다섯'은 수 관형사입니다.

●● 정답과 해설 2쪽

 1 다음 괄호 안에 알맞은 말을 고르시오.

(1) { 대명사 / 관형사 }는 '어떠한'의 방식으로 체언을 꾸며 주는 단어이다.

(2) 수량이나 순서를 나타내는 단어 중 { 수사 / 수 관형사 }는 조사와 결합할 수 없다.

개념 적용 **2** 다음 문장에서 관형사를 모두 찾아 표시하시오.

(1) 이 아이는 세 살입니다. 　　(2) 헌 집 줄 테니 새 집 다오.

(3) 나도 이런 연필 하나만 살래. 　　(4) 그는 온갖 종류의 음식을 시켰다.

3 〈보기〉의 밑줄 친 관형사를 종류에 따라 나누어 쓰시오.

보기

옛 노래　　　셋째 주　　　어느 별

(1) 성상 관형사 　　　　　(2) 지시 관형사 　　　　　(3) 수 관형사

07 부사

● **부사**(돕다 扶助, 말씀 詞: 다른 말을 꾸미어 돕는 말)**의 개념**

- 주로 용언 앞에 놓여서 '어떻게'의 방식으로 용언을 꾸며 주는 단어 예 꽃이 **활짝** 피었다. 아기가 **잘** 잔다.
  문장에서 주체의 움직임이나 상태 등을 서술하는 역할을 하는 단어 → 22쪽 참고   용언('피었다')을 꾸며 줌.   용언('잔다')을 꾸며 줌.
- 다른 부사, 관형사, 체언, 문장 전체를 꾸며 주기도 함.

  예 **매우** 빨리 왔다. **아주** 새 책이다. 범인은 **바로** 너. **설마** 그 말이 사실일까?
     부사('빨리')를 꾸며 줌.   관형사('새')를 꾸며 줌.   체언('너')을 꾸며 줌.   뒤 문장 전체를 꾸며 줌.

● **부사의 종류**

성분 부사	문장의 한 부분을 꾸며 주는 부사	성상 부사	대상의 모양, 상태, 정도를 꾸며 주는 부사	예 활짝, 매우, 아주, 바로, 잘
		지시 부사	장소나 시간, 앞에 나온 사실 등을 가리키는 부사	예 이리, 그리, 내일, 오늘
		부정 부사	용언 앞에 놓여서 그 용언의 내용을 부정하는 부사	예 못, 아니(안)
문장 부사	문장 전체를 꾸며 주는 부사	양태 부사	말하는 이의 심리적 태도를 나타내는 부사	예 설마, 과연, 제발, 결코
		접속 부사	앞말과 뒷말, 앞 문장과 뒤 문장을 이어 주는 부사	예 그리고, 그러나, 그래서, 곧

> **예시로 정리**
>
> 나는 **매우** 피곤해서 아침에 **못** 일어났다. **그래서 오늘** 지각했다. **결코** 잘한 일은 아니다.
> 용언('피곤해서')의   용언('일어났다')의   앞 문장과 뒤 문장을   용언('지각했다')의   뒤 문장 전체를 꾸며 주며 말하는
> 정도를 꾸며 주는   내용을 부정하는   이어 주는   시간을 가리키는   이의 심리적 태도를 나타내는
> 성상 부사   부정 부사   접속 부사   지시 부사   양태 부사

● 정답과 해설 2쪽

개념 확인

1 다음 설명이 맞으면 ○, 틀리면 × 표시를 하시오.

(1) 부사는 '어떻게'의 방식으로 다른 말을 꾸며 주는 단어이다. ········· (   )

(2) 부사는 주로 체언을 꾸며 준다. ·················· (   )

(3) 부사는 문장 전체를 꾸며 주기도 한다. ·················· (   )

개념 적용

2 다음 문장에 쓰인 부사의 개수를 쓰시오.

(1) 내가 서둘렀더니 장소에 너무 일찍 도착했구나. ·················· (   )개

(2) 나는 온갖 방법을 사용해도 이 문제는 못 풀겠다. ·················· (   )개

(3) 토끼는 빨리 달렸지만 거북이는 엉금엉금 기어갔다. ·················· (   )개

3 다음 밑줄 친 부사의 종류를 바르게 연결하시오.

(1) <u>과연</u> 꿈이 이루어질까?   •   • ㉠ 문장의 한 부분을 꾸며 주는 부사

(2) 나는 너랑 게임 <u>안</u> 할래.   •

(3) 정수야, 우리 내일 <u>꼭</u> 만나자.   •   • ㉡ 문장 전체를 꾸며 주는 부사

08 수식언

● **수식언**(꾸미다 수修, 꾸미다 식飾, 말씀 언言: 꾸며 주는 말)**의 개념**
- 문장에서 다른 말을 꾸며 주는 역할을 하는 단어 예 헌 옷이 무척 깨끗하다.
- 관형사, 부사가 수식언에 해당함.

● **수식언의 특성**
- 문장에서 쓰일 때 형태가 변하지 않음. 예 이 영화는 진짜 재미있다. 이 사람은 진짜 멋있다.
- 관형사는 체언을 꾸며 주고, 부사는 주로 용언을 꾸며 주지만 부사가 체언을 꾸며 주기도 함.

  예 저 둘만 왔다. 겨우 둘만 왔다.
  　관형사 체언　부사 체언
- 관형사는 조사와 결합할 수 없지만, 부사는 조사(은/는, 도, 만)와 결합하기도 함.

  예 옛만 사진이구나.(×) 빨리만 와.(○)
  　관형사 조사　　부사 조사

예시로 정리

나도 저런 장난감을 너무도 좋아한다.
체언('장난감')을 꾸며 주는 수식언　용언('좋아한다')을 꾸며 주는 수식언

●● 정답과 해설 3쪽

개념 확인

1 다음 빈칸에 들어갈 알맞은 말을 쓰시오.

(1) 문장에서 다른 말을 꾸며 주는 역할을 하는 단어를 [　][　][　](이)라고 한다.

(2) 수식언에 해당하는 품사는 [　][　][　]과/와 [　][　]이다.

(3) 관형사는 [　][　]과/와 결합할 수 없지만, 부사는 [　][　]과/와 결합하여 쓰이기도 한다.

개념 적용

2 〈보기〉에 쓰인 수식언에 대한 설명이 맞으면 ○, 틀리면 × 표시를 하시오.

┌─ 보기 ─┐
결국 그 어린이는 매우 큰 구슬을 두 개나 잃어버렸다.

(1) '결국'은 문장 전체를 꾸며 주는 역할을 한다. ································ (　　)

(2) '그'는 '어린이'를 꾸며 주는 관형사이다. ································ (　　)

(3) '매우'와 '두'는 모두 용언을 꾸며 주는 부사이다. ································ (　　)

3 다음 밑줄 친 수식언이 관형사이면 '관', 부사이면 '부'라고 쓰시오.

(1) 뛰지 말고 천천히 걸어오세요. ＿＿＿＿＿＿＿

(2) 비가 쉬지 않고 계속 쏟아졌다. ＿＿＿＿＿＿＿

(3) 논에는 온갖 곡식이 익어 간다. ＿＿＿＿＿＿＿

09 감탄사 | 독립언

● **감탄사**(느끼다 感感, 탄식하다 歎歎, 말씀 詞詞: 느끼어 탄식하는 말)**의 개념**

말하는 사람의 놀람, 느낌, 부름이나 대답 등을 나타내는 단어 예 앗, 어머, 야, 네

● **감탄사의 종류**

놀람, 느낌을 나타내는 감탄사	예 앗, 어머, 아차, 아이고, 저런
부름을 나타내는 감탄사	예 야, 얘, 여보, 여보게, 여보세요
대답을 나타내는 감탄사	예 네, 아니요, 예, 응, 그래, 오냐

● **독립언**(홀로 獨獨, 서다 립효, 말씀 언言: 독립적으로 쓰이는 말)**의 개념**

문장에서 다른 단어들에 얽매이지 않고 독립적으로 쓰이는 단어. 감탄사가 독립언에 해당함.

● **독립언의 특성**

· 문장에서 쓰일 때 형태가 변하지 않고, 단독으로 문장을 이룰 수 있음. 예 "여보세요", "네".
· 문장에서의 위치가 자유로우며, 생략해도 문장의 의미가 달라지지 않음. 예 (얘), 반갑다. 반가워, (얘).

예시로 정리

"여보세요? 거기 철수네 집인가요?"   "예, 맞습니다. 앗, 너 민수니?"
부름을 나타내는 감탄사   대답을 나타내는 감탄사   놀람을 나타내는 감탄사

궁금해요

Q "철수야!"도 감탄사인가요?
A "철수야!"도 부름을 나타내지만 감탄사가 아닙니다. 감탄사는 독립언이기 때문에 다른 단어와 결합하지 않고 혼자 쓰이는데, '철수야'는 '철수'와 '야'가 결합한 것입니다. 이때의 '야'는 부름을 나타내는 감탄사가 아니라 체언 뒤에 붙어 아랫사람을 부를 때 쓰는 조사입니다.

● 정답과 해설 3쪽

개념 확인

1 다음 설명이 맞으면 ○, 틀리면 ✕ 표시를 하시오.

(1) 감탄사는 놀람이나 느낌을 나타내는 단어이다. ⋯⋯⋯⋯⋯⋯⋯⋯⋯⋯⋯⋯⋯ (   )

(2) 감탄사는 다른 품사에 비해 문장에서의 위치가 고정적이다. ⋯⋯⋯⋯⋯⋯⋯ (   )

(3) 독립언은 문장에서 쓰일 때 형태가 변하지 않는다. ⋯⋯⋯⋯⋯⋯⋯⋯⋯⋯⋯⋯ (   )

개념 적용

2 다음 밑줄 친 감탄사의 종류가 같은 것끼리 바르게 연결하시오.

(1) <u>얘</u>, 네 이름이 뭐니?   ·   · ㉠ <u>오냐</u>, 어서 오거라.

(2) <u>아니요</u>, 제가 하지 않았어요.   ·   · ㉡ <u>여보게</u>, 이리 앉게나.

(3) 그런 말을 하다니. <u>흥</u>, 실망이야.   ·   · ㉢ <u>아이고</u>, 배가 많이 아프니?

10 조사 | 관계언

● **조사**(돕다 조助, 말씀 사詞: 돕는 말)**의 개념**

주로 체언 뒤에 붙어서 그 말과 다른 말의 문법적 관계를 나타내거나, 그 말에 특별한 뜻을 더해 주는 단어

> **예** 정서가 걷는다. 연수도 걷는다.
> 앞말('정서')이 걷는 주체임을 나타냄.   앞말('연수')에 '또한'의 뜻을 더함.

● **조사의 종류**

격 조사	앞에 오는 말이 문장에서 일정한 자격을 가지도록 하는 조사	**예** 이/가, 께서, 을/를, 의, 에, 에서, 이다 앞말이 └주어 └목적어 └관형어 └부사어 └서술어의 자격을 가지도록 함. • 주어: 문장에서 동작이나 상태 등의 주체가 되는 말 → 43쪽 참고 • 목적어: 문장에서 동작의 대상이 되는 말 → 45쪽 참고 • 관형어: 문장에서 체언을 꾸며 주는 말 → 47쪽 참고 • 부사어: 문장에서 주로 용언을 꾸며 주는 말 → 48쪽 참고 • 서술어: 문장에서 주어의 동작이나 상태 등을 풀이하는 말 → 44쪽 참고
보조사	앞에 오는 말에 특별한 뜻을 더해 주는 조사	**예** 은/는, 도, 마저, 조차, 만, 부터, 까지, 요 앞말에 └대조 └더함 └한정 └시작 └끝 └존대의 뜻을 더함.
접속 조사	두 단어를 같은 자격으로 이어 주는 조사	**예** 과/와, 하고, (이)랑

● **관계언**(관계하다 관關, 매다 계係, 말씀 언言: 관계를 나타내는 말)**의 개념**

문장에서 단어들의 문법적 관계를 나타내는 역할을 하는 단어. 조사가 관계언에 해당함.

● **관계언의 특성**

• 문장에서 쓰일 때 형태가 변하지 않음. 단, '이다'는 예외적으로 형태가 변함.

> **예** 그것은 얼음이니? 이것은 얼음이야. '이다'는 '이니, 이야, 이면, 이고' 등으로 형태가 변함.

• 홀로 쓰일 수 없고 반드시 다른 말에 붙어 쓰임. 주로 체언과 결합하지만 용언, 부사, 다른 조사와 결합하기도 함.

> **예** 여기부터 저기까지가 공원이야. 크지는 않지만 잘도 꾸며 놓았네.
> 　　체언　　　체언 조사　　체언　　　용언　　　　부사

예시로 정리

> 동생이 과자를 좋아한다. 과자만 좋아한다. 과자와 사탕, 둘 다 좋아한다.
> 앞말('동생')이 좋아하는　앞말('과자')이 좋아하는　좋아하는 대상을 앞말('과자')　'과자'와 '사탕'을 같은 자격으로
> 주체가 되도록 하는 격 조사　대상이 되도록 하는 격 조사　로 한정하는 보조사　　이어 주는 접속 조사

◖● 정답과 해설 3쪽

개념 확인

1 다음 빈칸에 들어갈 알맞은 말을 쓰시오.

(1) 문장에서 단어들의 문법적 관계를 나타내는 역할을 하는 단어를 ☐☐☐(이)라고 한다.

(2) 관계언에 해당하는 품사는 ☐☐이다.

개념 적용

2 다음 문장에서 조사를 모두 찾아 표시하고, 문장에 쓰인 관계언의 개수를 쓰시오.

(1) 선생님께서 교무실에 가셨다. ⋯⋯⋯⋯⋯⋯⋯⋯⋯⋯⋯⋯⋯⋯⋯⋯⋯⋯⋯⋯ (　　)개

(2) 강수랑 영희는 닮았다. 둘은 포도를 좋아한다. ⋯⋯⋯⋯⋯⋯⋯⋯⋯⋯⋯⋯ (　　)개

(3) 너만 나를 의심하지 않았다. 너는 나의 진정한 친구이다. ⋯⋯⋯⋯⋯⋯ (　　)개

11 동사

● **동사**(움직이다 動動, 말씀 詞詞: 움직임을 나타내는 말)**의 개념**

사람이나 사물의 움직임이나 작용을 나타내는 단어 **예** 걷다, 뛰다, 날다, 입다, 먹다, 피다, 뜨다

● **동사의 종류**

자동사	동사가 나타내는 움직임이나 작용이 주체에만 미치는 동사	**예** 새가 날다. 꽃이 피다. 움직임('날다')의 주체 └작용('피다')의 주체
타동사	동사가 나타내는 움직임이나 작용이 주체가 아닌 다른 대상에도 미치는 동사. 움직임이나 작용의 대상을 필요로 함.	움직임('입는다')의 대상 움직임('본다')의 대상 **예** 영수가 옷을 입는다. 엄마가 책을 본다. 움직임('입는다')의 주체 움직임('본다')의 주체

● **동사의 특성**

- 사건이나 행위가 현재 일어남을 나타내는 '-는-/-ㄴ-'과 결합할 수 있음. **예** 아기가 밥을 먹는다.
  먹-+-는-+-다
- 명령의 뜻을 나타내는 '-아라/-어라'와 결합할 수 있음. **예** 아기야, 밥을 먹어라.
  먹-+-어라
- 청유의 뜻을 나타내는 '-자'와 결합할 수 있음. **예** 아기야, 밥을 먹자.
  먹-+-자

> **예시로 정리**
>
> '비'의 작용을 나타내는 자동사 '너'의 움직임을 나타내는 자동사 '우리'의 움직임을 나타내는 타동사
>
> 비가 내린다. 너는 어서 집에 와라. 우리 함께 그림을 그리자.
>
> 내리-+-ㄴ-+-다 오-+-아라 그리-+-자
> '-ㄴ-'과 결합해 작용이 현재 일어남을 나타냄. '-아라'와 결합해 명령의 뜻을 나타냄. '-자'와 결합해 청유의 뜻을 나타냄.

●● 정답과 해설 3쪽

개념 확인

1 다음 빈칸에 들어갈 알맞은 말을 쓰시오.

(1) [ ][ ]은/는 사람이나 사물의 [ ][ ][ ](이)나 작용을 나타내는 단어이다.

(2) 동사가 나타내는 움직임이나 작용이 주체에만 미치는 동사를 [ ][ ][ ](이)라고 한다.

(3) 동사는 [ ][ ]의 뜻을 나타내는 '-자'와 결합할 수 있다.

개념 적용

2 〈보기〉에서 동사를 모두 찾아 표시하시오.

보기
| 읽다 | 좁다 | 씻다 | 없다 | 열다 | 날다 |
| 덥다 | 바쁘다 | 아프다 | 달리다 | 친절하다 |

3 다음 괄호 안에 알맞은 말을 고르시오.

(1) '강물이 흐르다.'에서 '흐르다'는 { 자동사 / 타동사 }이다.

(2) '수아는 주스를 마셨다.'에서 '마셨다'는 움직임의 대상이 { 필요한 / 필요하지 않은 } 동사이다.

(12) 형용사

● 형용사(모양 形形, 모습 용容, 말씀 사詞: 모양을 나타내는 말)의 개념

사람이나 사물의 성질이나 상태를 나타내는 단어 **예** 착하다, 귀엽다, 넓다, 하얗다, 차갑다, 이러하다

● 형용사의 종류

성상 형용사	성질이나 상태를 나타내는 형용사	**예** 착하다, 넓다, 하얗다, 아름답다, 춥다
지시 형용사	성질이나 상태, 시간, 수량 등이 어떠하다는 것을 대신 나타내는 형용사	**예** 이러하다, 그러하다, 저러하다

● 형용사의 특성

• 사건이나 행위가 현재 일어남을 나타내는 '-는-/-ㄴ-'과 결합할 수 없음. **예** 옷이 작는다.(×)
                                                                                                작-+-는-+-다
• 명령의 뜻을 나타내는 '-아라/-어라'와 결합할 수 없음. **예** 현준아, 옷이 작아라.(×)
                                                                                     작-+-아라
• 청유의 뜻을 나타내는 '-자'와 결합할 수 없음. **예** 현준아, 옷이 작자.(×)
                                                                              작-+-자

> **예시로 정리**
>
> **날씨가 따뜻하니 사람들의 옷차림이 가볍다. 수지도 그러하다.**
> '날씨'의 상태를 나타내는   '옷차림'의 상태를 나타내는   '수지'의 옷차림 상태도 가볍다는 것을
> 성상 형용사   성상 형용사   대신 나타내는 지시 형용사

> **궁금해요**
>
> **Q** 동사와 형용사는 비슷해 보이는데 둘을 어떻게 구별할 수 있나요?
> **A** 사건이나 행위가 현재 일어남을 나타내는 '-는-/-ㄴ-', 명령의 뜻을 나타내는 '-아라/-어라', 청유의 뜻을 나타내는 '-자'와 결합할 수 있으면 동사, 결합할 수 없으면 형용사입니다. '놀다'라는 단어는 '나는 여기에서 논다. 너는 여기에서 놀아라. 우리는 여기에서 놀자.'의 형태가 가능하므로 동사입니다. 반면에 '짧다'라는 단어는 '바지가 짧는다. 바지가 짧아라. 바지가 짧자.'의 형태가 가능하지 않으므로 형용사입니다.

●● 정답과 해설 3쪽

개념 확인

1 다음 설명이 맞으면 ○, 틀리면 × 표시를 하시오.

(1) 형용사는 사람이나 사물의 움직임, 성질, 상태를 나타내는 단어이다. ·············· (   )

(2) 사물의 성질을 대신 나타내는 형용사도 있다. ·············· (   )

개념 적용

2 다음 문장에서 형용사를 모두 찾아 표시하시오.

(1) 이불이 두꺼워 무겁다.

(2) 흰 눈 속에 빨갛게 핀 꽃이 예쁘다.

(3) 눈이 큰 소년이 빠르게 걸어간다.

(4) 저녁이 되자 바람이 불어 시원하다.

3 〈보기〉의 형용사를 종류에 따라 나누어 쓰시오.

┌─────── 보기 ───────┐
　　낮다　　　푸르다　　　기쁘다　　　깨끗하다　　　이러하다
└──────────────────┘

(1) 성상 형용사	─		(2) 지시 형용사	─	

(13) 용언

● **용언**(쓰다 用, 말씀 言: 활용하는 말)**의 개념**

• 문장에서 주체의 움직임, 작용, 성질, 상태 등을 서술하는 역할을 하는 단어 **예** 치타가 뛴다. 치타가 빠르다.
　　　　　　　　　　　　　　　　　　　　　　　　　　　　　　　　설명　　　　주체('치타가')의 움직임을 서술함.　　주체('치타가')의 상태를 서술함.

• 동사, 형용사가 용언에 해당함.

● **용언의 특성**

• 문장에서의 쓰임에 따라 형태가 변함. 이를 '활용'이라고 함. **예** 내가 지금 보는 책은 어제 본 책이다.
　　　　　　　　　　　　　　　　　　　　　　　　　　　　　　　　　　　　　보-+-는　　　　　보-+-ㄴ

• 다른 말의 꾸밈을 받을 수 있음. **예** 날씨가 활짝 개었다. 물이 무척 시원하다.

> **예시로 정리**
>
> 방이 조금 덥다. 내가 창문을 열까?
> 주체('방이')의 상태를 서술하는 용언　　　주체('내가')의 움직임을 서술하는 용언

> **궁금해요**
>
> **Q** 용언은 문장에서 쓰일 때 형태가 다양하게 변하는데 그 많은 형태를 국어사전에 다 싣나요?
>
> **A** 용언 '가다'는 '저것은 학교로 가는 버스이다. 집에 가니 빵이 있었다. 나는 시골로 가게 되었다.'와 같이 형태가 다양하게 변합니다. 이때 '가-'와 같이 변하지 않는 부분을 '어간'이라고 하고, '-는', '-니', '-게'와 같이 변하는 부분을 '어미'라고 하는데, 어간에 어미 '-다'를 붙인 형태를 용언의 '기본형'이라고 합니다. 국어사전에는 기본형만 싣기로 약속했기 때문에, 국어사전에는 '가는, 가니, 가게'를 대표해 '가다'만 실려 있습니다.
> 　　　　　　　　　　　　　　　　　　　　　　　　　　　활용형　　　　기본형

●● 정답과 해설 3쪽

개념 확인

1 다음 괄호 안에 알맞은 말을 고르시오.

(1) 용언은 주체를 { 서술하는 / 꾸며 주는 } 역할을 하는 단어이다.

(2) 용언에 해당하는 품사는 { 명사, 대명사, 수사 / 관형사, 부사 / 동사, 형용사 }이다.

(3) 용언은 문장에서의 쓰임에 따라 형태가 { 변한다 / 변하지 않는다 }.

개념 적용

2 〈보기〉에 쓰인 용언에 대한 설명이 맞으면 ○, 틀리면 × 표시를 하시오.

> ─ 보기 ─
> 동생이 즐겁게 춤을 추다가 그대로 멈추었다.

(1) '즐겁게'는 주체의 상태를 서술한다. ·· (　)

(2) '추다가'는 형용사 '추다'의 활용형이다. ······························ (　)

(3) '멈추었다'는 다른 말의 꾸밈을 받고 있다. ························ (　)

3 다음 밑줄 친 용언이 동사이면 '동', 형용사이면 '형'이라고 쓰시오.

(1) 소녀가 활짝 웃는다. ＿＿＿＿＿＿＿

(2) 이 케이크는 무척 부드럽다. ＿＿＿＿＿＿＿

(3) 그는 선생님 말씀을 잘 듣는다. ＿＿＿＿＿＿＿

14 품사의 종류

● 품사의 종류

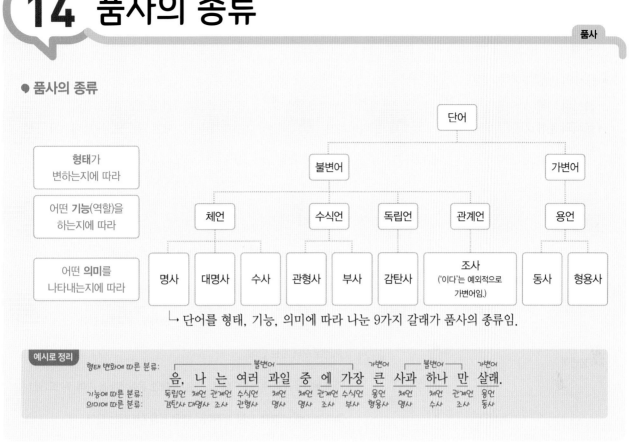

┗ 단어를 형태, 기능, 의미에 따라 나눈 9가지 갈래가 품사의 종류임.

예시로 정리

형태 변화에 따른 분류:
┌─────────── 불변어 ───────────┐ 가변어 ┌─ 불변어 ─┐ 가변어
음, 나 는 여러 과일 중 에 가장 큰 사과 하나 만 살래.

기능에 따른 분류: 독립언 체언 관계언 수식언 체언 체언 관계언 수식언 용언 체언 체언 관계언 용언
의미에 따른 분류: 감탄사 대명사 조사 관형사 명사 명사 조사 부사 형용사 명사 수사 조사 동사

●● 정답과 해설 3쪽

개념 확인

1 다음 빈칸에 들어갈 알맞은 말을 쓰시오.

(1) 단어는 형태가 변하는지에 따라 ☐☐☐ 과/와 ☐☐☐ (으)로 나눌 수 있다.

(2) 단어는 문장에서 하는 ☐☐ 에 따라 체언, 수식언, 독립언, 관계언, 용언으로 나눌 수 있다.

개념 적용

2 〈보기〉의 단어를 제시된 기준에 따라 나누어 쓰시오.

┌─ 보기 ─┐
헌   앗   소년   그녀   결코   만나다   재미있다

(1) 불변어	
(2) 가변어	

3 다음 괄호 안에 알맞은 말을 고르시오.

(1) '가재는 게 편이다.'에서 '이다'는 { 불변어 / 가변어 }이다.

(2) '구슬이 서 말이라도 꿰어야 보배.'에서 '서'는 { 체언 / 수식언 }이다.

(3) '공든 탑이 무너지랴.'에서 '무너지랴'는 { 동사 / 형용사 }이다.

●● 정답과 해설 4쪽

■ **품사의 개념과 분류 기준**

• **품사의 개념:** 단어를 일정한 ❶ ☐☐ 에 따라 나누어 공통된 ❷ ☐☐ 을/를 가진 것끼리 묶은 갈래

• **품사의 분류 기준:** 문장에서 쓰일 때 '형태'가 변하는지, 어떤 '기능(역할)'을 하는지, 어떤 '의미'를 나타내는지에 따라 나뉨.

■ **품사의 종류**

형태에 따라	기능에 따라		의미에 따라	
불변어	❸ ☐☐	명사	사물이나 사물 등의 ❺ ☐☐ 을/를 나타내는 단어	
		❹ ☐☐☐	사람, 사물이나 장소의 이름을 대신하여 나타내는 단어	
		수사	사람이나 사물 등의 ❻ ☐☐ (이)나 순서를 나타내는 단어	
	수식언	❼ ☐☐☐	체언을 꾸며 주는 단어	
		❽ ☐☐	주로 용언을 꾸며 주는 단어(부사, 관형사, 체언, 문장 전체를 꾸며 주기도 함.)	
	독립언	❾ ☐☐	말하는 사람의 놀람, 느낌, 부름이나 대답 등을 나타내는 단어	
	❿ ☐☐☐	조사	주로 체언 뒤에 붙어서 그 말과 다른 말의 문법적 관계를 나타내거나, 그 말에 특별한 뜻을 더해 주는 단어('이다'는 예외적으로 가변어임.)	
가변어	⓫ ☐☐	동사	사람이나 사물의 ⓭ ☐☐ (이)나 작용을 나타내는 단어	
	⓬ ☐☐☐		사람이나 사물의 성질이나 ⓮ ☐☐ 을/를 나타내는 단어	

100점 포인트

• **지시 대명사와 지시 관형사의 구별:** 조사와 결합할 수 있으면 지시 대명사, 결합할 수 없으면 지시 관형사임.

  예 여러분, 이는 전적으로 제 책임입니다.   당신은 이 생각에 반대하십니까?

       품사: ❶ (   )   품사: ❷ (   )

• **수사와 수 관형사의 구별:** 조사와 결합할 수 있으면 수사, 결합할 수 없으면 수 관형사임.

  예 둘 더하기 넷은 여섯이다.   배구는 여섯 명이 한 팀이다.

       품사: ❸ (   )   품사: ❹ (   )

• **동사와 형용사의 구별:** 현재형·명령형·청유형으로 나타낼 수 있으면 동사, 나타낼 수 없으면 형용사임.

  예 지금 영화를 본다 / 보아라 / 보자.(○)   지금 영화가 슬픈다 / 슬퍼라 / 슬프자.(×)

       품사: ❺ (   )   품사: ❻ (   )

내신 실전 문제

●● 정답과 해설 4쪽

01 단어와 품사에 대해 **틀린** 내용을 말한 사람은?

① 윤솔: 홀로 쓰일 수 있는 말을 단어라고 해.
② 서준: 홀로 쓰일 수 없더라도 홀로 쓰일 수 있는 말에 붙어 쉽게 떨어진다면 단어로 볼 수 있어.
③ 시영: 단어를 공통된 성질을 가진 것끼리 묶은 갈래를 품사라고 해.
④ 강일: 단어는 형태, 기능, 의미에 따라 9개의 품사로 나눌 수 있어.
⑤ 현우: 모든 단어는 문장에서 쓰일 때 형태가 변하지 않으므로 '형태'는 단어의 분류 기준이 될 수 없어.

02 〈보기〉와 같이 단어를 나눈 기준으로 적절한 것은?

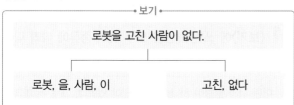

로봇을 고친 사람이 없다.

로봇, 을, 사람, 이   고친, 없다

① 홀로 쓰일 수 있는가?
② 문장에서 어떤 기능을 하는가?
③ 문장에서 어떤 의미를 나타내는가?
④ 문장에서 쓰일 때 형태가 변하는가?
⑤ 문장에서 다른 말을 꾸며 주는 역할을 하는가?

03 〈보기〉의 문장에서 각 단어가 하는 기능으로 적절한 것은?

보기
오, 온갖 꽃이 피었구나!

① '오'는 주체의 작용을 서술하는 역할을 한다.
② '온갖'은 작용의 주체가 된다.
③ '꽃'은 다른 말을 꾸며 주는 역할을 한다.
④ '이'는 단어들의 문법적 관계를 나타내는 역할을 한다.
⑤ '피었구나'는 문장에서 독립적으로 쓰인다.

04 〈보기〉의 단어를 문장에서의 의미에 따라 바르게 나눈 것은?

보기
돌다   걷다   과연   여보게   폴짝폴짝

① 돌다, 걷다, 과연 / 여보게, 폴짝폴짝
② 돌다, 과연, 여보게 / 걷다, 폴짝폴짝
③ 돌다, 걷다 / 과연, 여보게 / 폴짝폴짝
④ 돌다, 걷다 / 과연, 폴짝폴짝 / 여보게
⑤ 돌다, 과연 / 걷다, 폴짝폴짝 / 여보게

05 〈보기〉 단어의 공통점으로 적절한 것은?

보기
의자   자유   희망   자동차   지우개

① 사물의 이름을 나타내는 단어이다.
② 사물의 움직임을 나타내는 단어이다.
③ 사물의 이름을 대신하여 나타내는 단어이다.
④ 사물의 수량이나 순서를 나타내는 단어이다.
⑤ 단어들의 문법적 관계를 나타내는 단어이다.

고난도
06 〈보기〉의 ㉠~㉤에 대한 설명으로 적절하지 **않은** 것은?

보기
• 당신의 ㉠건강이 저의 ㉡행복입니다.
• ㉢신데렐라는 어려서 ㉣어머니를 잃었다.
• ㉤천안의 명물 호두과자를 먹은 ㉥적이 있니?

① ㉠과 ㉡은 추상 명사이다.
② ㉢과 ㉣은 고유 명사이다.
③ ㉢과 ㉤은 자립 명사이다.
④ ㉠~㉥에서 의존 명사는 1개이다.
⑤ ㉠~㉥은 모두 체언에 해당한다.

07 〈보기〉의 밑줄 친 단어에 대한 설명으로 적절한 것은?

──● 보기 ●──

채린: 단풍잎이 빨갛게 물들었네. 시현아, 이것 좀 봐.

시현: 와, 예쁘다. 나는 노란 은행잎도 보기 좋더라.

채린: 그래? 학교 근처 놀이터에 은행나무가 많던데, 너도 거기에 가 봤니?

시현: 아니, 그곳이 어디야?

① '이것'이 가리키는 대상은 은행잎이다.
② '나'와 '너'가 가리키는 대상은 같다.
③ '거기'는 학교를 가리킨다.
④ '거기'와 '그곳'은 서로 다른 장소를 가리킨다.
⑤ '어디'는 단풍나무가 있는 곳을 가리킨다.

08 밑줄 친 단어의 품사가 나머지와 다른 것은?

① 거기 둘은 이쪽으로 오세요.
② 둘에 셋을 더하면 다섯이 된다.
③ 논이 끝난 곳에 도랑이 하나 있었다.
④ 백설 공주는 일곱 명의 난쟁이와 살았다.
⑤ 그 친구는 첫째, 키가 크고, 둘째, 착하다.

고난도

09 문장에 명사, 대명사, 수사가 모두 쓰인 것은?

① 그녀는 주스 한 잔을 시켰다.
② 저 학생들은 둘도 없는 친구이다.
③ 우리는 제이의 영웅을 기다립니다.
④ 넷 중에 어느 것이 더 마음에 드십니까?
⑤ 첫째야, 저기에 가서 과자를 좀 사 오렴.

10 〈보기〉의 ㉠~㉤에 대한 설명으로 적절하지 <u>않은</u> 것은?

──● 보기 ●──

오늘 은서, 서준이와 함께 집 앞 도서관에 갔다. ㉠집 앞 도서관에서 ㉡나와 은서, 서준이 ㉢셋은 ㉣책 세 ㉤권을 읽었다.

① ㉠은 '거기'라는 지시 대명사로 바꾸어 쓸 수 있다.
② ㉡은 '우리'라는 인칭 대명사로 바꾸어 쓸 수 있다.
③ ㉢은 사람이나 사물의 수량을 나타내는 수사이다.
④ ㉣은 문장에서의 쓰임에 따라 형태가 변한다.
⑤ ㉤은 앞말의 꾸밈을 받아야만 쓰일 수 있는 명사이다.

서술형

11 〈보기〉에 쓰인 체언을 모두 찾아 종류에 따라 나누어 쓰시오.

──● 보기 ●──

어떤 나라에 뿔이 하나 달린 거인이 있었다. 그는 두 마리의 양과 동굴에서 살았는데, 그곳은 꽤 추웠다.

(1) 명사: _____
(2) 대명사: _____
(3) 수사: _____

12 〈보기〉의 빈칸에 들어갈 내용으로 적절한 것은?

──● 보기 ●──

학생: 선생님, 체언의 특성을 알려 주세요.

선생님: ( )

① 조사와 결합해서 쓰일 수 있어요.
② 다른 말의 꾸밈을 받을 수 없어요.
③ 명사, 관형사, 수사가 체언에 해당해요.
④ 문장에서 쓰일 때 형태가 변할 수 있어요.
⑤ 문장에서 주체의 움직임을 서술하는 역할을 해요.

13 〈보기〉의 ㉠~㉢에 들어갈 내용을 바르게 짝 지은 것은?

> ───── 보기 ─────
>
> '옷 두 벌을 샀다. 새 옷을 입었다.'에서 '두', '새'는 품사가 같습니다. 이들은 문장에서의 의미에 따라 나누면 (㉠)에 속하고, 문장에서 (㉡)을/를 꾸며 주는 역할을 합니다. 또한 문장에서 쓰일 때 형태가 (㉢)

	㉠	㉡	㉢
①	부사	체언	변합니다.
②	부사	용언	변하지 않습니다.
③	관형사	체언	변합니다.
④	관형사	체언	변하지 않습니다.
⑤	관형사	수식언	변하지 않습니다.

14 〈보기〉의 빈칸에 공통으로 들어갈 수 있는 품사에 대한 설명으로 적절한 것은?

> ───── 보기 ─────
>
> • 네가 떠난다니 (   ) 섭섭하구나.
> • 그가 들려준 이야기는 (   ) 흥미로웠다.

① 조사와 결합할 수 없다.
② 문장에서 독립적으로 쓰인다.
③ 문장에서 주로 움직임의 대상이 된다.
④ 부사나 문장 전체를 꾸며 주기도 한다.
⑤ 앞말과 다른 말의 문법적 관계를 나타낸다.

15 밑줄 친 단어의 품사가 나머지와 <u>다른</u> 것은?

① <u>여러</u> 사람이 모여 의견을 나누었다.
② 나는 청소를 하면서 <u>헌</u> 옷을 버렸다.
③ 이 방은 햇빛이 <u>잘</u> 들어서 무척 환하다.
④ 도서관은 매월 <u>첫째</u> 주 월요일에 쉽니다.
⑤ 내가 읽은 것은 이 책이 아니라 <u>저</u> 책이다.

서술형

16 ㉠과 ㉡에 들어갈 수 있는 단어를 〈보기〉에서 골라 쓰고, 그 단어가 문장에서 하는 기능의 공통점을 쓰시오.

> (㉠) 옷이 (㉡) 깨끗하다.

> ───── 보기 ─────
>
> 셋   가다   아주   저것   모든   높다

㉠: _____   ㉡: _____

→ 기능의 공통점: _____

17 문장에 쓰인 수식언의 개수가 나머지와 <u>다른</u> 것은?

① 제발 아무 일도 없어야 해요.
② 몹시 추운 겨울이 또 왔습니다.
③ 너를 다시 만나 무척 행복했어.
④ 그러면 저는 어느 곳으로 갈까요?
⑤ 셋이서 빵 열 개를 전부 다 먹었습니다.

18 감탄사에 해당하지 <u>않는</u> 것은?

① '쳇, 흥'과 같이 느낌을 나타내는 단어
② '애, 애야'와 같이 부름을 나타내는 단어
③ '아, 아유'와 같이 감정을 나타내는 단어
④ '예, 아니요'와 같이 대답을 나타내는 단어
⑤ '앗, 어머나'와 같이 놀람을 나타내는 단어

서술형

19 다음 대화에서 〈조건〉에 맞는 단어를 모두 찾아 쓰시오.

> **할아버지 1:** 여보, 팔목이 아직 아픈가 보구먼.
> **할아버지 2:** 아이고, 삔 데가 오래가는구먼. 여보게, 이 가방 좀 들어 주겠나?

> ── 조건 ──
> • 문장에서 쓰일 때 형태가 변하지 않는다.
> • 문장에서 다른 단어들에 얽매이지 않고 독립적으로 쓰인다.

서술형

20 〈보기〉를 바탕으로 ㉠~㉢에 들어갈 알맞은 말을 쓰시오.

── 보기 ──

개가 고양이를 쫓았다.

개를 고양이가 쫓았다.

> 〈보기〉에서 두 문장의 의미가 달라진 이유는 '개'와 '고양이' 뒤에 붙은 (㉠) '가'와 '를'이 바뀌어 문장에서 움직임의 주체와 움직임의 대상이 달라졌기 때문이다. (㉠)은/는 주로 (㉡) 뒤에 붙어서 그 말과 다른 말의 문법적 관계를 나타내는데, '(㉢)'을/를 제외하면 문장에서 쓰일 때 형태가 변하지 않는다.

㉠: _____ ㉡: _____ ㉢: _____

21 〈보기〉에 쓰인 조사의 개수로 알맞은 것은?

── 보기 ──

> 화단에 장미꽃이 많이도 피었다.

① 1개 ② 2개 ③ 3개
④ 4개 ⑤ 5개

22 관계언에 대한 설명으로 적절한 것을 〈보기〉에서 모두 골라 묶은 것은?

── 보기 ──
> ㉠ 관형사와 결합할 수 있다.
> ㉡ 항상 다른 말에 붙어 쓰인다.
> ㉢ 주로 체언 뒤에 붙어 쓰인다.
> ㉣ 단어들의 문법적 관계를 나타낸다.
> ㉤ 문장에서 쓰일 때 형태가 변하는 것도 있다.

① ㉠, ㉡, ㉢
② ㉠, ㉢, ㉣
③ ㉠, ㉢, ㉣, ㉤
④ ㉡, ㉢, ㉣, ㉤
⑤ ㉠, ㉡, ㉢, ㉣, ㉤

23 〈보기〉에서 설명하는 품사가 쓰인 속담이 아닌 것은?

── 보기 ──
> 사람이나 사물의 움직임이나 작용을 나타내는 단어

① 티끌 모아 태산.
② 나는 새도 떨어뜨린다.
③ 낫 놓고 기역 자도 모른다.
④ 먼 사촌보다 가까운 이웃이 낫다.
⑤ 낮말은 새가 듣고 밤말은 쥐가 듣는다.

24 밑줄 친 단어 중, 〈보기〉의 밑줄 친 단어와 품사가 같은 것은?

---- 보기 ----
나는 오늘 등산을 했더니 <u>힘들다</u>.

① 오늘따라 도서관이 <u>어둡다</u>.
② 방에서 동생이 깔깔대며 <u>웃는다</u>.
③ 그의 팔이 나뭇가지처럼 <u>휘었다</u>.
④ 언니는 꽃 앞에서 사진을 <u>찍었다</u>.
⑤ 갑자기 천둥이 쳐서 나는 깜짝 <u>놀랐다</u>.

25 〈조건〉을 모두 만족하는 문장으로 알맞은 것은?

---- 조건 ----
• 기본형이 서로 다른 동사가 2개 있다.
• 형용사가 1개 있다.

① 작은 동물은 행동이 빠르고 민첩하다.
② 배가 고픈 늑대가 영리한 토끼를 잡았다.
③ 밤이 깊었으니 얼른 일기를 쓰고 자야겠다.
④ 영화를 보는 것보다는 음악을 들으며 춤출래.
⑤ 마스크를 쓰고 모자까지 쓰니 매우 답답하다.

26 〈보기〉의 ㉠~㉢에 대한 설명으로 적절하지 <u>않은</u> 것은?

---- 보기 ----
• 밤새 눈이 ㉠내려서 온 거리가 ㉡새하얗다.
• 지금 내 사정이 ㉢이러하니 어찌하면 ㉣좋소?

① ㉠과 ㉡의 품사는 서로 다르다.
② ㉢은 성질이나 상태, 시간, 수량 등이 어떠하다는 것을 대신 나타내는 형용사이다.
③ ㉣은 청유의 뜻을 나타내는 '-자'와 결합할 수 있다.
④ ㉠~㉣에서 사건이나 행위가 현재 일어남을 나타내는 '-는-/-ㄴ-'과 결합할 수 있는 것은 ㉠뿐이다.
⑤ ㉠~㉣ 모두 문장에서의 쓰임에 따라 형태가 변한다.

27 밑줄 친 단어의 품사가 같은 것끼리 묶인 것은?

① ┌ 너는 손이 참 <u>크구나</u>.
   └ 시냇물이 졸졸 <u>흐르는구나</u>.
② ┌ 아빠가 아기를 <u>업었다</u>.
   └ 생각보다 담장이 <u>낮았다</u>.
③ ┌ 김연아는 훌륭한 <u>선수였다</u>.
   └ 영수는 공부를 열심히 <u>하였다</u>.
④ ┌ 그 사람은 <u>착한</u> 사람이니?
   └ 그 사람이 태권도를 <u>배운</u> 사람이니?
⑤ ┌ 경복궁에 <u>많은</u> 관광객이 모였다.
   └ 라디오에서 <u>즐거운</u> 노래가 나온다.

28 다음은 학생이 '용언'에 대해 정리한 것이다. ㉠~㉣에서 적절한 내용을 모두 골라 묶은 것은?

오늘 배운 내용: 용언의 특성
• 문장에서 주체의 움직임, 작용, 성질, 상태 등을 서술하는 역할을 하는 단어임. ·············· ㉠
• 문장에서의 쓰임에 따라 형태가 변함. ·············· ㉡
• 어미에 '-다'를 붙인 형태가 기본형임. ·············· ㉢
• 다른 말의 꾸밈을 받을 수 있음. ·············· ㉣

① ㉠, ㉡
② ㉢, ㉣
③ ㉠, ㉡, ㉢
④ ㉠, ㉡, ㉣
⑤ ㉡, ㉢, ㉣

고난도
29 〈보기〉의 활동을 적절하게 수행하지 <u>못한</u> 것은?

---- 보기 ----
선생님: 도서관에서 제목이 체언, 관계언, 용언으로만 이루어진 책을 찾아보세요.

① 『라면은 멋있다』
② 『시간을 파는 상점』
③ 『완벽한 사과는 없다』
④ 『오리가 한 마리 있었어』
⑤ 『세계를 건너 너에게 갈게』

15 어휘의 체계

● **어휘**(말씀 어語, 무리 휘彙: 말의 무리)**의 체계**

'어휘'는 일정한 범위 안에서 쓰이는 단어의 집합임. 우리말 어휘는 고유어❶, 한자어❷, 외래어❸로 나뉨.

❶ 고유어(굳다 고固, 있다 유有, 말씀 어語: 굳게 있던 말)

개념	본래부터 우리말에 있었거나 우리말에 기초하여 새로 만들어진 말	예 무지개, 마음, 꽃샘, 하늘, 바다
특성	우리 민족의 문화와 정서를 표현하기에 적합함.	예 길쌈, 부럼, 슬프다, 서럽다, 구슬프다 문화와 관련된 표현　　정서와 관련된 표현
	소리, 모양, 색깔을 나타내는 표현이 발달함.	예 퐁당, 풍덩, 깡충, 껑충, 새빨갛다, 발그스름하다 소리　　모양　　색깔을 나타내는 표현

❷ 한자어(한나라 한漢, 글자 자字, 말씀 어語: 한자로 된 말)

개념	한자에 기초하여 만들어진 말	예 학교(學校), 교복(校服), 우유(牛乳)
특성	고유어에 비해 분화된 의미를 지니고 있어서 고유어를 보완함.	예 고치다 ┬ 틀린 것을 바로잡다. → 수정(修正)하다. 고유어　　└ 병 따위를 낫게 하다. → 치료(治療)하다. → 여러 의미를 지닌 고유어에 비해 한자어는 분화된 의미를 지님.
	한자는 글자마다 뜻이 있어 의미를 압축적으로 표현할 수 있음.	예 말하는 사람 → 화자(말하다 화話, 사람 자者)

❸ 외래어(바깥 외外, 오다 래來, 말씀 어語: 외국에서 온 말)

개념	다른 나라에서 들어와 우리말처럼 쓰이는 말	예 피아노(piano), 버스(bus), 티셔츠(T-shirt)
특성	외국에서 새로 들어온 사물이나 현상을 나타내 우리말 어휘를 보충함.	

예시로 정리

한자어　　　　한자어　　　고유어　　　　고유어　　고유어　　　　외래어　　　　　　한자어
<u>구독(購讀)</u>하던 <u>신문(新聞)</u>을 끊었다.　어제 <u>재미있는</u> <u>오페라(opera)</u>를 <u>감상(鑑賞)</u>했다.
　　보던　　　　　　　　　　　　　　　　　　　　　　　　　　　　　보았다
└─ 고유어('보다')는 한자어('구독하다', '감상하다')에 비해 의미의 폭이 넓어 하나의 단어가 여러 의미로 쓰이고, ─┘
한자어는 고유어에 비해 의미가 분화되어 구체적임.

●● 정답과 해설 7쪽

개념 확인

1 다음 빈칸에 들어갈 알맞은 말을 쓰시오.

(1) 본래부터 우리말에 있었거나 우리말에 기초하여 새로 만들어진 말을 [　][　][　](이)라고 한다.

(2) 한자에 기초하여 만들어진 말을 [　][　][　](이)라고 한다.

(3) 다른 나라에서 들어와 우리말처럼 쓰이는 말을 [　][　][　](이)라고 한다.

개념 적용

2 다음 밑줄 친 단어들의 공통된 유형을 바르게 연결하시오.

(1) 나는 엄마의 말이 <u>섭섭했다</u>.　　　　　•

(2) 종수는 저 <u>카페</u>에서 <u>아르바이트</u>를 한다.　•

(3) <u>학생</u>들이 <u>교실</u> <u>의자</u>에 앉아 이야기한다.　•

　　　　　　　　　　　　　　　　　• ㉠ 고유어

　　　　　　　　　　　　　　　　　• ㉡ 한자어

　　　　　　　　　　　　　　　　　• ㉢ 외래어

16 어휘의 양상

● 어휘의 양상

같은 언어라도 지역적 원인 또는 사회적 원인에 따라 그 모습이 달라짐. 이렇게 달라진 말을 '방언'이라고 함.
방언에는 지역 방언❶과 사회 방언❷이 있음.

❶ 지역 방언

개념	지리적으로 떨어져 있어 오랜 시간이 흐르면서 지역에 따라 달라진 말	예 분추, 푸초, 정구지, 솔, 졸, 세우리 '부추'의 지역 방언
특성	• 지역의 정서와 문화를 담고 있어 같은 지역 방언을 사용하는 사람들끼리 친밀감과 유대감을 형성할 수 있음. • 표준어와 상호 보완적인 관계에 있음. – 표준어: 한 나라에서 공용어로 쓰도록 정한 언어이므로 공식적인 상황에서 사용함. – 지역 방언: 같은 지역 사람끼리, 개인적인 대화를 나누는 상황에서 주로 사용함. 표준어만으로는 나타내기에 부족한 미묘한 정서나 감정을 표현하면서 우리말 어휘를 풍부하게 함.	

❷ 사회 방언

개념	세대, 직업, 성별 등 사회적 원인에 따라 다르게 쓰이는 말	예 별고, 춘부장, 자당, 재정 증인, 미필적 고의 장년층, 노년층의 사회 방언 법률 분야의 사회 방언
특성	같은 사회 방언을 사용하는 집단 안에서는 의사소통의 효율성이 높아지고, 구성원의 소속감을 강화할 수 있음.	

> **예시로 정리**
>
> 사춘기의 상징인 '여드름'은 충남 지역에서 '이드름'이라 부르는데, 의학 용어로는 '좌창'이라고 한다.
>   표준어   지역 방언   사회 방언

> **궁금해요**
>
> **Q** 지역 방언이나 사회 방언을 사용할 때 주의해야 할 점이 있나요?
>
> **A** 지역 방언과 사회 방언은 특정한 집단에서 사용하는 말입니다. 따라서 그 집단에 속하지 않은 사람은 그 방언을 이해하지 못해 의사소통에 어려움을 겪을 수 있고, 소외감을 느낄 수 있습니다. 그러므로 상대방과 상황에 맞게 적절히 사용해야 합니다.

●● 정답과 해설 7쪽

개념 확인

1 다음 괄호 안에 알맞은 말을 고르시오.

(1) 지역에 따라 달라진 말을 { 지역 방언 / 사회 방언 }이라고 한다.

(2) 세대, 직업, 성별 등에 따라 다르게 쓰이는 말을 { 지역 방언 / 사회 방언 }이라고 한다.

개념 적용

2 〈보기〉의 밑줄 친 어휘에 대한 설명이 맞으면 ○, 틀리면 ✕ 표시를 하시오.

> ┌─ 보기 ─┐
> 저는 궁감자를 억수로 좋아합니더.   저 환자 드레싱해 주세요.

(1) '궁감자'는 일부 지역에서 사용하는 말이다. ································ (   )

(2) '드레싱'은 성별에 따라 다르게 쓰이는 말이다. ·························· (   )

(3) '궁감자'와 '드레싱'은 같은 방언을 사용하는 사람들끼리 유대감을 형성한다. ······· (   )

● 정답과 해설 7쪽

■ 어휘의 체계

	❶ ⬜⬜⬜	한자어	외래어
개념	본래부터 우리말에 있었거나 우리말에 기초하여 새로 만들어진 말	❷ ⬜⬜ 에 기초하여 만들어진 말	다른 나라에서 들어와 우리말처럼 쓰이는 말
특성	• 우리 민족의 문화와 정서를 표현하기에 적합함. • 소리, 모양, 색깔을 나타내는 표현이 발달함.	• 고유어에 비해 분화된 의미를 지니고 있어서 고유어를 보완함. • 한자는 글자마다 뜻이 있어 의미를 압축적으로 표현할 수 있음.	외국에서 새로 들어온 사물이나 현상을 나타내 우리말 어휘를 보충함.

■ 어휘의 양상

	지역 방언	사회 방언
개념	지리적으로 떨어져 있어 오랜 시간이 흐르면서 ❸ ⬜⬜ 에 따라 달라진 말	세대, 직업, 성별 등 ❹ ⬜⬜⬜ 원인에 따라 다르게 쓰이는 말
특성	• 지역의 정서와 문화를 담고 있어 같은 지역 방언을 사용하는 사람들끼리 친밀감과 유대감을 형성할 수 있음. • 표준어와 상호 보완적인 관계에 있음.	같은 사회 방언을 사용하는 집단 안에서는 의사소통의 효율성이 높아지고, 구성원의 소속감을 강화할 수 있음.

100점 포인트

• **상황에 맞는 어휘 사용:** 고유어와 한자어, 표준어와 지역 방언, 일상어와 사회 방언은 말하는 대상과 말하기 상황 등을 고려하여 적절하게 사용해야 함.

고유어와 한자어	• 한자어는 고유어에 비해 분화된 의미를 지니고 있어 내용을 정확하게 전달할 수 있음. • 한자어를 이해하기 어려운 대상에게는 고유어를 사용하는 것이 좋음. ⑩ 어린이와 대화할 때는 ❶ ( )보다 ❷ ( )을/를 사용하는 것이 좋음.
표준어와 지역 방언	• 공식적인 상황에서는 공용어인 표준어를 사용해야 함. • 같은 지역 사람끼리 대화하는 상황, 지역 특유의 정서를 전달하는 상황에서는 지역 방언을 사용하는 것이 효과적일 수 있음. ⑩ 발표를 할 때는 ❸ ( )을/를 사용하고, 고향 친구와 대화할 때는 ❹ ( )을/를 사용할 수 있음.
일상어와 사회 방언	• 사회 방언은 그 방언을 사용하는 집단 안에서는 의사소통의 효율성을 높임. • 다른 집단 사람과 대화할 때는 이해하기 쉬운 일상어로 바꾸어 사용해야 함. ⑩ 의사끼리 대화할 때는 ❺ ( )을/를 사용하고, 의사가 환자에게 말할 때는 ❻ ( )을/를 사용해야 함.

01 고유어에 대한 설명으로 적절하지 <u>않은</u> 것은?

① 본래부터 우리말에 있던 말이다.
② 우리 민족의 정서를 표현하기에 적합하다.
③ 대개 하나의 단어가 지닌 의미의 폭이 좁다.
④ 소리, 색깔 등을 생생하게 표현하는 어휘가 많다.
⑤ 우리말에 기초하여 새로 만들어진 말도 포함된다.

고난도

02 〈보기〉를 통해 고유어의 특성을 탐구한 내용으로 적절한 것은?

보기

우리말	벼	쌀	밥
영어	rice		

① 한자에 기초하여 만들어진다.
② 대상의 모양을 감각적으로 나타낸다.
③ 다른 나라에서 들어왔지만 우리말처럼 쓰인다.
④ 세대에 따라 같은 대상을 다르게 표현하기도 한다.
⑤ 우리 민족의 문화와 밀접한 관련을 맺으며 발달한다.

03 〈보기〉의 음식 이름 중, 한자어를 모두 골라 묶은 것은?

보기

우유 잡채 라면 만두 포도 두부
나물 불고기 오렌지 깍두기 스파게티

① 우유, 잡채, 라면, 만두, 포도
② 우유, 잡채, 만두, 포도, 두부
③ 잡채, 만두, 포도, 나물, 불고기
④ 잡채, 포도, 두부, 오렌지, 깍두기
⑤ 포도, 두부, 나물, 불고기, 스파게티

04 〈보기〉의 밑줄 친 고유어와 바꾸어 쓸 수 있는 한자어로 적절한 것은?

보기

그 가수의 콘서트가 취소되었을 때 네 <u>마음</u>이 어땠어?

① 성격(性格)
② 심성(心性)
③ 심정(心情)
④ 관심(關心)
⑤ 호감(好感)

05 〈보기〉를 통해 고유어와 한자어의 관계를 파악한 내용으로 적절한 것은?

보기

① 고유어와 한자어는 그 어원이 같다.
② 고유어는 한자어에 비해 다의성이 없다.
③ 고유어는 한자어에 비해 전문적인 의미를 나타낸다.
④ 한자어는 고유어에 비해 분화된 의미를 나타낸다.
⑤ 한자어는 고유어에 비해 의미를 정확하게 전달하기 어렵다.

06 〈보기〉에서 설명하는 어휘로만 알맞게 묶인 것은?

> ━ 보기 ━
> 다른 나라에서 들어와 우리말처럼 쓰이는 말

① 시나브로, 오페라, 버스, 바나나
② 텔레비전, 커피, 피아노, 무지개
③ 바이러스, 빵, 샌드위치, 티셔츠
④ 플라스틱, 주스, 헬리콥터, 에누리
⑤ 파인애플, 에어컨, 아지랑이, 볼펜

07 〈보기〉의 어휘에 대한 설명으로 적절한 것은?

> ━ 보기 ━
> 재킷   원피스   노트북   바이올린   스케이트

① 고유어로 바꾸어 쓸 수 있다.
② 한자에 기초하여 새로 만들어진 말이다.
③ 고유어에 비해 의미를 압축적으로 표현한다.
④ 다른 나라에서 들어와 우리말로 인정되지 않는다.
⑤ 외국에서 들어온 사물을 나타내 우리말 어휘를 보충한다.

서술형

08 다음 밑줄 친 단어를 고유어, 한자어, 외래어로 나누어 쓰시오.

> 새악시 볼에 떠 오는 부끄럼같이
> 시의 가슴에 살포시 젖는 물결같이
> 보드레한 에메랄드 얇게 흐르는
> 실비단 하늘을 바라보고 싶다
> ― 김영랑, 「돌담에 속삭이는 햇발」

(1) 고유어: _____
(2) 한자어: _____
(3) 외래어: _____

09 우리말 어휘의 체계와 양상 중, 〈보기〉와 관련 있는 것은?

> ━ 보기 ━
>
>
>
> | 함경남도 | 평안남도 | 황해도 |
> |---|---|---|
> | 잠재 | 부잰째리 | 장잘기 |
>
> | 경기도 | 강원도 | 전라북도 |
> |---|---|---|
> | 잠자리 | 찰레기 | 간진자리 |
>
> | 경상북도 | 경상남도 | 제주도 |
> |---|---|---|
> | 오다리 | 곰부리, 깽자리 | 밤부리 |

① 한자어
② 외래어
③ 표준어
④ 지역 방언
⑤ 사회 방언

10 지역 방언에 대한 설명으로 적절하지 않은 것은?

① 지역 고유의 정서를 담고 있다.
② 그 지역의 생활 언어라고 할 수 있다.
③ 지역의 문화를 이해하는 데 도움이 된다.
④ 지리적으로 떨어져 있어 지역마다 달라진 말이다.
⑤ 같은 세대끼리 효율적으로 의사소통하기 위해 만든 말이다.

11 지역 방언을 사용하는 것이 효과적인 상황으로 적절한 것은?

① 판사가 판결을 선고할 때
② 아나운서가 뉴스를 진행할 때
③ 학급 회의에서 의견을 발표할 때
④ 지역 특산품을 해당 지역 사람들에게 홍보할 때
⑤ 지역 가이드가 서울에서 온 관광객에게 길을 안내할 때

고난도
12 〈보기〉에 대한 설명으로 적절하지 않은 것은?

> ─── 보기 ───
> **주형:** 반가워요. 우리 동아리에 들어온 것을 환영합니다.
> **단우:** 처음 뵙겠습니다. 선배님과 함께하게 되어 영광입니다.
> **주형:** 그런데 혹시 고향이 어디예요?
> **단우:** 부산입니다.
> **주형:** 맞나? 니 부산이가? 내도 부산이다 아이가.
> **단우:** 와, 반갑습니더. 선배님.
> **주형:** 하모, 우리 한번 잘해 보재이.
> **단우:** 선배님 걱정 안 하시게 단디 하겠심더.

① 두 사람은 고향이 같은 것을 알기 전에는 표준어를 사용하여 대화하고 있다.
② 두 사람은 고향이 같은 것을 알게 된 후 지역 방언을 사용하여 대화하고 있다.
③ 지역 방언은 상대방과 상황을 고려하여 적절하게 사용해야 함을 알 수 있다.
④ 같은 지역 사람끼리 지역 방언을 사용하여 대화하면 친밀감이 높아짐을 알 수 있다.
⑤ 지역 방언을 사용하는 것이 말하고자 하는 바를 정확하게 전달하는 데 더 효과적임을 알 수 있다.

13 다음을 보고 나눈 대화에서 적절하지 않은 내용을 말한 사람은?

① 유진: 영수와 할머니가 말한 '생선', '문상'은 서로 다른 의미야.
② 슬아: 성별에 따라 쓰는 어휘가 다르다는 것을 보여 줘.
③ 아람: 영수가 사회 방언을 사용하여 의사소통이 원활하게 이루어지지 않고 있어.
④ 재민: 영수 또래 친구들은 영수의 말을 제대로 이해했을 거야.
⑤ 초희: 그래서 사회 방언은 상대방과 상황에 맞게 사용해야 해.

서술형
14 〈보기〉를 바탕으로 ㉠과 ㉡에 들어갈 알맞은 말을 쓰시오.

> ─── 보기 ───
> **요리사 1:** 이 고기는 쥘리엔으로 하겠습니다.
> **요리사 2:** 그럼 양파는 콩카세로 준비할게요.

> 〈보기〉의 '쥘리엔', '콩카세'는 요리사들이 주로 사용하는 (㉠)이다. 같은 집단 안에서 이러한 어휘를 사용하면 의사소통의 (㉡)이/가 높아진다.

㉠: _____ ㉡: _____

실력 완성 문제

01 〈보기〉에 쓰인 단어에 대한 설명으로 적절한 것은?

▶보기◀

이런, 바람이 너무 세군.

① 형태 변화에 따라 나누면 '이', '세군'은 가변어에 해당한다.
② 문장에서의 기능에 따라 나누면 '이런'과 '너무'는 수식언에 해당한다.
③ 문장에서의 기능에 따라 나누면 '바람'과 '세군'은 체언에 해당한다.
④ 문장에서의 의미에 따라 나누면 '너무'는 관형사에 해당한다.
⑤ 문장에서의 의미에 따라 나누면 '세군'은 형용사에 해당한다.

서술형

02 〈보기〉와 같이 단어를 나눈 기준을 쓰시오.

▶보기◀

| 헌, 첫째, | 이다, 놀다, |
| 너희, 부모님 | 푸르다, 똑똑하다 |

03 〈보기〉의 단어를 문장에서의 기능이 비슷한 것끼리 알맞게 묶은 것은?

▶보기◀

셋 아침 좁다 훨씬 뛰다 온갖 그분

① 아침, 온갖
② 셋, 아침, 그분
③ 셋, 좁다, 뛰다
④ 셋, 훨씬, 온갖
⑤ 좁다, 뛰다, 온갖

04 〈보기〉에서 밑줄 친 단어의 공통점으로 적절한 것은?

▶보기◀

당신에 대한 아름다운 추억이 하나 떠오릅니다.

① 반드시 다른 말에 붙어 쓰인다.
② 조사와 결합하여 쓰이기도 한다.
③ 체언 앞에 놓여서 체언을 꾸며 준다.
④ 앞말에 특별한 뜻을 더해 주기도 한다.
⑤ 생략해도 문장의 의미가 크게 달라지지 않는다.

05 〈보기〉의 ㉠~㉤에 대한 설명으로 적절한 것은?

▶보기◀

㉠우리 중에서 안경을 쓴 사람은 에밀뿐입니다. ㉡이와 같은 사실은 ㉢그가 ㉣이 사건의 범인임을 말해 줍니다. ㉤저 안경이 그것을 증명하고 있습니다.

① ㉠과 ㉢은 지시 대명사이다.
② ㉡과 ㉣의 품사는 서로 같다.
③ ㉡과 ㉤은 지시 관형사이다.
④ ㉢과 ㉤은 조사와 결합할 수 있다.
⑤ ㉣과 ㉤은 체언을 꾸며 준다.

06 〈보기〉의 질문에 대한 대답으로 적절한 것은?

▶보기◀

'두 명이 떡 하나를 먹었다.'에서 '두'와 '하나'의 품사는 무엇입니까?

① '두'는 순서를 나타내는 수사이고, '하나'는 수량을 나타내는 수사입니다.
② '두'는 수량을 나타내는 관형사이고, '하나'는 수량을 나타내는 수사입니다.
③ '두'는 수량을 나타내는 수사이고, '하나'는 수량을 나타내는 관형사입니다.
④ '두'는 '명'을 꾸며 주는 관형사이고, '하나'는 '떡'을 꾸며 주는 관형사입니다.
⑤ '두'는 수를 대신하여 나타내는 대명사이고, '하나'는 수량을 대신하여 나타내는 대명사입니다.

07 〈보기〉를 통해 조사의 특성을 탐구한 내용으로 적절하지 <u>않은</u> 것은?

> ─── 보기 ───
> ㉠ 토끼가 여우를 좋아해. / 토끼를 여우가 좋아해.
> ㉡ 토끼도 여우를 좋아해. / 토끼만 여우를 좋아해.
> ㉢ 토끼는 네가 좋아하는 동물이다.
>   여우도 네가 좋아하는 동물이야?

① ㉠과 같이 조사는 다른 말 뒤에 붙어 쓰인다.
② ㉠과 같이 조사는 앞말이 문장에서 일정한 자격을 가지도록 한다.
③ ㉡과 같이 조사는 앞말에 특별한 뜻을 더해 주기도 한다.
④ ㉢과 같이 조사는 다른 말을 꾸며 주기도 한다.
⑤ ㉢과 같이 문장에서 쓰일 때 형태가 변하는 조사도 있다.

서술형

08 〈보기〉에서 잘못된 부분을 찾아 그 이유를 밝히고 바르게 고쳐 쓰시오.

> ─── 보기 ───
> 얘들아, 우리 조용하자.

(1) 잘못된 부분: _____
(2) 잘못된 이유: _____
(3) 바르게 고친 것: _____

서술형

09 다음 밑줄 친 단어를 동사와 형용사로 나누어 쓰시오.(단, 기본형으로 바꾸어 쓸 것.)

> 해야, <u>고운</u> 해야. 해야 <u>솟아라</u>. 꿈이 아니래도 너를 <u>만나면</u>, 꽃도 새도 짐승도 한자리 앉아, 워어이 워어이 모두 <u>불러</u> 한 자리 앉아, <u>앳되고</u> 고운 날을 누려 보리라.
> ─ 박두진, 「해」

(1) 동사: _____
(2) 형용사: _____

10 밑줄 친 단어의 품사를 바르게 설명한 것은?

① 신발이 <u>작아서</u> 발이 아프다.
   → 명사 '발'을 꾸며 주는 관형사
② 세홍이가 너무 <u>헌</u> 옷을 버렸다.
   → 관형사 '헌'을 꾸며 주는 부사
③ 너는 어떤 과일을 <u>가장</u> 좋아하니?
   → 동사 '좋아하니'를 꾸며 주는 관형사
④ 설마 <u>너희</u>가 이 많은 것을 다 먹었니?
   → 대명사 '너희'를 꾸며 주는 관형사
⑤ 연지는 일요일인데도 벌써 <u>일어났구나</u>.
   → 형용사 '일어났구나'를 꾸며 주는 부사

고난도

11 다음 빈칸에 들어갈 문장으로 적절한 것은?

> **과제:** 다양한 품사를 사용하여 문장 만들기
> • 내가 만든 문장: (   )
> → 명사, 관형사, 감탄사, 조사, 동사만 사용함.

① 여보세요, 거기 아무도 없나요?
② 우아, 저 산이 바로 금강산이구나!
③ 앗, 그 아기는 우는 모습조차 귀여워.
④ 네, 열 명의 학생이 모두 모였습니다.
⑤ 이야, 저 집에서 온갖 식물이 자라는군.

12 다음 밑줄 친 단어에 대한 설명으로 적절하지 <u>않은</u> 것은?

> <u>춘향</u>이 <u>저</u>의 어머니 불러 하는 말이,
> "<u>나</u> 죽은 <u>뒤</u>에 서방님을 날 본 듯이 보내지 말고, 내 장 속에 있는 옥가락지, 거울, 되는 대로 <u>팔아서</u> 우선 옷 한 벌<u>만</u> 하여 주오." / "<u>오냐</u>, 걱정 마라."
> "<u>여보</u>, 서방님, 내가 쉬이 죽겠으니 내 원대로 하여 주오."
> "허허, <u>별말이다</u>. 저승 소식을 어찌 그리도 자세히 아느냐?"
> — 작자 미상, 「춘향전」

① '춘향'과 '뒤'는 다른 말의 도움 없이 홀로 쓰일 수 있는 명사이다.
② '저'와 '나'는 사람의 이름을 대신하여 나타내는 대명사이다.
③ '팔아서'와 '별말이다'는 사람이나 사물의 움직임을 나타내는 동사이다.
④ '만'과 '도'는 앞말에 특별한 뜻을 더해 주는 조사이다.
⑤ '오냐'와 '여보'는 부름이나 대답을 나타내는 감탄사이다.

13 〈보기〉의 ㉮와 ㉯에 들어갈 수 있는 단어를 바르게 짝 지은 것은?

> ─ 보기 ─
> 문장에서 쓰일 때 형태가 변합니까?
> ↓예　　　　　　　↓아니요
> 　　문장에서 움직임의 주체나 움직임의 대상이 됩니까?
> 　　↓예　　　　　　　　　　↓아니요
> 　　　　문장에서 다른 말을 꾸며 주는 역할을 합니까?
> 　　　　↓예　　　　　　　　　↓아니요
> 체언을 꾸며 줍니까?　　느낌이나 대답을 나타냅니까?
> ↓예　　↓아니요　　↓예　　　　　↓아니요
> (㉮)　　　　　　　(㉯)

	㉮	㉯
①	옛, 헌	구름, 이순신
②	저희, 너희	응, 그래
③	과연, 설마	여기, 거기
④	어느, 무슨	어머, 아이고
⑤	그러나, 그리고	둘, 셋

14 우리말 어휘의 체계에 대한 설명으로 적절하지 <u>않은</u> 것은?

① 우리말 어휘는 고유어, 한자어, 외래어로 나뉜다.
② 외래어는 외국에서 새로 들어온 사물을 나타낸다.
③ 한자어는 한자를 통해 의미를 압축적으로 표현한다.
④ 고유어는 우리 민족의 정서를 효과적으로 표현한다.
⑤ 고유어에 기초하여 새로 만든 말은 고유어의 범위에 포함되지 않는다.

서술형

15 〈보기〉에서 알 수 있는 고유어의 특성을 쓰시오.

> ─ 보기 ─
> • 비가 내리는 소리나 모양을 표현한 고유어: 보슬보슬, 부슬부슬, 추적추적, 소록소록, 주룩주룩
> • 파란색을 표현한 고유어: 파랗다, 새파랗다, 시퍼렇다, 파릇파릇하다, 시푸르뎅뎅하다, 푸르스름하다

서술형

16 ㉠~㉢과 바꾸어 쓸 수 있는 한자어를 〈보기〉에서 골라 쓰고, 이를 통해 알 수 있는 한자어의 특성을 쓰시오.

> **상민:** 아영아, 오늘 너에 대한 이상한 ㉠말을 들었어.
> **아영:** 미안해. 지금은 너와 ㉡말할 기분이 아니야.
> **상민:** 내가 도와줄게. 뭐가 문제인지 ㉢말해 봐.

> ─ 보기 ─
> 대화(對話)　　소문(所聞)　　설명(說明)

㉠: _____　　㉡: _____　　㉢: _____

→ 한자어의 특성: 한자어는 고유어에 비해 _____ 을/를 지니고 있다.

17 다음 시에 쓰인 어휘에 대한 설명으로 적절한 것은?

자고 일어나
달리기를 하면 발목 삘까 봐
조깅을 한다.
땀이 나
찬물로 씻으면 피부병 걸릴까 봐
냉수로 샤워만 한다.
아침밥은 먹지 못하고
식사만 하고
달걀은 부쳐 먹지 않고
계란 프라이만 해 먹는다.

– 서정홍, 「우리말 사랑 1」

① '발목', '조깅', '땀'은 외래어이다.
② '냉수', '식사', '달걀'은 한자어이다.
③ '달리기', '아침밥', '계란'은 고유어이다.
④ '샤워', '프라이'는 고유어로 대체할 수 없다.
⑤ '달리기 – 조깅', '찬물 – 냉수', '달걀 – 계란'이 대응
한다.

18 〈보기〉의 밑줄 친 어휘에 대한 설명으로 적절하지 않은 것은?

▶ 보기 ◀
'콩나물'은 지역에 따라 '콩지름', '콩길금', '콩기름' 등으로 부른다.

① 특정 지역에서 사용된다.
② 공용어로 사용하기에 적합하다.
③ 지리적 요인으로 달라진 말이다.
④ 모르는 사람은 소외감을 느낄 수 있다.
⑤ 사용하는 지역의 정서와 문화를 담고 있다.

19 〈보기〉의 ㉠~㉣에 대한 설명으로 적절하지 않은 것은?

▶ 보기 ◀
(응급실에서)
의사 1: ㉠비티(BT)가 한 시간쯤 됩니다.
의사 2: ㉡경막 외 출혈이 의심되니 씨티(CT) 찍읍시다.

(입원실에서)
의사 1: 환자 상태는 어떤가요?
의사 2: 네, (㉢).

(진료실에서)
보호자: 제 남편은 어떤 상태인가요?
의사 2: 네, (㉣).

① ㉠은 특정한 집단에서 사용하는 말이다.
② ㉠은 직업에 따른 사회 방언에 해당한다.
③ ㉡은 제시된 상황에서 의사소통의 효율성을 높인다.
④ ㉢에서는 '의사 2'가 ㉠과 같은 양상의 어휘를 사용할
것이다.
⑤ ㉣에서는 '의사 2'가 ㉡과 같은 양상의 어휘를 사용하
는 것이 적절하다.

20 우리말 어휘의 체계와 양상에 대해 바른 내용을 말한 사람은?

① 지숙: '빵', '피아노'와 같은 무분별한 외래어는 고유
어로 바꾸어 써야 해.
② 정묵: 문학 작품에 지역 방언을 쓰면 의사소통에 문제
가 생기므로 표준어만 사용해야 해.
③ 수지: 표준어 '감자'는 강원도에서 '감재'로 불리는
데, 두 말은 상호 보완적인 관계에 있어.
④ 아연: 음악가들끼리 사용하는 '레가토', '알라 브레
베'와 같은 말은 지역적 원인에 따라 생겨났어.
⑤ 우빈: 판사가 법정에서 '공소권', '심리'와 같은 말을
사용하는 것은 특정 세대의 문화를 반영한 것이야.

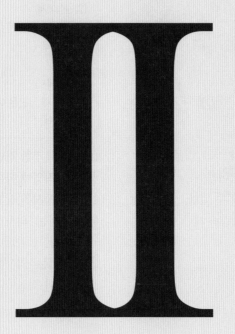

문장

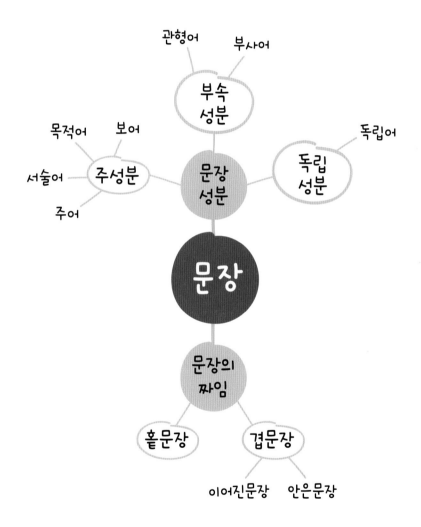

01 문장

● **문장**(글자 문文, 글 장章: 글자로 적은 글)**의 개념**

생각이나 감정을 말과 글로 표현할 때 완결된 내용을 나타내는 가장 작은 단위. 마침표, 물음표, 느낌표와 같은 문장 부호를 사용하여 문장의 끝을 나타냄. **예** 하늘이 높다. 하늘이 높아? 하늘이 높구나!

● **문장의 기본 구조**

우리말 문장의 기본 구조는 다음 세 가지 유형으로 나뉨.

누가/무엇이	+	어찌하다	대상의 동작을 나타냄. **예** 지수가 걸어간다.
		어떠하다	대상의 상태나 성질을 나타냄. **예** 지수가 귀엽다.
		무엇이다	대상을 지정함. **예** 지수가 학생이다.

● **문장의 성분**(이루다 성成, 나누다 분分: 전체를 이루는 각 부분)

• 문장은 문장 안에서 일정한 기능을 하는 부분들로 이루어짐. **예** 개구리가 뛴다. ~~개구리의 동작을 나타내는 기능을 하는 부분~~
• 문장 안에서 일정한 문법적 기능을 하는 부분을 '문장 성분'이라고 함. 문장 성분은 문장에서 하는 기능에 따라 ~~뛰는 동작의 주체가 되는 기능을 하는 부분~~
주성분(주어, 서술어, 목적어, 보어), **부속 성분**(관형어, 부사어), **독립 성분**(독립어)으로 나뉨.

이 개념들은 뒤에서 공부할 거예요.

예시로 정리

'누가 + 어찌하다' 구조의 문장	'무엇이 + 어떠하다' 구조의 문장	'무엇이 + 무엇이다' 구조의 문장
그녀가 뛰어간다.	**기분이 상쾌하구나!**	**내일이 일요일이야.**
동작('뛰어간다')의 주체가 되는 성분 동작을 나타내는 성분	상태('상쾌하구나')의 주체가 되는 성분 상태를 나타내는 성분	지정('일요일이야')되는 주체('내일이')를 주체가 되는 성분 지정하는 성분

●● 정답과 해설 12쪽

개념 확인

1 다음 빈칸에 들어갈 알맞은 말을 쓰시오.

(1) 생각이나 감정을 완결된 내용으로 표현하는 가장 작은 단위를 ☐☐(이)라고 한다.

(2) '누가/무엇이 + ☐☐☐☐' 구조의 문장은 대상의 동작을 나타낸다.

(3) 문장 안에서 일정한 문법적 기능을 하는 부분을 ☐☐☐☐(이)라고 한다.

2 다음 설명이 맞으면 ○, 틀리면 ✕ 표시를 하시오.

(1) 문장 부호는 문장의 시작과 끝을 나타낸다. ····················· ( )

(2) 주어는 문장 안에서 일정한 문법적 기능을 한다. ····················· ( )

개념 적용

3 다음 문장의 구조를 바르게 연결하시오.

(1) 경주마가 달린다. •

(2) 사슴은 동물이다. •

(3) 바닷물이 새파랗다. •

• ㉠ '누가/무엇이 + 어찌하다' 구조

• ㉡ '누가/무엇이 + 어떠하다' 구조

• ㉢ '누가/무엇이 + 무엇이다' 구조

02 주어

● **주어**(주인 主, 말씀 語語: 주체가 되는 말)**의 개념**

　동작 또는 상태나 성질의 주체가 되는 문장 성분. 문장에서 '누가/무엇이'에 해당함.

　예 <u>언니가</u> 일어났다. <u>교실이</u> 깨끗하다.
　　동작('일어났다')의 주체 – 누가　　상태('깨끗하다')의 주체 – 무엇이

● **주어의 형태**

・체언에 주격 조사 '이/가/께서/에서'가 붙어 주어가 됨.
　　앞말이 주어 자격을 가지게 하는 조사
　예 <u>곰이</u> 크다. <u>아기가</u> 운다. <u>할머니께서</u> 주무신다. <u>정부에서</u> 조사 결과를 발표했다.

・체언에 보조사가 붙거나, 조사가 생략되고 체언만 나타나 주어가 됨.
　예 <u>너도</u> 더워? <u>나</u> 더워.

예시로 정리

　　　　　체언+주격 조사　　　　체언(조사 생략)　　　　체언+보조사
　　　　　<u>팥쥐가</u> 말했어. "<u>나</u> 잔치에 간다. <u>콩쥐는</u> 슬펐어.
　　　동작('말했어')의 주체가 되는 주어　　동작('간다')의 주체가 되는 주어　　상태('슬펐어')의 주체가 되는 주어

궁금해요

Q 모든 문장에 주어가 있나요?

A 주어는 문장을 구성하는 필수적인 성분이지만 경우에 따라 주어를 생략할 수도 있습니다. 우리가 대화할 때 "밥 먹었니?" "먹었어."와 같이 말하는데, 이 말에는 주어 '너는', '나는'이 생략되어 있습니다. 맥락을 통해 주어를 알 수 있기 때문에 주어를 생략한 것입니다. 또한 '영희가 지각을 했다. (영희가) 늦잠을 잤기 때문이다.'에서와 같이 똑같은 주어가 반복되는 경우에도 주어를 생략할 수 있습니다.

◖● 정답과 해설 12쪽

개념 확인

1 다음 설명이 맞으면 ○, 틀리면 × 표시를 하시오.

　(1) 문장에서 '누가/무엇이'에 해당하는 성분을 주어라고 한다. ················· (　　)

　(2) 주어는 항상 체언에 조사가 붙어 만들어진다. ······························· (　　)

개념 적용

2 다음 문장에서 주어를 찾아 표시하시오.

　(1) 제비꽃이 예쁘구나.　　(2) 아버지께서 나오십니다.　　(3) 학교에서 토론 대회를 개최하였다.

3 다음 빈칸에 들어갈 문장을 〈보기〉에서 모두 골라 쓰시오.

보기
㉠ 당신 왔어요?　　　　　　　　　　㉡ 가방이 무겁다.
㉢ 코끼리만 초식 동물이다.　　　　　㉣ 할아버지께서 말씀하셨다.

　(1) '체언+주격 조사' 형태의 주어가 사용된 문장은 (　　)이다.

　(2) '체언+보조사' 형태의 주어가 사용된 문장은 (　　)이다.

　(3) '체언' 형태의 주어가 사용된 문장은 (　　)이다.

03 서술어

● **서술어**(차례 序敍, 짓다 述述, 말씀 어語: 차례대로 말하거나 적는 말)**의 개념**

주어의 동작 또는 상태나 성질 등을 풀이하는 문장 성분. 문장에서 '어찌하다/어떠하다/무엇이다'에 해당함.

> 예 뱀이 기어간다. 뱀이 빠르다. 뱀은 파충류이다.
> 주어('뱀이')의 동작을 풀이   주어('뱀이')의 상태를 풀이   주어('뱀은')가 무엇인지 풀이
> – 어찌하다   – 어떠하다   – 무엇이다

● **서술어의 형태**

- 용언이 그 자체로 서술어가 됨. 예 백합이 피었다. 백합이 하얗다.

- 체언에 서술격 조사 '이다'가 붙어 서술어가 됨. 예 백합은 꽃이다.
  앞말이 서술어 자격을 가지게 하는 조사

● **서술어의 특성**

서술어의 성격에 따라 필요한 문장 성분의 개수가 달라짐. 예 산이 높다. 나는 밥을 먹었다.
                                              문장 성분 1개가 필요한 서술어   문장 성분 2개가 필요한 서술어

예시로 정리

           용언(동사)   체언+서술격 조사   용언(형용사)

토끼는 힘껏 **달렸다**. "우아, 내가 **우승자이다**!" 토끼는 **기뻤다**.

주어('토끼는')의 동작을 풀이하는 서술어   주어('내가')가 무엇인지 풀이하는 서술어   주어('토끼는')의 상태를 풀이하는 서술어

●● 정답과 해설 12쪽

개념 확인

1 다음 빈칸에 들어갈 알맞은 말을 쓰시오.

(1) 문장에서 주어의 동작이나 상태 등을 풀이하는 문장 성분을 ☐☐☐ (이)라고 한다.

(2) ☐☐ 이/가 그 자체로 서술어가 되거나, ☐☐ 에 서술격 조사 '이다'가 붙어 서술어가 된다.

(3) 문장에서 필요한 문장 성분의 개수는 서술어의 ☐☐ 에 따라 달라진다.

개념 적용 **[2~3]** 〈보기〉를 보고 물음에 답하시오.

┌──────────── 보기 ────────────┐
달이 밝다.   땀이 흐른다.   사촌 오빠는 시인이다.
└─────────────────────────────┘

2 〈보기〉의 문장에서 서술어를 모두 찾아 쓰시오.

_____

3 2에서 찾은 서술어를 제시된 기준에 따라 나누어 쓰시오.

(1) '어찌하다'에 해당하는 서술어	
(2) '어떠하다'에 해당하는 서술어	
(3) '무엇이다'에 해당하는 서술어	

04 목적어와 보어

● **목적어**(눈 目目, 과녁 的的, 말씀 어語: 목표로 정한 과녁이 되는 말)**의 개념**

서술어가 나타내는 동작의 대상이 되는 문장 성분. 문장에서 '누구를/무엇을'에 해당함.

예 내가 <u>친구를</u> 만났다. 동생이 <u>옷을</u> 입는다.
　　동작('만났다')의 대상 - 누구를　　　　　동작('입는다')의 대상 - 무엇을

● **목적어의 형태**

- 체언에 목적격 조사 '을/를'이 붙어 목적어가 됨. 예 상이가 <u>멜론을</u> 자른다. 혜윤이가 <u>바나나를</u> 먹는다.
　앞말이 목적어 자격을 가지게 하는 조사
- 체언에 보조사가 붙거나, 조사가 생략되고 체언만 나타나 목적어가 됨. 예 너 <u>망고도</u> 먹을래? 싫으면 <u>바나나</u> 먹어.

● **보어**(보태다 補補, 말씀 어語: 보태는 말)**의 개념**

서술어 '되다', '아니다' 앞에서 의미를 보충하는 문장 성분. '누가/무엇이 + 누가/무엇이 + 되다/아니다' 구조의 문장에서 '되다/아니다' 앞의 '누가/무엇이'에 해당함. 예 미소가 <u>운동선수가</u> 되었다. 이것은 <u>물이</u> 아니다.
　　　　　　　　　　　　　　　　　　　　서술어 '되었다' 앞에서 의미를 보충 - 누가　　　서술어 '아니다' 앞에서 의미를 보충 - 무엇이

● **보어의 형태**

서술어 '되다', '아니다' 앞에서 체언에 보격 조사 '이/가'가 붙어 보어가 됨.
　　　　　　　　　　　　　　　　　앞말이 보어 자격을 가지게 하는 조사
예 나이가 <u>이십이</u> 되었다. 고래는 <u>물고기가</u> 아니다.

예시로 정리

　　　　　　　　　　체언 + 목적격 조사　　　　　　　　　　　　체언 + 보격 조사
주인공이 <u>악당을</u> 물리쳤다. 결국 주인공이 <u>승리자가</u> 되었다.
　　　서술어가 나타내는 동작('물리쳤다')의 대상이 되는 목적어　　　서술어 '되었다' 앞에서 의미를 보충하는 보어

궁금해요

Q 주어와 보어는 생김새가 같은데 어떻게 구별할 수 있나요?

A '번데기가 나비가 되었다.'에서 '번데기가'와 '나비가'는 둘 다 조사 '가'가 붙어 있어 어떤 것이 주어이고, 어떤 것이 보어인지 헷갈릴 수 있습니다. 이럴 때는 보어의 위치를 기억하세요. 보어는 서술어 '되다', '아니다' 앞에 위치합니다. 따라서 '번데기가'는 주어, '나비가'는 보어입니다.

● 정답과 해설 13쪽

개념 확인
1 다음 괄호 안에 알맞은 말을 고르시오.

(1) 서술어가 나타내는 동작의 대상이 되는 문장 성분을 { 목적어 / 보어 }라고 한다.

(2) { 목적어 / 보어 }는 서술어 '되다', '아니다' 앞에서 의미를 보충하는 문장 성분이다.

개념 적용
2 다음 설명이 맞으면 ○, 틀리면 × 표시를 하시오.

(1) '너 사탕 좋아하니?'는 목적어가 없는 문장이다. ┈┈┈┈┈┈┈┈┈┈┈┈┈┈┈┈ (　)

(2) '나는 구름도 보았습니다.'에서 목적어는 '구름도'이다. ┈┈┈┈┈┈┈┈┈┈┈┈ (　)

3 다음 문장에서 보어를 찾아 표시하시오.

(1) 영주는 아이가 아니다.　　　　　　　　　　(2) 영주도 어른이 되었다.

05 주성분

● **주성분**(주인 主, 이루다 成, 나누다 分: 주가 되는 성분)**의 개념**
문장을 이루는 데 기본적으로 필요한 성분. 주어, 서술어, 목적어, 보어가 주성분에 해당함.

● **주성분의 특성**
주어와 서술어는 모든 문장에서 반드시 필요한 성분이고, 목적어와 보어는 서술어의 성격에 따라 필요한 성분임.
　예 꽃이 피었다.　　　　　→ 주어＋서술어
　　영수가 운동을 한다.　　→ 주어＋목적어＋서술어
　　　　　　　　　　　　　　└─서술어의 성격에 따라 필요할 수도, 필요하지 않을 수도 있음.
　　그것은 사실이 아니다. → 주어＋보어＋서술어

> **예시로 정리**
>
> | 물이 시원했다. | 나는 물을 마셨다. | 물이 얼음이 되었다. |
> |---|---|---|
> | 주어 ＋ 서술어
로 이루어진 문장 | 주어 ＋ 목적어 ＋ 서술어
로 이루어진 문장 | 주어 ＋ 보어 ＋ 서술어
로 이루어진 문장 |

●● 정답과 해설 13쪽

개념 확인 **1** 다음 빈칸에 들어갈 알맞은 말을 쓰시오.

(1) ▢▢▢ 은/는 문장을 이루는 데 기본적으로 필요한 성분이다.

(2) 문장을 이루는 데 기본적으로 필요한 성분에는 ▢▢, ▢▢▢, ▢▢▢, ▢▢ 이/가 있다.

개념 적용 **2** 〈보기〉에 대한 설명이 맞으면 ○, 틀리면 ✕ 표시를 하시오.

> ┌─보기─┐
> 내가 올챙이를 잡았다. 올챙이가 개구리가 되었다.

(1) 주성분으로만 이루어진 문장들이다. ·· (　　)

(2) '내가'와 '개구리가'는 문장 성분이 같다. ·· (　　)

(3) '잡았다'와 '되었다'는 모두 주어와 목적어가 필요한 서술어이다. ········ (　　)

3 〈보기〉와 같이 문장의 성분을 분석하시오.

> ┌─보기─┐
> 아기가 걷는다. → 주어＋서술어

(1) 날씨가 덥다. → ＿＿＿＿＿＿＿＿＿

(2) 나는 네가 아니야. → ＿＿＿＿＿＿＿＿＿

(3) 지호가 숙제를 한다. → ＿＿＿＿＿＿＿＿＿

(4) 선생님께서 우리를 찾으신다. → ＿＿＿＿＿＿＿＿＿

06 관형어

● **관형어**(갓 관冠, 모양 형形, 말씀 어語: 갓처럼 놓여 다른 말을 꾸며 주는 말)**의 개념**

체언을 꾸며 주는 문장 성분. 문장에서 '어떤, 누구의/무엇의'에 해당함. 📗 <u>하얀</u> 나비가 날아간다. <u>비누의</u> 향이 좋다.
　　　　　　　　　　　　　　　　　　　　　　　　　　　　　　　　체언('나비')을 꾸며 줌.　　체언('향')을 꾸며 줌.

● **관형어의 형태**

• 관형사가 그 자체로 관형어가 됨. 📗 그것은 <u>새</u> 옷이다. <u>그</u> 사람이 바로 나다. <u>온갖</u> 소리가 난다. <u>두</u> 개 주세요.
• 체언에 관형격 조사 '의'가 붙어 관형어가 됨. 📗 <u>신데렐라의</u> 옷이 예쁘다. <u>그녀의</u> 구두는 작았다.
　앞말이 관형어 자격을 가지게 하는 조사
• 용언의 어간에 관형사형 어미 '-(으)ㄴ', '-는', '-(으)ㄹ', '-던'이 붙어 관형어가 됨.
　　　　　　　　　　관형사 기능을 하게 하는 어미
📗 이것은 <u>먹은/먹는/먹을/먹던</u> 것이다.
　　　먹-(어간)+-은/-는/-을/-던(어미)

● **관형어의 특성**

• 체언을 꾸며 주므로 체언 없이 쓸 수 없음. 📗 이것은 <u>헌</u> 구두이다.(○) 이것은 헌이다.(×)
　　　　　　　　　　　　　　　　　　　　　　　　　　　　　　　체언
• 반드시 체언 앞에 놓여 체언을 꾸밈. 📗 나는 <u>옛</u> 추억에 잠겼다.(○) 나는 추억에 옛 잠겼다.(×)
　　　　　　　　　　　　　　　　　　　　　　　　　　체언　　　　　　　　　　체언

> **예시로 정리**
> 　　　　　용언의 어간 '크-'+관형사형 어미 '-ㄴ'　　　　　　체언+관형격 조사　　　　관형사
> 마녀가 백설공주에게 <u>큰</u> 사과를 주었어요. 백설공주는 <u>마녀의</u> 사과를 먹었어요. <u>한</u> 개만 먹었어요.
> 　　　　　　체언('사과')을 꾸며 주는 관형어　　　　체언('사과')을 꾸며 주는 관형어　체언('개')을 꾸며 주는 관형어

> **궁금해요**
> **Q** 관형어와 관형사는 어떻게 다른가요?
> **A** 관형어는 체언을 꾸며 주는 '문장 성분'이고, 관형사는 체언을 꾸며 주는 '품사'입니다. 문장 성분은 문장에서 하는 기능과 관련이 있고, 품사는 단어 자체의 성질과 관련이 있습니다. 따라서 체언을 꾸며 주는 성질을 지닌 단어가 아니라도 문장에서 체언을 꾸며 주는 기능을 한다면 관형어입니다. 그래서 관형어에는 관형사 외에 체언에 관형격 조사가 붙은 것도 있고, 용언의 어간에 관형사형 어미가 붙은 것도 있습니다.
>
> | 관형어 |
> |---|
> | 관형사 |
> | 체언+관형격 조사 |
> | 어간+관형사형 어미 |

　　　　　　　　　　　　　　　　　　　　　　　　　　　　　　　●◑ 정답과 해설 13쪽

개념 확인 **1** 다음 괄호 안에 알맞은 말을 고르시오.

(1) 관형어는 { 체언 / 용언 } 앞에 놓여 그것을 { 풀이하는 / 꾸며 주는 } 문장 성분이다.

(2) 관형어는 문장에서 '{ 어떤 / 무엇을 }'에 해당한다.

개념 적용 **2** 제시된 기준에 해당하는 관형어를 〈보기〉에서 모두 찾아 쓰시오.

┌─보기─
│ 예쁘던 꽃이 졌다.　　내가 그의 동생이다.　　붉은 노을이 아름답다.　　할머니께서 옛 친구를 만나셨다.

(1) 관형사 자체로 된 관형어	
(2) '체언+관형격 조사' 형태의 관형어	
(3) '용언의 어간+관형사형 어미' 형태의 관형어	

07 부사어

● 부사어(돕다 副, 말씀 詞, 말씀 語: 다른 말을 꾸며 돕는 말)의 개념

주로 용언을 꾸며 주고, 관형어, 다른 부사어, 문장 전체를 꾸며 주기도 하는 문장 성분. 문장에서 '어떻게, 언제, 어디에서' 등에 해당함. **예** 아기가 활짝 웃는다. 저건 정말 큰 사자야. 강물이 매우 세차게 흐른다. 과연 너는 멋지구나.
용언('웃는다')을 꾸며 줌.   관형어('큰')를 꾸며 줌.   부사어('세차게')를 꾸며 줌.   뒤 문장 전체를 꾸며 줌.

● 부사어의 형태

• 부사가 그 자체로 부사어가 됨. **예** 옷이 참 예쁘다. 수박이 잘 익었다.

• 체언에 부사격 조사 '에, 에서, 에게, 과/와' 등이 붙어 부사어가 됨.
앞말이 부사어 자격을 가지게 하는 조사
예 정희는 아침에 일어났다. 너는 침대에서 잘래? 나는 친구에게 편지를 썼다. 그는 나와 간다.

• 용언의 어간에 부사형 어미 '-게' 등이 붙어 부사어가 됨. **예** 꽃이 아름답게 피었다.
부사어 기능을 하게 하는 어미   아름답-(어간)+-게(어미)

● 부사어의 특성

• 문장 내에서 위치가 비교적 자유로움. **예** 아빠가 정말 좋아요. 정말 아빠가 좋아요.

• 보조사가 붙기도 함. **예** 수박이 잘도 익었다. 나는 친구에게만 편지를 썼다. 꽃이 아름답게도 피었다.

예시로 정리

부사   용언의 어간 '늦-'+부사형 어미 '-게'   체언+부사격 조사
사자는 일찍 도착했다. 오리는 늦게 나타났다. 돼지는 꿈나라에 갔다.
용언('도착했다')을 꾸며 주는 부사어   용언('나타났다')을 꾸며 주는 부사어   용언('갔다')을 꾸며 주는 부사어

궁금해요

Q 부사어와 부사는 어떻게 다른가요?

A 부사어는 주로 용언을 꾸며 주는 '문장 성분'이고, 부사는 주로 용언을 꾸며 주는 '품사'입니다. 부사는 용언을 꾸며 주는 성질을 지닌 단어이기 때문에 전부 부사어에 해당합니다. 하지만 용언을 꾸며 주는 성질을 지닌 단어가 아니라도 문장에서 용언을 꾸며 주는 기능을 한다면 부사어입니다. 그래서 부사어에는 부사 외에 체언에 부사격 조사가 붙은 것도 있고, 용언의 어간에 부사형 어미가 붙은 것도 있습니다.

부사어
부사 { 체언+부사격 조사
어간+부사형 어미

●● 정답과 해설 13쪽

개념 확인

1 다음 설명이 맞으면 ○, 틀리면 × 표시를 하시오.

(1) 부사어는 문장에서 '어떻게'에 해당하며 주로 관형어를 꾸며 주는 문장 성분이다. ……… (   )

(2) 체언에 부사격 조사가 붙은 부사어가 용언을 꾸며 주기도 한다. ……………………… (   )

개념 적용

2 다음 빈칸에 들어갈 알맞은 말을 쓰시오.

┌─ 보기 ─┐
햇볕이 뜨겁게 내리쬔다.   설마 그런 일이 일어날까?
└────────┘

(1) 〈보기〉에서 부사어는 '(   )', '(   )' 2개로, 하나는 '(   )+부사형 어미' 형태의 부사어이고, 하나는 부사 자체로 된 부사어이다.

(2) 〈보기〉에서 부사어 '(   )'은/는 용언을 꾸며 주고, '(   )'은/는 (   )을/를 꾸며 준다.

08 부속 성분

● **부속 성분**(붙다 附附, 따르다 屬屬, 이루다 成成, 나누다 分分: 딸려 붙는 성분)**의 개념**

문장에서 주로 주성분의 내용을 꾸며 뜻을 더해 주는 성분. 관형어, 부사어가 부속 성분에 해당함.

● **부속 성분의 특성**

• 대부분의 부속 성분은 생략해도 문장이 이루어지고, 문장의 의미가 온전함.

• 다른 성분의 내용을 꾸며 뜻을 더해 의미를 자세하게 함.

예 (깨끗한) 하늘이 (무척) 높다. → 부속 성분 '깨끗한'과 '무척'을 생략해도 문장이 이루어지지만, 이 성분들이 있을 때 문장의 의미가 더 자세함.
　　　관형어　　　　　부사어

예시로 정리

　　　　　　　　　　　체언('소녀', '모자')을　　　　　　용언('지나갔다')을
　　　　　　　　　　　꾸며 주는 관형어　　　　　　　꾸며 주는 부사어
　　　　　　　깜찍한 소녀가 새 모자를 쓰고 빠르게 지나갔다.
　　　　　주성분(주어)의 뜻을　　　주성분(목적어)의 뜻을　　　주성분(서술어)의 뜻을
　　　　　더해 주는 부속 성분　　　더해 주는 부속 성분　　　더해 주는 부속 성분

궁금해요

Q 관형어와 부사어는 모두 다른 성분의 내용을 꾸며 주는 기능을 하는데 둘을 쉽게 구별할 수 있는 방법이 있나요?

A 먼저 그것이 문장에서 무엇을 꾸며 주는지 찾아보세요. 관형어는 체언을 꾸며 주고, 부사어는 용언이나 관형어, 다른 부사어, 문장 전체를 꾸며 줍니다. 그리고 문장에서 관형어는 '어떤, 누구의/무엇의'에 해당하고, 부사어는 '어떻게, 언제, 어디에서' 등에 해당하므로 그것이 어디에 해당하는지 생각해 보세요. 마지막으로 관형격 조사와 관형사형 어미, 부사격 조사와 부사형 어미를 기억해 두는 것도 방법이 될 수 있습니다.

◀● 정답과 해설 13쪽

개념 확인

1 다음 괄호 안에 알맞은 말을 고르시오.

(1) 문장에서 { 주성분 / 부속 성분 }은 주로 { 주성분 / 부속 성분 }의 내용을 꾸며 뜻을 더해 준다.

(2) 부속 성분에 해당하는 문장 성분은 { 주어, 서술어 / 관형어, 부사어 }이다.

개념 적용

2 〈보기〉와 같이 문장에서 부속 성분을 찾아 □로 표시하고, 그것이 꾸며 주는 부분을 표시하시오.

보기
둥근 달이 세상을 밝게 비춘다.

(1) 저 개는 집에서 잔다.　　　　　　　　　(2) 그의 고양이는 참 귀여워요.

(3) 맛있는 사과가 여기에 있다.　　　　　　(4) 작은 자동차가 빨리도 달린다.

3 다음 밑줄 친 부속 성분이 관형어이면 '관', 부사어이면 '부'라고 쓰시오.

(1) 성희는 오늘 일찍 왔다. ＿＿＿＿＿＿＿＿

(2) 아이들은 놀이터에 갔습니다. ＿＿＿＿＿＿＿＿

(3) 샬롯의 거미줄은 가늘고 길었다. ＿＿＿＿＿＿＿＿

09 독립어 | 독립 성분

● **독립어**(홀로 독獨, 서다 립立, 말씀 어語: 독립적으로 쓰이는 말)**의 개념**

다른 성분과 직접적인 관계를 맺지 않고 독립적으로 쓰이는 문장 성분. 주로 감탄, 부름, 응답 등을 나타냄.

◉ <u>아차</u>, 가방을 놓고 왔네. <u>얘</u>, 은행에 다녀올래? <u>네</u>, 알겠습니다.

● **독립어의 형태**

• 감탄사가 그 자체로 독립어가 됨. ◉ <u>앗</u>, 세상에 이런 일이!

• 체언에 <u>호격 조사</u> '아/야/(이)여' 등이 붙어 독립어가 됨. ◉ <u>서준아</u>, 너는 어디에 있니?
  <small>앞말이 독립어 자격을 가지게 하는 조사</small>

● **독립 성분**(홀로 독獨, 서다 립立, 이루다 성成, 나누다 분分: 독립적으로 쓰이는 성분)**의 개념**

문장에서 다른 문장 성분과 밀접한 관계가 없는 성분. 독립어가 독립 성분에 해당함.

● **독립 성분의 특성**

생략해도 문장의 의미에 영향을 주지 않음. ◉ (어머,) 비가 오네. (철수야,) 어디 가니?

예시로 정리

<small>체언 + 호격 조사</small>　　　　　　　　　　　<small>감탄사</small>
"<u>은서야</u>, 나는 눈이 좋아."　　　"<u>흥</u>, 나도 눈을 좋아해."
<small>부름을 나타내는 독립어</small>　　　　　　　　　　<small>응답을 나타내는 독립어</small>

궁금해요

Q 독립어와 독립언은 어떻게 다른가요?

A 독립어는 독립적으로 쓰이는 '문장 성분'이고, 독립언은 독립적으로 쓰이는 성질을 지닌 '단어'입니다. 독립 적으로 쓰이는 성질을 지닌 단어가 아니라도 문장에서 독립적으로 쓰인다면 독립어입니다. 그래서 독립어 에는 독립언인 감탄사 외에 체언에 호격 조사가 붙은 것도 있습니다.

독립어	
독립언 감탄사	체언+호격 조사

◗ 정답과 해설 13쪽

개념 확인

1 다음 설명이 맞으면 ○, 틀리면 ✕ 표시를 하시오.

(1) 독립어는 주로 감탄, 부름, 응답을 나타낸다. ·· (　　)

(2) 독립 성분은 문장의 다른 성분과 밀접한 관계가 없다. ···················· (　　)

(3) 문장에서 독립 성분을 생략하면 문장의 의미를 제대로 전달하기 어렵다. ······ (　　)

개념 적용

2 제시된 기준에 해당하는 독립어를 〈보기〉에서 모두 찾아 쓰시오.

┌─────────── 보기 ───────────┐
│ 이야, 100점이다.　　　　으악, 상어가 나타났다!　　　　엄마야, 누나야, 강변 살자. │
└────────────────────────────┘

(1) 감탄사 자체로 된 독립어	

(2) '체언+호격 조사' 형태의 독립어	

한눈에 보는 개념

●● 정답과 해설 13쪽

■ **문장과 문장 성분의 개념**

- **문장:** 생각이나 감정을 말과 글로 표현할 때 ❶ ☐☐ 된 내용을 나타내는 가장 작은 단위
- **문장 성분:** 문장 안에서 일정한 문법적 기능을 하는 부분

■ **문장 성분의 종류**

❷ ☐☐☐	주어	동작 또는 상태나 성질의 ❺ ☐☐ 이/가 되는 문장 성분
	서술어	주어의 동작 또는 상태나 성질 등을 ❻ ☐☐ 하는 문장 성분
	❸ ☐☐☐	서술어가 나타내는 동작의 대상이 되는 문장 성분
	❹ ☐☐	서술어 '❼ ☐☐', '❽ ☐☐☐' 앞에서 의미를 보충하는 문장 성분
❾ ☐☐ 성분	관형어	❶❶ ☐☐ 을/를 꾸며 주는 문장 성분
	❶⓪ ☐☐☐	주로 용언을 꾸며 주고, 관형어, 다른 부사어, 문장 전체를 꾸며 주기도 하는 문장 성분
❶❷ ☐☐ 성분	독립어	다른 성분과 직접적인 관계를 맺지 않고 독립적으로 쓰이는 문장 성분

100점 포인트

- **주어와 보어의 구별:** 체언에 조사 '이/가'가 붙어 있는 문장 성분 중에서 서술어 '되다', '아니다' 앞에 있는 것이 보어임.

  예 계절이 바뀌었다.   계절이 봄이 되었다.
  문장 성분: ❶ (   )   문장 성분: ❷ (   )

- **관형어와 부사어의 구별:** 체언을 꾸며 주면 관형어, 용언이나 관형어, 다른 부사어, 문장 전체를 꾸며 주면 부사어임.

  예 그의 모자가 크다.   모자가 그에게 크다.   그것은 큰 모자이다.   그 모자는 크게 만들었다.
  문장 성분: ❸ (   )   문장 성분: ❹ (   )   문장 성분: ❺ (   )   문장 성분: ❻ (   )

내신 실전 문제

01 〈보기〉의 질문에 대한 대답으로 적절한 것은?

───── 보기 ─────

'나는 책을 읽겠다.'는 문장입니까?

① 네, 물음표로 문장의 끝을 나타냈기 때문입니다.
② 네, 주어, 보어, 서술어를 갖추고 있기 때문입니다.
③ 네, 생각이나 감정을 완결된 내용으로 표현했기 때문입니다.
④ 아니요, 필수적인 문장 성분이 부족하기 때문입니다.
⑤ 아니요, 문장의 기본 구조를 갖추지 못했기 때문입니다.

02 〈보기〉의 밑줄 친 문장 성분에 대한 설명으로 적절하지 <u>않은</u> 것은?

───── 보기 ─────

<u>할아버지께서</u> 주무신다.   <u>강아지도</u> 꼬리를 흔든다.

① 문장에서 '누가/무엇이'에 해당한다.
② 동작 또는 상태나 성질 등을 풀이한다.
③ 맥락을 통해 알 수 있다면 생략할 수도 있다.
④ 문장을 이루는 데 기본적으로 필요한 성분이다.
⑤ 체언에 주격 조사나 보조사가 붙어 만들어진다.

03 〈보기〉를 통해 서술어에 대해 탐구한 내용으로 적절하지 <u>않은</u> 것은?

───── 보기 ─────

㉠ 나는 가방을 보았다.   ㉡ 어린이도 사람이다.

① ㉠의 서술어는 '어찌하다'에 해당한다.
② ㉠과 같이 용언 자체로 서술어가 될 수 있다.
③ ㉡의 서술어는 체언에 서술격 조사가 붙은 형태이다.
④ ㉡과 같이 체언에 보조사가 붙어 서술어가 되기도 한다.
⑤ ㉠, ㉡과 같이 서술어의 성격에 따라 필요한 문장 성분의 개수가 달라진다.

04 〈조건〉을 모두 만족하는 문장으로 알맞은 것은?

───── 조건 ─────

• 주어와 서술어로만 이루어져 있다.
• '어떠하다'에 해당하는 서술어가 있다.

① 먼저 갈게요.
② 우산이 예쁩니다.
③ 저는 도착했습니다.
④ 어제가 금요일이었다.
⑤ 작은 동물이 뛰어가요.

05 ㉠~㉤ 중, 서술어가 나타내는 동작의 대상이 되는 문장 성분인 것은?

윤아, ㉠너 우산 챙겼니? 저녁에 비가 ㉡온대.

헉! 우산 없는데. 친구에게 ㉢우산을 빌릴까?

내가 ㉣한 개 가져다줄게.

정말? 나는 ㉤주번이 아니야. 다섯 시에 끝나.

그래, 이따 만나자.

① ㉠   ② ㉡   ③ ㉢   ④ ㉣   ⑤ ㉤

06 〈보기〉의 빈칸에 공통으로 들어갈 수 있는 문장 성분에 대한 설명으로 적절한 것은?

┌─────── 보기 ───────┐
유진이가 (　　　) 끝냈다.　　종원이가 (　　　) 먹었다.
└────────────────────┘

① '어떤'과 같이 체언을 꾸며 준다.
② '무엇이다'와 같이 대상을 지정한다.
③ '어찌하다'와 같이 대상의 동작을 나타낸다.
④ '어떠하다'와 같이 대상의 상태나 성질을 나타낸다.
⑤ '무엇을'과 같이 서술어가 나타내는 동작의 대상이 된다.

고난도

07 〈보기〉에 대한 설명으로 적절하지 <u>않은</u> 것은?

┌─────── 보기 ───────┐
철수는 공을 던졌다.
└────────────────────┘

① 주성분으로만 이루어진 문장이다.
② '철수는'은 동작의 주체가 되는 문장 성분이다.
③ '공을'은 서술어가 나타내는 동작의 대상이 되는 문장 성분이다.
④ '공을'과 '던졌다'는 다른 문장 성분과 상관없이 모든 문장에서 반드시 필요한 문장 성분이다.
⑤ '던졌다'는 문장의 기본 구조를 결정하는 문장 성분이다.

서술형

08 〈보기〉의 ㉠~㉤에서 보어를 모두 찾아 쓰시오.

┌─────── 보기 ───────┐
다른 ㉠오리들은 새끼 오리를 싫어했다. 그러나 엄마 오리는 ㉡새끼 오리도 사랑했다. ㉢새끼 오리는 엄마의 품에서 건강히 자랐다. 알고 보니 새끼 오리는 ㉣오리가 아니었다. 그는 ㉤백조가 되었다.
└────────────────────┘

서술형

09 ㉠과 ㉡이 완전한 문장이 되기 위해 필요한 문장 성분을 〈보기〉에서 골라 쓰시오.

㉠ 그는 사랑한다.　　㉡ 나는 되었다.

┌─────── 보기 ───────┐
주어　　보어　　관형어　　목적어
└────────────────────┘

㉠: ＿＿＿＿＿＿＿＿　㉡: ＿＿＿＿＿＿＿＿

10 〈보기〉에 쓰인 문장 성분이 <u>아닌</u> 것은?

┌─────── 보기 ───────┐
이분이 당신의 이웃이다.　　저분은 당신의 이웃이 아니다.
└────────────────────┘

① '체언＋보조사' 형태의 주어
② '체언＋주격 조사' 형태의 주어
③ '체언＋보격 조사' 형태의 보어
④ '체언＋목적격 조사' 형태의 목적어
⑤ '체언＋서술격 조사' 형태의 서술어

11 〈보기〉를 통해 알 수 있는 관형어의 특성으로 적절한 것은?

┌─────── 보기 ───────┐
㉠ 토끼의 집이 크니? (○)
㉡ 토끼의 크니? (×)
㉢ 집이 토끼의 크니? (×)
└────────────────────┘

① 문장에서 '어떻게'에 해당한다.
② 꾸밈을 받는 말 앞에 위치한다.
③ 꾸밈을 받는 말 없이도 쓰일 수 있다.
④ 뒤에 오는 용언을 자세하게 꾸며 준다.
⑤ 체언에 관형사형 어미 '의'가 붙어 만들어진다.

12 다음 작품에 대한 설명으로 적절한 것은?

> '그는 힘없이 밥을 먹었다.'에서
> 중요한 것은 그가 밥을 먹은 사실이 아니라
> '힘없이' 먹었다는 것이다.
>
> — 박상천, 「통사론」

① 주어의 중요성을 알려 주는 시이다.
② 관형어의 중요성을 알려 주는 시이다.
③ 목적어의 중요성을 알려 주는 시이다.
④ 부사어의 중요성을 알려 주는 시이다.
⑤ 서술어의 중요성을 알려 주는 시이다.

서술형

13 제시된 기능을 하는 부사어를 〈보기〉에서 모두 찾아 쓰시오.

> ┤보기├
> • 아마 그때가 여름이었지.
> • 선생님, 아주 헌 책이 저에게 있습니다.
> • 할아버지께서 전복을 정말 많이 좋아하세요.

(1) 용언을 꾸며 줌.: _____
(2) 관형어를 꾸며 줌.: _____
(3) 부사어를 꾸며 줌.: _____
(4) 문장 전체를 꾸며 줌.: _____

14 관형어와 부사어가 모두 쓰인 문장이 <u>아닌</u> 것은?

① 요정이 작은 풍선을 나에게 주었다.
② 종국이가 어려운 노래를 잘 부른다.
③ 제니는 더러운 운동화를 깨끗이 빨았다.
④ 어머니께서 우는 아이를 힘들게 업으셨다.
⑤ 우리 과거의 잘못은 잊고 새로운 사람이 되자.

15 다음 밑줄 친 부분의 공통점으로 적절한 것은?

> **손 씻기 365**
> 건강을 지키는
> 가장 좋은 습관입니다!
>
> 건강을 위한 3가지 약속
> <u>자주</u> 씻어요. <u>올바르게</u> 씻어요. <u>깨끗하게</u> 씻어요.

① 서술어가 나타내는 동작의 대상이 된다.
② 문장에서 '어찌하다/어떠하다'에 해당한다.
③ 주로 주성분의 내용을 꾸며 뜻을 더해 준다.
④ 문장의 이루는 데 기본적으로 필요한 성분이다.
⑤ 문장의 다른 성분과 직접적인 관계를 맺지 않는다.

고난도

16 〈보기〉의 활동을 적절하게 수행한 것은?

> ┤보기├
> **선생님**: 제시된 불완전한 문장을 완전한 문장으로 고치고, 어떤 문장 성분을 추가했는지 적어 보세요.

① 나는 노래를.
  → 나는 노래를 부른다. (목적어 추가)
② 나는 보냈다.
  → 나는 친구에게 보냈다. (보어 추가)
③ 무척 푸르다.
  → 산이 무척 푸르다. (주어 추가)
④ 내 동생은 좋아한다.
  → 내 동생은 무척 좋아한다. (부사어 추가)
⑤ 그는 존경받는 되었다.
  → 그는 존경받는 학자가 되었다. (주어 추가)

17 〈보기〉의 ⊙~⑩에 대한 설명으로 적절한 것은?

> ─● 보기 ●─
>
> ⊙어린 시절에 수민이는 ⓒ여우를 만났습니다.
> "가장 ⓒ중요한 것은 네 마음이야."
> 여우가 ⓔ수민이에게 말했습니다. 그 후 여우는 수민이의
> ⑩친구가 되었습니다.

① ⊙은 '시절'을 꾸며 주는 관형어이다.
② ⓒ은 '만났습니다'를 꾸며 주는 관형어이다.
③ ⓒ은 '가장'을 꾸며 주는 부사어이다.
④ ⓔ은 '말했습니다'를 꾸며 주는 관형어이다.
⑤ ⑩은 '되었습니다'를 꾸며 주는 부사어이다.

18 밑줄 친 부분의 문장 성분이 같은 것끼리 묶인 것은?

① ┌ 심통이 <u>놀부와</u> 같다.
　└ 원수는 <u>외나무다리에서</u> 만난다.
② ┌ <u>목마른</u> 사람이 우물 판다.
　└ <u>호랑이</u> 제 새끼 안 잡아먹는다.
③ ┌ 무쇠도 갈면 <u>바늘이</u> 된다.
　└ <u>구슬이</u> 서 말이라도 꿰어야 보배다.
④ ┌ 거미도 줄을 쳐야 <u>벌레를</u> 잡는다.
　└ 바다는 메워도 <u>사람의</u> 욕심은 못 채운다.
⑤ ┌ 하늘이 무너져도 <u>솟아날</u> 구멍이 있다.
　└ 종로에서 뺨 맞고 <u>한강에</u> 가서 눈 흘긴다.

19 독립어에 대한 설명으로 적절한 것을 〈보기〉에서 모두 골라 묶은 것은?

> ─● 보기 ●─
>
> ⊙ 감탄사에 호격 조사가 붙어 만들어진다.
> ⓒ 체언에 관형격 조사가 붙어 만들어진다.
> ⓒ 감탄, 부름, 응답 등을 나타내는 문장 성분이다.
> ⓔ 문장의 다른 성분과 직접적인 관계를 맺지 않는다.

① ⊙, ⓒ　　② ⊙, ⓒ　　③ ⓒ, ⓒ
④ ⓒ, ⓔ　　⑤ ⓒ, ⓔ

20 밑줄 친 부분의 문장 성분이 나머지와 <u>다른</u> 것은?

① <u>재석아</u>, 내가 미안했어.
② <u>세상에</u>, 그런 일이 있었니?
③ <u>과연</u> 그의 말이 사실일까요?
④ <u>네</u>, 저는 그 사람을 모릅니다.
⑤ <u>우아</u>, 진짜로 귀여운 인형이네.

21 〈보기〉의 ⊙에 해당하는 문장으로 적절한 것은?

> ─● 보기 ●─

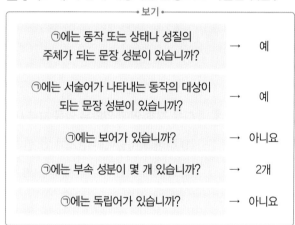

① 설마 소나기가 진짜 내릴까요?
② 내가 자네에게 귀한 선물을 주겠네.
③ 나뭇잎이 어느새 새빨간 단풍이 되었다.
④ 윤경이는 신나는 노래를 무척 자주 부른다.
⑤ 이야, 지훈이가 교실을 깨끗하게 청소했구나.

서술형

22 〈보기〉와 같이 문장의 성분을 분석하시오.

> ─● 보기 ●─
>
> 새 옷이 예쁘다.
> 관형어　주어　서술어

어머, 결국 그는 훌륭한 예술가가 되었구나!

_____

10 홑문장과 겹문장

● **홑문장의 개념**

주어와 서술어의 관계가 한 번만 나타나는 문장 **예** 하늘이 파랗다.
　　　　　　　　　　　　　　　　　　　주어　서술어

● **겹문장의 개념**

주어와 서술어의 관계가 두 번 이상 나타나는 문장 **예** 하늘이 파랗고 바람이 상쾌하다. 그는 날씨가 좋다고 말했다.
　　　　　　　　　　　　　　　　　　　주어　서술어　주어　서술어　　주어　주어　서술어　서술어
　　　　　　　　　　　　　　　　　　　└─①─┘　└─②─┘　　　　└──────①──────┘

● **겹문장의 종류**

홑문장이 결합하는 방식에 따라 이어진문장과 안은문장으로 나뉨.

- 　홑문장　+　홑문장　홑문장과 홑문장이 나란히 이어짐. → 이어진문장 **예** 봄이 오니 꽃이 피었다.
- 　홑문장　홑문장　하나의 홑문장이 다른 홑문장을 안고 있음. → 안은문장 **예** 봄은 꽃이 피는 계절이다.

예시로 정리

　　　　　　　　　주어　　　　　　　　서술어
　　　　아이스크림은 정말 시원하다.
　　주어와 서술어의 관계가 한 번만 나타나는 홑문장

　　　　　　　주어①　　　　　서술어①　　주어②　서술어②
　　아이스크림은 정말 시원하지만 햇볕은 뜨겁다.
　　주어와 서술어의 관계가 두 번 나타나는 겹문장

●● 정답과 해설 16쪽

개념 확인

1 다음 괄호 안에 알맞은 말을 고르시오.

(1) 주어와 서술어의 관계가 한 번만 나타나는 문장을 { 홑문장 / 겹문장 }이라고 한다.

(2) 주어와 서술어의 관계가 두 번 이상 나타나는 문장을 { 홑문장 / 겹문장 }이라고 한다.

개념 적용

2 〈보기〉의 문장을 종류에 따라 나누어 쓰시오.

─ 보기 ─
㉠ 가을이 오면 산에 단풍이 든다.　　　㉡ 철희는 순대를 제일 좋아한다.
㉢ 할아버지께서 재채기를 하셨다.　　　㉣ 영화가 눈물이 나도록 슬프다.

(1) 홑문장 ┤

(2) 겹문장 ┤

3 〈보기〉의 겹문장을 두 개의 홑문장으로 나누어 쓰시오.

─ 보기 ─
윤혜는 국어를 잘하고 준현이는 수학을 잘한다.

_____　　_____

11 이어진문장

● 이어진문장의 개념

둘 이상의 홑문장이 나란히 이어져 이루어진 문장 **예** 가을이 간다. + 겨울이 온다. → 가을이 가고 겨울이 온다.

● 이어진문장의 종류

대등하게 이어진문장	둘 이상의 홑문장이 '나열, 대조, 선택' 등의 의미 관계로 대등하게 이어진 문장 _{서로 견주어 높고 낮음이나 낫고 못함이 없이 비슷하게} • 나열: 앞뒤 문장이 나란히 놓여 연결 어미 '–고', '–(으)며' 등을 통해 연결됨. _{어간에 붙어 다음 말에 연결하는 기능을 하는 어미} • 대조: 내용이 서로 다른 앞뒤 문장이 연결 어미 '–(으)나', '–지만' 등을 통해 연결됨. • 선택: 하나를 골라 뽑아야 하는 앞뒤 문장이 연결 어미 '–거나', '–든지' 등을 통해 연결됨.	**예** 흥부도 착하고 놀부도 착하다. _{나열 관계} 흥부는 착하지만 놀부는 심술궂다. _{대조 관계} 흥부가 오든지 놀부가 와. _{선택 관계}
종속적으로 이어진문장	둘 이상의 홑문장이 '원인, 조건, 목적' 등의 의미 관계로 종속적으로 이어진 문장 _{한쪽이 다른 쪽에 딸려 붙어서} • 원인: 앞 문장이 뒤 문장의 원인이 되어 연결 어미 '–아서/–어서', '–(으)니' 등을 통해 연결됨. • 조건: 앞 문장이 뒤 문장의 조건이 되어 연결 어미 '–(으)면', '–거든' 등을 통해 연결됨. • 목적: 앞 문장이 뒤 문장의 목적이 되어 연결 어미 '–(으)러', '–(으)려고' 등을 통해 연결됨.	**예** 비가 와서 나는 학교에 늦었다. _{뒤 문장의 원인} 비가 오면 나는 학교에 늦는다. _{뒤 문장의 조건} 비가 오려고 날씨가 흐렸구나. _{뒤 문장의 목적}

예시로 정리

_{'나열'의 의미 관계를 나타내는 연결 어미} | _{'원인'의 의미 관계를 나타내는 연결 어미}
1등은 토끼이며 2등은 거북이였다. | 토끼가 자니 거북이가 토끼를 앞질렀다.
_{두 홑문장이 '나열'의 의미 관계로 연결된} | _{두 홑문장이 '원인'의 의미 관계로 연결된}
_{대등하게 이어진문장} | _{종속적으로 이어진문장}

궁금해요

Q 대등하게 이어진문장과 종속적으로 이어진문장은 어떻게 구별하나요?

A 대등하게 이어진문장은 이어진 앞뒤 문장의 순서를 바꾸어도 의미 차이가 없습니다. '흥부는 착하지만 놀부는 심술궂다.'와 '놀부는 심술궂지만 흥부는 착하다.'는 같은 내용입니다. 하지만 종속적으로 이어진문장은 이어진 앞뒤 문장의 순서를 바꾸면 의미가 통하지 않거나 달라질 수 있습니다. '비가 와서 나는 학교에 늦었다.'와 '나는 학교에 늦어서 비가 왔다.'는 다른 내용입니다.

●● 정답과 해설 17쪽

개념 확인

1 다음 설명이 맞으면 ○, 틀리면 ✕ 표시를 하시오.

(1) 홑문장과 홑문장이 나란히 이어져 이루어진 문장을 이어진문장이라고 한다. ┈┈┈┈ (   )

(2) 종속적으로 이어진문장에서 이어진 앞뒤 문장은 대등한 의미 관계를 지닌다. ┈┈┈┈ (   )

개념 적용

2 다음 문장의 종류와 이어진 앞뒤 문장의 의미 관계를 바르게 연결하시오.

(1) 네가 웃으면 나는 행복하다. •   • ㉠ 대등하게 이어진문장 •   • ⓐ 선택

(2) 우리 영화관에 가거나 놀이공원에 가자. •   • ㉡ 종속적으로 이어진문장 •   • ⓑ 조건

12 안은문장과 안긴문장

● 안은문장과 안긴문장의 개념

- **안은문장**: 하나의 홑문장이 다른 홑문장을 하나의 문장 성분처럼 안고 있는 문장
- **안긴문장**: 다른 문장 속에 들어가 하나의 문장 성분처럼 쓰이는 문장

홑문장 ─ 안은문장
홑문장 ─ 안긴문장

<u>예</u> 그는 고기를 먹었다. + 배가 터진다. → 그는 <u>배가 터지도록</u> 고기를 먹었다.
　　　　　　　　　　　　　　　　　　　　　　　　　안긴문장

● 안은문장의 종류

안긴문장은 <u>절</u>의 형태로 다른 문장 속에 들어감. 절이 안은문장에서 하는 기능에 따라 안은문장의 종류가 나뉨.
<small>주어와 서술어의 관계가 나타나지만 단독으로 쓰이지 못하고 문장의 일부분으로 쓰이는 단위</small>

명사절을 가진 안은문장	• 주어, 목적어, 부사어 등의 기능을 하는 절을 안은 문장 • 명사절은 명사형 어미 '-(으)ㅁ', '-기' 등이 붙어 만들어짐.	예 나는 여름이 되었음을 알았다. <small>명사절: 서술어의 대상이 되는 목적어의 기능을 함.</small>
관형절을 가진 안은문장	• 관형어의 기능을 하는 절을 안은 문장 • 관형절은 관형사형 어미 '-(으)ㄴ', '-는', '-(으)ㄹ', '-던' 등이 붙어 　만들어짐.	예 나는 여름이 오는 소리를 들었다. <small>관형절: 체언을 꾸며 주는 관형어의 기능을 함.</small>
부사절을 가진 안은문장	• 부사어의 기능을 하는 절을 안은 문장 • 부사절은 부사형 어미 '-게', '-도록' 등이 붙어 만들어짐.	예 나는 땀이 나게 뛰었다. <small>부사절: 용언을 꾸며 주는 부사어의 기능을 함.</small>
서술절을 가진 안은문장	• 서술어의 기능을 하는 절을 안은 문장	예 보리는 마음씨가 곱다. <small>서술절: 주어의 성질을 풀이하는 서술어의 기능을 함.</small>
인용절을 가진 안은문장	• 다른 사람의 말이나 생각을 인용한 문장을 절의 형태로 안은 문장 • 인용절은 인용 조사 '라고', '고'가 붙어 만들어짐.	예 보리가 "난 잘래."라고 말했다. ⌐직접 인용절 　　보리가 자기는 자겠다고 말했다. 　　　　　　　　　　　　⌐간접 인용절

예시로 정리

서술어의 기능을 하는 서술절　　　관형어의 기능을 하는 관형절　　　목적어의 기능을 하는 명사절
기린은 키가 크다. 나는 키가 큰 기린을 좋아한다. 나는 기린이 건강하기를 바란다.
<small>서술절을 가진 안은문장</small>　　　<small>관형절을 가진 안은문장</small>　　　<small>명사절을 가진 안은문장</small>

궁금해요

Q 서술절을 가진 안은문장과 보어가 쓰인 문장은 어떻게 구별하나요?

A '거미는 다리가 많다.'와 '거미는 곤충이 아니다.' 두 문장은 형태가 비슷합니다. 하지만 앞 문장은 '[주어 ①+(주어 ②+서술어)]' 구조의 서술절을
<small>　　　　　　　　　　　　　　　　　　　　　　　　　　　　　　　　　　　　서술절</small>
가진 안은문장(겹문장)이고, 뒤 문장은 '주어+보어+서술어'로 이루어진 문장(홑문장)입니다. 서술절을 가진 안은문장에는 전체 문장의 주어와
서술절의 주어가 있기 때문에 문장에 주어가 2개 나타납니다. 보어가 쓰인 문장도 주어가 2개 있는 것처럼 보이지만 서술어 '되다', '아니다' 앞에
있는 '체언+이/가'는 주어가 아니라 보어이므로 문장의 주어는 1개입니다. 따라서 주어의 개수를 파악하면 두 문장을 구별할 수 있습니다.

● 정답과 해설 17쪽

개념 확인 **1** 다음 빈칸에 들어갈 알맞은 말을 쓰시오.

(1) 하나의 홑문장이 다른 홑문장을 하나의 문장 성분처럼 안고 있는 문장을 ☐☐ 문장이라고 한다.

(2) 다른 문장 속에 들어가 하나의 문장 성분처럼 쓰이는 문장을 ☐☐ 문장이라고 한다.

개념 적용 **2** 다음 문장에서 안긴문장을 찾아 밑줄 치고, 안은문장의 종류를 쓰시오.

(1) 태희가 집에 가자고 말했다. (　　　　　　　)　　(2) 빛이 눈이 부시게 밝다. (　　　　　　　)

■ 문장의 짜임

┌ 홑문장: ❶ ⬚⬚ 과/와 ❷ ⬚⬚⬚ 의 관계가 한 번만 나타나는 문장

└ 겹문장: 주어와 서술어의 관계가 두 번 이상 나타나는 문장

❸ ⬚⬚⬚ 문장	둘 이상의 홑문장이 나란히 이어져 이루어진 문장	**대등하게 이어진문장**: 둘 이상의 홑문장이 '나열, ❹ ⬚⬚, 선택' 등의 의미 관계로 대등하게 이어진 문장
		종속적으로 이어진문장: 둘 이상의 홑문장이 '원인, 조건, ❺ ⬚⬚' 등의 의미 관계로 종속적으로 이어진 문장
❻ ⬚⬚ 문장	하나의 홑문장이 다른 홑문장을 하나의 문장 성분처럼 안고 있는 문장	**명사절을 가진 안은문장**: 주어, 목적어, 부사어 등의 기능을 하는 절을 안은 문장
		관형절을 가진 안은문장: ❼ ⬚⬚⬚ 의 기능을 하는 절을 안은 문장
		부사절을 가진 안은문장: 부사어의 기능을 하는 절을 안은 문장
		서술절을 가진 안은문장: ❽ ⬚⬚⬚ 의 기능을 하는 절을 안은 문장
		인용절을 가진 안은문장: 다른 사람의 말이나 생각을 인용한 문장을 절의 형태로 안은 문장

100점 포인트

- **대등하게 이어진문장과 종속적으로 이어진문장의 구별**: 이어진 앞뒤 문장의 순서를 바꾸어도 의미가 달라지지 않으면 대등하게 이어진문장이고, 의미가 통하지 않거나 달라지면 종속적으로 이어진문장임.

　예 날씨가 따뜻하지만 바람이 분다. (= 바람이 불지만 날씨가 따뜻하다.)

　❶ { 대등하게 / 종속적으로 } 이어진문장

　날씨가 추워서 겉옷을 입었다. (≠ 겉옷을 입어서 날씨가 춥다.)

　❷ { 대등하게 / 종속적으로 } 이어진문장

- **서술절을 가진 안은문장과 보어가 쓰인 홑문장의 구별**: 전체 문장의 주어와 서술절의 주어, 2개의 주어가 나타나면 서술절을 가진 안은문장이고, 주어 1개와 보어, 서술어 '되다' 또는 '아니다'가 나타나면 '주어+보어+서술어'로 이루어진 홑문장임.

　예 호랑이는 꼬리가 길다.　　　　　　호랑이는 고양이가 아니다.

　❸ { 안은문장 / 홑문장 }　　　　　　❹ { 안은문장 / 홑문장 }

내신 실전 문제

01 〈보기〉를 바탕으로 문장의 짜임에 대해 설명한 내용이 적절하지 <u>않은</u> 것은?

① ㉠에 들어갈 내용은 '주어와 서술어의 관계가 몇 번 나타나는가?'이다.
② ㉡은 주어와 서술어의 관계가 한 번만 나타나는 문장이다.
③ ㉢에 들어갈 내용은 '홑문장이 결합하는 방식이 어떠한가?'이다.
④ ㉣은 둘 이상의 홑문장이 나란히 이어져 이루어진 문장이다.
⑤ ㉤은 다른 문장 속에 들어가 하나의 문장 성분처럼 쓰이는 문장이다.

02 주어와 서술어의 관계가 한 번만 나타나는 문장에 해당하는 것은?

① 봄이 가고 여름이 왔다.
② 비가 내려서 길이 젖었다.
③ 나는 새 운동화를 참 좋아한다.
④ 눈이 그치니 사람들이 몰려들었다.
⑤ 그는 전문가의 의견이 옳다고 믿는다.

03 문장에서 주어와 서술어를 찾아 문장의 종류를 파악한 것으로 적절하지 <u>않은</u> 것은?

① <u>개나리가</u> 활짝 <u>피었다</u>. → 홑문장
   주어   서술어

② <u>거북이는</u> <u>토끼가</u> <u>졌다고</u> <u>말했다</u>. → 겹문장
  주어   주어 서술어   서술어

③ <u>일개미가</u> 먹이를 부지런히 <u>모은다</u>. → 홑문장
  주어   서술어

④ <u>요리사가</u> 모든 <u>접시를</u> 깨끗이 <u>닦았다</u>. → 겹문장
  주어   주어   서술어 서술어

⑤ <u>토마토는</u> 과일이 <u>아니고</u>, <u>딸기도</u> <u>그렇다</u>. → 겹문장
  주어   서술어 주어 서술어

04 〈보기〉 문장의 공통점으로 적절한 것은?

> ━ 보기 ━
> • 나는 모든 인간이 평등함을 믿는다.
> • 안개가 걷히면 비행기가 출발합니다.
> • 우리는 일출을 보려고 서둘러 바닷가에 갔다.

① 주어와 서술어의 관계가 한 번만 나타난다.
② 주어와 서술어의 관계가 두 번 이상 나타난다.
③ 홑문장들이 대등한 의미 관계로 이어진 문장이다.
④ 홑문장들이 종속적인 의미 관계로 이어진 문장이다.
⑤ 홑문장을 하나의 문장 성분처럼 안고 있는 문장이다.

05 〈보기〉에서 겹문장을 모두 골라 묶은 것은?

> ━ 보기 ━
> ㉠ 어느 마을에 개미가 살았어요.
> ㉡ 개미는 열심히 일했지만 베짱이는 노래만 불렀어요.
> ㉢ 계절이 겨울이 되니 베짱이가 개미를 찾아갔어요.
> ㉣ 개미가 베짱이에게 음식을 주었어요.
> ㉤ 베짱이가 잘못을 뉘우치니 개미가 그를 보듬었어요.

① ㉠, ㉡, ㉢   ② ㉠, ㉡, ㉣   ③ ㉡, ㉢, ㉣
④ ㉡, ㉢, ㉤   ⑤ ㉢, ㉣, ㉤

06 이어진문장에 해당하는 것은?

① 우산을 쓴 아이가 걸어간다.

② 요리사는 음식이 맛있기를 바란다.

③ 소나기가 오거나 함박눈이 내리겠다.

④ 아이들이 공원에서 롤러스케이트를 탄다.

⑤ 현준이는 귀뚜라미가 우는 소리를 들었다.

07 이어진문장에 대해 틀린 내용을 말한 사람은?

① 기용: '이것은 감이며 저것은 사과이다.'는 대등하게 이어진문장이야.

② 동욱: '크리스마스가 되니 산타클로스가 왔다.'는 종속적으로 이어진문장이야.

③ 중기: '비가 오고 바람이 분다.'는 두 홑문장이 '나열'의 의미 관계로 대등하게 이어져 있어.

④ 은탁: '그가 떠나든지 내가 떠날게.'는 두 홑문장이 '선택'의 의미 관계로 종속적으로 이어져 있어.

⑤ 공유: '형은 중학생이지만 누나는 고등학생이다.'는 이어진 앞뒤 문장의 순서를 바꾸어도 의미가 변하지 않아.

08 〈보기〉에 대한 설명으로 적절한 것은?

> ─● 보기 ●─
>
> 동생은 키위를 좋아하고 나는 망고를 좋아한다.

① 안긴문장을 가지고 있다.

② 주어와 서술어의 관계가 한 번만 나타난다.

③ 두 겹문장이 대등한 의미 관계로 이어져 있다.

④ 두 홑문장이 종속적인 의미 관계로 이어져 있다.

⑤ 이어진 앞뒤 문장의 순서를 바꾸어도 의미 차이가 없다.

서술형

09 〈보기〉의 두 홑문장을 '대조'의 의미 관계를 나타내는 연결 어미를 사용하여 대등하게 이어진문장으로 만드시오.

> ─● 보기 ●─
>
> • 시온이는 주스를 만들었다.
> • 채린이는 쿠키를 구웠다.

10 〈보기〉의 ㉠과 ㉡에서 홑문장들의 의미 관계를 바르게 짝 지은 것은?

> ─● 보기 ●─
>
> ㉠ 봄이 왔으니 꽃이 피겠다.
> ㉡ 연주는 눈만 뜨면 책을 읽는다.

	㉠	㉡		㉠	㉡
①	목적	원인	②	선택	나열
③	대조	선택	④	원인	조건
⑤	조건	대조			

고난도

11 〈조건〉을 모두 만족하는 문장으로 알맞은 것은?

> ─● 조건 ●─
>
> • 둘 이상의 홑문장이 나란히 이어져 이루어진 문장이다.
> • 이어진 앞뒤 문장의 순서를 바꾸면 의미가 달라진다.
> • '목적'의 의미 관계로 연결된 문장이다.

① 현서가 아파서 우리는 약속을 취소했다.

② 그는 산나물을 캐러 뒷동산에 올라갔다.

③ 흥부는 가난뱅이였지만 놀부는 부자였다.

④ 내일 눈이 내리거든 나는 놀이공원에 가겠다.

⑤ 나는 저녁에 도서관에 가든지 놀이터에 간다.

12 〈보기〉에 대한 설명으로 적절한 것은?

> ──● 보기 ●──
> ㉠ 너는 마늘을 까거나 양파를 썰래?
> ㉡ 우리는 산으로 갔고 그들은 바다로 갔다.
> ㉢ 내가 집에 도착하면 너에게 바로 연락할게.

① ㉠~㉢은 종속적으로 이어진문장이다.
② ㉠은 '나열'의 의미 관계로 연결된 겹문장이다.
③ ㉡은 연결 어미 '-으로'를 통해 연결된 문장이다.
④ ㉢은 연결 어미 앞에 있는 홑문장의 주어가 생략되었다.
⑤ ㉢은 ㉠, ㉡과 달리 이어진 앞뒤 문장의 순서를 바꾸면 의미가 통하지 않는다.

고난도

13 〈보기〉와 문장의 짜임이 같은 것은?

> ──● 보기 ●──
> 연재는 손을 잘 씻어서 감기에 안 걸렸다.

① 서희는 그 일을 하기에 너무 어리다.
② 성수가 숙제를 하려고 방에 들어갔다.
③ 서준이가 이모의 말이 맞다고 말했다.
④ 지안이의 할아버지는 인정이 많으시다.
⑤ 나는 로제 소스가 들어간 떡볶이를 만들었다.

서술형

14 〈보기〉의 ㉠~㉢에 들어갈 알맞은 말을 쓰시오.

> ──● 보기 ●──
> '나는 그것을 기다린다.'는 주어와 서술어의 관계가 (㉠)번만 나타난다. 반면 '나는 해가 뜨기를 기다린다.'는 주어와 서술어의 관계가 (㉡)번 나타나는데, '해가 뜨기'라는 (㉢)을/를 가진 안은문장이다.

㉠: _____ ㉡: _____ ㉢: _____

15 다음은 문장의 결합 방식을 정리한 것이다. ㉠~㉤에 들어갈 내용으로 적절하지 <u>않은</u> 것은?

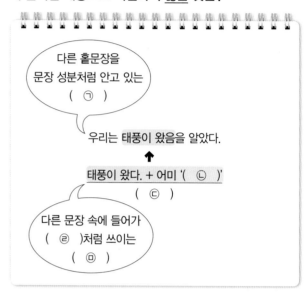

> 다른 홑문장을 문장 성분처럼 안고 있는 (㉠)
>
> 우리는 태풍이 왔음을 알았다.
> ↑
> 태풍이 왔다. + 어미 '(㉡)'
> (㉢)
>
> 다른 문장 속에 들어가 (㉣)처럼 쓰이는 (㉤)

① ㉠: 안은문장   ② ㉡: -을
③ ㉢: 명사절   ④ ㉣: 문장 성분
⑤ ㉤: 안긴문장

16 〈보기〉의 ㉠과 같은 기능을 하는 절을 안은 문장으로 적절한 것은?

> ──● 보기 ●──
> 우리는 ㉠저들의 앨범을 기대한다.

① 아주머니는 마음씨가 고왔다.
② 농부들은 비가 오기를 기다린다.
③ 귀걸이가 눈이 부시게 반짝거렸다.
④ 그는 "제가 발표할게요."라고 말했다.
⑤ 나는 독수리가 날아가는 장면을 보았다.

17 〈조건〉을 모두 만족하는 문장으로 알맞은 것은?

— 조건 —
- '신데렐라, 구두, 잃어버리다'를 모두 사용해 만든 안은문장
  이다.
- 관형어의 기능을 하는 절을 안고 있다.

① 그것은 신데렐라가 잃어버린 구두이다.
② 신데렐라는 구두를 잃어버려서 속상했다.
③ 신데렐라는 구두를 잃어버렸음을 깨달았다.
④ 왕자는 신데렐라가 구두를 찾도록 도와주었다.
⑤ 왕자는 신데렐라에게 자신이 구두를 찾았다고 말했다.

18 〈보기〉에 대한 설명으로 적절한 것은?

— 보기 —
아이스크림이 이가 시리게 차갑다.

① 대등하게 이어진문장이다.
② 명사절을 가진 안은문장이다.
③ 주어의 기능을 하는 절을 안고 있다.
④ '이가 시리게'가 문장 성분처럼 쓰인다.
⑤ 주어와 서술어의 관계가 한 번만 나타난다.

19 〈보기〉에서 설명하는 문장에 해당하는 것은?

— 보기 —
서술어의 기능을 하는 절을 안은 문장

① 토끼의 앞발이 짧다.
② 해바라기는 키가 크다.
③ 불이 고구마가 익기에는 약하다.
④ 된장찌개는 내가 좋아하는 음식이다.
⑤ 나는 얼음이 녹도록 병을 밖에 두었다.

20 〈보기〉의 ⊙과 ⓒ의 차이점으로 적절한 것은?

— 보기 —
⊙ 주니는 "유니가 리코더를 연주했어."라고 말했다.
ⓒ 주니는 유니가 리코더를 연주했다고 말했다.

① ⊙은 이어진문장이고, ⓒ은 안은문장이다.
② ⊙은 대등하게 이어진문장이고, ⓒ은 종속적으로 이
  어진문장이다.
③ ⊙은 부사절을 가진 안은문장이고, ⓒ은 명사절을 가
  진 안은문장이다.
④ ⊙은 직접 인용절을 안고 있는 문장이고, ⓒ은 간접
  인용절을 안고 있는 문장이다.
⑤ ⊙은 서술어의 기능을 하는 절을 안고 있고, ⓒ은 관
  형어의 기능을 하는 절을 안고 있다.

서술형
21 〈보기〉의 두 문장을 결합하여 인용절을 가진 안은
문장으로 만드시오.(단, 간접 인용할 것.)

— 보기 —
- 기상청에서 예보했다.
- 내일부터 장마가 시작됩니다.

22 안은문장의 종류를 바르게 분석한 것은?

① 기린은 목이 길다. → 인용절을 가진 안은문장
② 토끼는 숨이 차게 뛰었다. → 관형절을 가진 안은문장
③ 양은 뱀이 벗은 허물을 보았다. → 부사절을 가진 안
  은문장
④ 고양이는 쥐가 오기를 기다린다. → 명사절을 가진
  안은문장
⑤ 두더지가 "나 여기 있어."라고 소리쳤다. → 서술절을
  가진 안은문장

실력 완성 문제

01 〈보기〉의 ㉠~㉢에 들어갈 내용을 바르게 짝 지은 것은?

보기

문장은 생각이나 감정을 말과 글로 표현할 때 (㉠)을/를 나타내는 가장 작은 단위이다. 글에서는 각 문장의 끝에 (㉡)을/를 사용하여 문장의 끝을 나타낸다. 완전한 문장을 이루기 위해서는 일정한 구성 요소가 필요한데, 문장을 구성하면서 문장 안에서 일정한 문법적 기능을 하는 부분을 (㉢)(이)라고 한다.

	㉠	㉡	㉢
①	띄어쓰기	마침표	품사
②	띄어쓰기	마침표	문장 성분
③	완결된 내용	마침표	품사
④	완결된 내용	문장 부호	단어
⑤	완결된 내용	문장 부호	문장 성분

02 〈보기〉의 ㉠~㉣에 대한 설명으로 적절한 것은?

보기

㉠서술어는 문장에서 '㉡어찌하다/㉢어떠하다/㉣무엇이다'에 해당한다.

① ㉠은 주어의 동작 또는 상태나 성질 등을 풀이하는 문장 성분으로, 부속 성분에 해당한다.
② ㉠의 성격과 상관없이 모든 문장은 필요한 문장 성분의 개수가 같다.
③ ㉡이 사용된 문장의 예로 '하늘이 무척 푸르다.'를 들 수 있다.
④ ㉢이 사용된 문장의 예로 '가수가 노래를 부른다.'를 들 수 있다.
⑤ ㉡과 ㉢은 용언 자체로 만들어지고, ㉣은 체언에 서술격 조사가 붙어 만들어진다.

03 다음 밑줄 친 문장 성분에 대한 설명으로 적절한 것을 〈보기〉에서 모두 골라 묶은 것은?

나는 너에게 가려고 배를 만들었다.

보기

㉠ 문장에서 독립적으로 쓰이는 성분이다.
㉡ 동작이나 상태 등의 주체가 되는 성분이다.
㉢ 문장을 이루는 데 기본적으로 필요한 성분이다.
㉣ 주성분의 내용을 꾸며 뜻을 더해 주는 성분이다.
㉤ 서술어가 나타내는 동작의 대상이 되는 성분이다.

① ㉠, ㉣   ② ㉠, ㉤   ③ ㉡, ㉣
④ ㉢, ㉣   ⑤ ㉢, ㉤

고난도

04 〈보기〉를 바탕으로 주성분을 탐구할 계획을 세운 내용으로 적절한 것은?

보기

㉠ 영희야, 밥 먹었니? / 네, 밥 먹었어요.
㉡ 소희는 학생이다. / 소희는 학생이 아니다.
㉢ 날씨가 시원하다. / 동생은 사탕을 좋아한다.

① ㉠을 바탕으로 서술어의 성격에 따라 문장에 목적어가 없을 수도 있다는 것을 설명해야겠어.
② ㉠을 바탕으로 맥락을 통해 주어를 알 수 있으면 주어를 생략할 수도 있다는 것을 설명해야겠어.
③ ㉡을 바탕으로 한 문장에 주어가 두 개일 수도 있다는 것을 설명해야겠어.
④ ㉡을 바탕으로 체언에 주격 조사가 붙어 주어가 된다는 것을 설명해야겠어.
⑤ ㉢을 바탕으로 체언에 서술격 조사가 붙어 서술어가 된다는 것을 설명해야겠어.

서술형

05 〈보기〉에서 주성분에 해당하는 부분을 모두 찾아 쓰시오.

━━ 보기 ━━
민정아, 드디어 너도 멋진 어른이 되었겠지?

_____

06 〈보기〉의 ㉠~㉢에 해당하는 부사어가 쓰인 문장이 아닌 것은?

━━ 보기 ━━
부사어는 ㉠부사가 그 자체로 부사어가 되기도 하고, ㉡체언에 부사격 조사가 붙어 만들어지기도 하며, ㉢용언의 어간에 부사형 어미가 붙어 만들어지기도 한다.

① ㉠: 흥부네 열두 식구는 함께 살았다.
② ㉡: 길동은 불쌍한 자들을 율도국에 데려갔다.
③ ㉢: 석봉의 어머니는 떡을 가지런하게 썰었다.
④ ㉠, ㉡: 결국 까치는 선비에게 은혜를 갚았다.
⑤ ㉡, ㉢: 심청은 아버지를 다시 만나서 행복하게 살았다.

07 〈보기〉에 쓰인 문장 성분이 아닌 것은?

━━ 보기 ━━
우체국에서 성실한 자원봉사자를 모집합니다.

① 주어　　　② 부사어　　　③ 목적어
④ 서술어　　　⑤ 관형어

08 밑줄 친 문장 성분에 대한 설명으로 적절한 것은?

① 인기는 물거품과 같다.
　└ 서술어: 부속 성분에 해당함.
② 물거품이 하얗게 일었다.
　└ 주어: 서술어의 성격에 따라 필요함.
③ 파도가 하얀 물거품을 일으켰다.
　└ 목적어: '어떤'에 해당함.
④ 이곳에 물거품의 형체가 남았구나.
　└ 관형어: 꾸밈을 받는 말 앞에 위치함.
⑤ 마법에 걸린 인어는 물거품이 되었다.
　└ 보어: 주어의 의미를 보충함.

09 문장 성분을 바르게 분석한 것은?

① 얘들아, 큰 공원에서 놀아라.
　→ 주어＋관형어＋부사어＋서술어
② 판다는 주로 대나무를 먹는다.
　→ 주어＋독립어＋목적어＋서술어
③ 버터는 빵을 무척 부드럽게 만든다.
　→ 주어＋목적어＋관형어＋부사어＋서술어
④ 거머리는 절대로 유해한 벌레가 아니다.
　→ 주어＋부사어＋관형어＋보어＋서술어
⑤ 나는 착한 아람이를 친구에게 소개했다.
　→ 주어＋관형어＋목적어＋보어＋서술어

서술형

10 〈보기〉의 문장 성분을 제시된 기준에 따라 나누어 쓰시오.

━━ 보기 ━━
아, 범수는 정말 그 사람이 아니었군.

(1) 주성분: _____
(2) 부속 성분: _____
(3) 독립 성분: _____

11 문장의 짜임에 대해 <u>틀린</u> 내용을 말한 사람을 〈보기〉에서 모두 골라 묶은 것은?

> ● 보기 ●
>
> **지민**: 홑문장은 '나는 밥을 먹는다.'와 같이 주어와 목적어의 관계가 한 번만 나타나는 문장을 말합니다.
> **정국**: 겹문장은 결합된 홑문장이 각각 어떤 기능을 하는지에 따라 이어진문장과 안은문장으로 나뉩니다.
> **태형**: 이어진문장은 다른 문장 속에 들어가 하나의 문장 성분처럼 쓰이는 문장을 말합니다.
> **남준**: 안은문장은 하나의 홑문장이 다른 홑문장을 하나의 문장 성분처럼 안고 있는 문장을 말합니다.

① 지민, 태형
② 정국, 남준
③ 지민, 정국, 태형
④ 지민, 정국, 남준
⑤ 정국, 태형, 남준

고난도

12 주어와 서술어의 관계가 나타나는 횟수가 같은 안은문장끼리 묶인 것은?

① ┌ 코끼리는 코가 길다.
　└ 소년은 남자가 되었다.
② ┌ 동생은 중학생이 아니다.
　└ 동생은 친구가 우승하게 도왔다.
③ ┌ 내일은 내가 좋아하는 토요일이다.
　└ 날씨가 더워서 얼음이 다 녹겠어요.
④ ┌ 모든 부모는 자식을 끔찍이 사랑한다.
　└ 그는 내가 빵을 매우 좋아함을 모른다.
⑤ ┌ 수정처럼 맑은 시냇물이 졸졸 흐른다.
　└ 나는 나무가 잘 자라도록 거름을 주었다.

13 〈보기〉는 문장의 짜임을 분석한 것이다. ㉠과 문장의 짜임이 같은 것은?

> ● 보기 ●
>
> ㉠ 제비꽃이 정말 예쁘다.　　㉡ 그것은 내가 읽던 책이다.

① 가을이 오면 산에 단풍이 든다.
② 모든 사람이 너를 참 그리워한다.
③ 나는 벌레가 사라지기를 기다렸다.
④ 어머니께서 공기가 맑다고 말씀하셨다.
⑤ 우리는 아이들이 지나가게 길을 비켰다.

서술형

14 ㉠~㉢에 들어갈 문장을 〈보기〉에서 골라 쓰시오.

> 주어와 서술어의 관계가 두 번 이상 나타나는 문장입니까?
> 예↓　　　아니요↳ (　　㉠　　)
> 두 홑문장이 나란히 이어져 이루어집니까?
> 예↓　　　아니요↳ (　　㉡　　)
> 이어진 앞뒤 문장 의미 관계가 대등합니까?
> 예↓
> (　　㉢　　)

> ● 보기 ●
>
> ⓐ 한 나무꾼이 혼자 살았다.
> ⓑ 나무꾼은 선녀가 입던 옷을 돌려주었다.
> ⓒ 선녀는 훌쩍 떠나고 나무꾼은 홀로 남았다.

㉠: _____　㉡: _____　㉢: _____

서술형

15 〈보기〉의 ㉠~㉣에 들어갈 알맞은 말을 쓰시오.

> ● 보기 ●
>
> '바람이 부니 꽃잎이 떨어지네.'는 (　㉠　) 이어진문장으로, 이어진 앞뒤 문장이 '(　㉡　)'의 의미 관계로 연결되었다.
> '네가 오려고 봄이 먼저 왔구나.'는 (　㉢　) 이어진문장으로, 이어진 앞뒤 문장이 '(　㉣　)'의 의미 관계로 연결되었다.

㉠: _____　㉡: _____
㉢: _____　㉣: _____

16 이어진문장의 종류가 나머지와 <u>다른</u> 것은?

① 나는 오늘 계속 뛰어서 피곤하다.
② 저는 점심을 먹으러 급식실에 갑니다.
③ 날씨가 좋으면 제가 당신을 찾아가겠습니다.
④ 아버지는 자애로우시며 어머니는 현명하시다.
⑤ 내가 내일도 늦게 일어나거든 네가 나를 깨워.

17 〈보기〉에 대한 설명으로 적절하지 <u>않은</u> 것은?

보기
㉠ 치타가 동작이 재빠르다.
㉡ 형사는 그가 범인임을 눈치챘다.
㉢ 철수가 "내가 할게."라고 말했다.
㉣ 그는 배꼽이 빠지도록 한참 웃었다.
㉤ 마녀는 우리가 숨은 미로에 다가왔다.

① ㉠에서 '동작이 재빠르다'는 전체 문장에서 서술어의 기능을 한다.
② ㉡에서 '그가 범인임'은 전체 문장에서 목적어의 기능을 한다.
③ ㉢에서 '"내가 할게."라고'는 직접 인용절에 해당한다.
④ ㉣에서 '배꼽이 빠지도록'은 부사형 어미가 붙어 만들어진 절이다.
⑤ ㉤에서 '우리가 숨은'은 명사절에 해당한다.

18 문장의 짜임을 바르게 설명한 것은?

① '하마는 입이 크다.'에서 전체 문장의 주어는 '하마는'이다.
② '온갖 꽃이 활짝 피었다.'는 '활짝 피었다'라는 서술절을 가진 안은문장이다.
③ '모건이는 재주가 많게 생겼다.'는 '재주가 많게'라는 관형절을 가진 안은문장이다.
④ '나는 털이 하얀 사자를 보았다.'와 '이것은 어제 먹은 반찬이다.'는 서로 다른 기능을 하는 절을 안고 있다.
⑤ '준휘가 "수희는 귤을 좋아하니?"라고 말했다.'의 인용절을 직접 인용절로 바꾸면 '준휘가 수희는 귤을 좋아하냐고 말했다.'가 된다.

서술형

19 〈보기〉의 ㉠과 ㉡을 결합하여 제시된 종류의 문장으로 만드시오.

보기
㉠ 눈이 쌓인다.   ㉡ 길이 미끄럽다.

(1) ㉠이 ㉡의 원인이 되어 종속적으로 이어진문장

_____

(2) ㉡이 ㉠을 관형절로 가진 안은문장

_____

20 〈보기〉의 보드게임에서 모든 문제를 바르게 풀었을 때 도착할 곳으로 적절한 것은?

보기

[규칙]
• 문제 (1)~(4)를 순서대로 푸시오.
• '출발'에서 시작하고, 문제의 내용이 맞으면 오른쪽으로 한 칸, 틀리면 아래로 한 칸 가시오.

문제 (1) '그는 네가 웃기를 바란다.'에는 연결 어미가 쓰였다.
문제 (2) '너는 책을 읽거나 잠을 자라.'는 이어진 앞뒤 문장의 순서를 바꾸어도 의미가 달라지지 않는다.
문제 (3) '비가 오면 옷이 젖는다.'는 대등하게 이어진문장이다.
문제 (4) '나는 여우이고 오빠는 곰이다.'는 종속적으로 이어진 문장이다.

출발				방콕
			서울	
		북경		
	파리			
런던				

① 런던   ② 파리   ③ 북경   ④ 서울   ⑤ 방콕

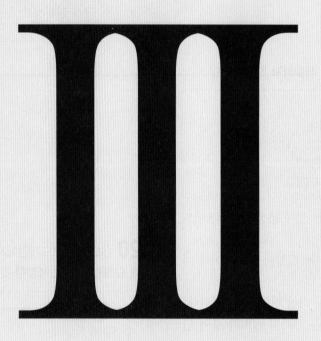

III

음운

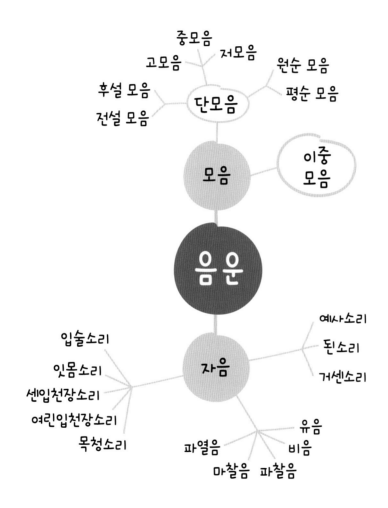

01 음운의 개념과 종류

● **음운**(소리 음音, 소리 운韻)**의 개념**

말의 뜻을 구별해 주는 소리의 가장 작은 단위

예 '물'을 음운으로 나누면 'ㅁ+ㅜ+ㄹ'임.

'불'을 음운으로 나누면 'ㅂ+ㅜ+ㄹ'임.] → 'ㅁ'과 'ㅂ' 때문에 말의 뜻이 구별됨.

● **음운의 종류**

모음	• 발음할 때 공기의 흐름이 방해를 받지 않고 나는 소리 • 우리말의 모음: ㅏ, ㅐ, ㅑ, ㅒ, ㅓ, ㅔ, ㅕ, ㅖ, ㅗ, ㅘ, ㅙ, ㅚ, ㅛ, ㅜ, ㅝ, ㅞ, ㅟ, ㅠ, ㅡ, ㅢ, ㅣ (21개) **예** 곰 : 감 → 모음 'ㅗ'와 'ㅏ' 때문에 말의 뜻이 구별됨.
자음	• 발음할 때 공기의 흐름이 목 안이나 입안에서 방해를 받으며 나는 소리 • 우리말의 자음: ㄱ, ㄲ, ㄴ, ㄷ, ㄸ, ㄹ, ㅁ, ㅂ, ㅃ, ㅅ, ㅆ, ㅇ, ㅈ, ㅉ, ㅊ, ㅋ, ㅌ, ㅍ, ㅎ (19개) **예** 밥 : 방 → 자음 'ㅂ'과 'ㅇ' 때문에 말의 뜻이 구별됨.

※ **소리의 길이:** 발음할 때 소리를 길게 내느냐(':' 표시), 짧게 내느냐에 따라 말의 뜻이 구별되는 경우가 있음.

소리의 길이가 뜻을 구별해 준다는 점에서 모음이나 자음과 마찬가지로 음운의 역할을 함.

예 눈[눈:](얼음의 결정체) : 눈[눈](물체를 볼 수 있는 감각 기관) → 소리의 길이 때문에 말의 뜻이 구별됨.

예시로 정리

팔 → ㅍ + ㅏ + ㄹ
3개의 음운: 자음 + 모음 + 자음

바람 → ㅂ + ㅏ + ㄹ + ㅏ + ㅁ
5개의 음운: 자음 + 모음 + 자음 + 모음 + 자음

궁금해요

Q '생일'은 6개의 음운으로 이루어진 건가요?

A '생일'을 이루는 음운은 '(ㅅ + ㅐ + ㅇ) + (ㅣ + ㄹ)' 5개입니다. '생'의 끝소리 'ㅇ'은 음운이지만 '일'의 첫소리 'ㅇ'은 음운이 아닙니다. 'ㅣ'와 '이'는 모두 [이]로 발음되므로 첫소리에 있는 'ㅇ'은 소릿값이 없습니다. 따라서 첫소리의 'ㅇ'은 음운이 아닙니다.

◀● 정답과 해설 23쪽

개념 확인 **1** 다음 빈칸에 들어갈 알맞은 말을 쓰시오.

(1) 말의 뜻을 구별해 주는 소리의 가장 작은 단위를 ☐☐(이)라고 한다.

(2) 우리말에서 음운의 역할을 하는 것은 모음, 자음, 소리의 ☐☐이다.

개념 적용 **2** 다음 단어에서 뜻을 구별해 주는 소리를 찾아 쓰시오.

(1) 살 : 솔 (   )　　　　　(2) 달 : 딸 (   )

3 〈보기〉와 같이 단어를 음운으로 나누고, 음운의 개수를 쓰시오.

┌─ 보기 ─┐

고양이 → ㄱ + ㅗ + ㅑ + ㅇ + ㅣ (5개)

(1) 당근 → _____ (개)　(2) 고인돌 → _____ (개)

02 모음의 분류

모음의 분류

모음은 발음할 때 입술 모양이나 혀의 위치가 달라지는지에 따라 단모음과 이중 모음으로 나뉨.

단모음 (홑 單)	발음할 때 입술 모양이나 혀의 위치가 고정되어 움직이지 않는 모음	ㅏ, ㅐ, ㅓ, ㅔ, ㅗ, ㅚ, ㅜ, ㅟ, ㅡ, ㅣ
이중 모음 (두 二, 거듭하다 重)	발음할 때 입술 모양이나 혀의 위치가 달라지는 모음 두 개의 모음을 이어 소리 내는 것과 비슷해 이중 모음이라고 함. 예 ㅑ: 'ㅣ'에서 'ㅏ'로 이어 소리 내는 것처럼 혀의 위치가 달라짐.	ㅑ, ㅒ, ㅕ, ㅖ, ㅘ, ㅙ, ㅛ, ㅝ, ㅞ, ㅠ, ㅢ

예시로 정리

오리 – 요리

'ㅗ'는 발음할 때 입술 모양이나 혀의 위치가 움직이지 않음.

'ㅛ'는 발음할 때 'ㅣ'에서 'ㅗ'로 이어 소리 내는 것처럼 입술 모양과 혀의 위치가 달라짐.

자석 – 좌석

'ㅏ'는 발음할 때 입술 모양이나 혀의 위치가 움직이지 않음.

'ㅘ'는 발음할 때 'ㅗ'에서 'ㅏ'로 이어 소리 내는 것처럼 입술 모양과 혀의 위치가 달라짐.

궁금해요

Q 'ㅚ'와 'ㅟ'는 발음할 때 입술 모양이나 혀의 위치가 달라지는 것 같은데 단모음이 맞나요?

A 'ㅚ'와 'ㅟ'가 두 개의 단모음이 합쳐진 모양이어서 이중 모음처럼 보이지만 'ㅚ'와 'ㅟ'는 원칙적으로 단모음입니다. 하지만 많은 사람들이 'ㅚ'와 'ㅟ'를 이중 모음처럼 발음하기 때문에 표준 발음법에서도 'ㅚ'와 'ㅟ'를 이중 모음으로 발음하는 것을 허용하고 있습니다.

●● 정답과 해설 23쪽

개념 확인

1 다음 설명이 맞으면 ○, 틀리면 ✕ 표시를 하시오.

(1) 모음은 발음할 때 혀의 위치에 따라 단모음과 이중 모음으로 나뉜다. ················ (   )

(2) 단모음은 발음할 때 입술 모양이나 혀의 위치가 달라지지 않는 모음이다. ················ (   )

개념 적용

2 다음 밑줄 친 단어에 쓰인 모음이 단모음이면 '단', 이중 모음이면 '이중'이라고 쓰시오.

(1) 보기만 해도 배가 부르다. _____

(2) 그가 올 시간인데 왜 안 올까? _____

(3) 나는 동생의 말에 귀를 기울였다. _____

3 제시된 설명에 해당하는 단어를 〈보기〉에서 골라 쓰시오.

┌─ 보기 ─┐

예절   여우   야시장   유치원   관광객

(1) 발음할 때 혀의 위치가 'ㅣ'와 같다가 'ㅓ'와 같이 달라지는 모음이 쓰인 단어: _____

(2) 발음할 때 입술 모양과 혀의 위치가 'ㅜ'와 같다가 'ㅓ'와 같이 달라지는 모음이 쓰인 단어: _____

03 단모음의 분류 ①: 혀의 최고점의 위치

모음 체계

● 단모음의 분류 ①

단모음은 혀의 최고점(가장 最最, 높다 高高, 점 點點: 가장 높은 지점)의 위치에 따라 전설 모음과 후설 모음으로 나뉨.

전설 모음 (앞 前前, 혀 설舌)	입천장의 중간점을 기준으로 혀의 최고점의 위치가 **앞쪽**에 있을 때 발음되는 모음	입천장의 중간점 혀의 최고점이 앞쪽에 있음.	ㅣ, ㅔ, ㅐ, ㅟ, ㅚ
후설 모음 (뒤 後後, 혀 설舌)	입천장의 중간점을 기준으로 혀의 최고점의 위치가 **뒤쪽**에 있을 때 발음되는 모음	혀의 최고점이 뒤쪽에 있음.	ㅡ, ㅓ, ㅏ, ㅜ, ㅗ

예시로 정리

이 — 으
전설 모음   후설 모음

'ㅣ'를 발음하다가 입 모양을 유지한 채 'ㅡ'를 발음하면
혀의 최고점의 위치가 앞쪽에서 뒤쪽으로 이동하는 것을 느낄 수 있음.

◀● 정답과 해설 23쪽

개념 확인

1 다음 빈칸에 들어갈 알맞은 말을 쓰시오.

(1) 단모음은 혀의 ☐☐☐ 의 위치에 따라 전설 모음과 후설 모음으로 나뉜다.

(2) 전설 모음은 혀의 최고점의 위치가 ☐☐ 에 있을 때 발음되는 모음이다.

(3) 혀의 최고점이 뒤쪽에 위치하여 발음되는 모음을 ☐☐ 모음이라고 한다.

개념 적용

2 다음 괄호 안에 알맞은 말을 고르시오.

(1) 'ㅟ, ㅚ'는 혀의 최고점의 위치가 { 앞쪽 / 뒤쪽 }에 있을 때 발음된다.

(2) 'ㅓ, ㅏ'는 혀의 최고점의 위치가 { 앞쪽 / 뒤쪽 }에 있을 때 발음된다.

3 다음 단어에 쓰인 모음의 공통된 종류를 바르게 연결하시오.

(1) 세대 •

(2) 가구 •

(3) 시위 •   • ㉠ 전설 모음

(4) 고무줄 •

(5) 고등어 •   • ㉡ 후설 모음

72 · 중학 국어 첫 문법

04 단모음의 분류 ②: 혀의 높이

● 단모음의 분류 ②

단모음은 혀의 높이에 따라 고모음, 중모음, 저모음으로 나뉨.

고모음 (높다 고高)	입을 조금 벌리고 혀의 높이를 **높여** 발음하는 모음	혀의 높이 입을 벌리는 정도 ──그 (입을 크게 벌릴수록 혀의 높이가 낮아짐.)	ㅣ, ㅟ, ㅡ, ㅜ
중모음 (가운데 중中)	입을 보통으로 벌리고 혀의 높이를 **중간으로 하여** 발음하는 모음		ㅔ, ㅚ, ㅓ, ㅗ
저모음 (낮다 저低)	입을 크게 벌리고 혀의 높이를 **낮춰** 발음하는 모음		ㅐ, ㅏ

예시로 정리

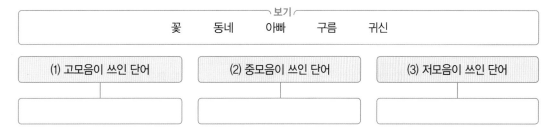

으 ─ 어 ─ 아 'ㅡ→ㅓ→ㅏ'를 순서대로 이어서 발음하면
고모음 중모음 저모음 혀의 높이가 점점 낮아지는 것을 느낄 수 있음.

◀● 정답과 해설 23쪽

개념 확인 **1** 다음 설명이 맞으면 ○, 틀리면 ✕ 표시를 하시오.

(1) 단모음은 혀의 높이에 따라 고모음, 중모음, 저모음으로 나뉜다. ⋯⋯⋯⋯⋯⋯⋯ (   )

(2) 고모음 → 중모음 → 저모음으로 갈수록 발음할 때 혀의 높이가 높아진다. ⋯⋯⋯⋯ (   )

개념 적용 **2** 다음 빈칸에 들어갈 알맞은 모음을 쓰시오.

(1) 'ㅔ, ㅐ' 중 발음할 때 혀의 높이가 더 높은 모음은 '(   )'이다.

(2) 'ㅣ, ㅓ, ㅏ' 중 발음할 때 입이 가장 크게 벌어지는 모음은 '(   )'이다.

3 〈보기〉의 단어를 제시된 기준에 따라 나누어 쓰시오.

┌ 보기 ┐
꽃   동네   아빠   구름   귀신

(1) 고모음이 쓰인 단어	(2) 중모음이 쓰인 단어	(3) 저모음이 쓰인 단어

05 단모음의 분류 ③: 입술 모양

● 단모음의 분류 ③

단모음은 입술 모양에 따라 원순 모음과 평순 모음으로 나뉨.

원순 모음 (둥글다 원圓, 입술 순脣)	입술을 **둥글게 오므려** 발음하는 모음		ㅟ, ㅚ, ㅜ, ㅗ
평순 모음 (평평하다 평平, 입술 순脣)	입술을 **둥글게 오므리지 않고** 발음하는 모음	← 입술이 옆으로 벌어져 입술 모양이 평평해짐.	ㅣ, ㅔ, ㅐ, ㅡ, ㅓ, ㅏ

예시로 정리

오 — 이
원순 모음 평순 모음

'ㅗ'를 발음하다가 'ㅣ'를 발음하면
둥글게 오므려졌던 입술이 옆으로 벌어지면서 입술 모양이 평평해짐.

정답과 해설 23쪽

개념 확인

1 다음 빈칸에 들어갈 알맞은 말을 쓰시오.

(1) 단모음은 □□□□에 따라 원순 모음과 평순 모음으로 나뉜다.

(2) 원순 모음은 발음할 때 입술을 □□□ 오므려 발음한다.

(3) 입술을 둥글게 오므리지 않고 발음하는 모음을 □□ 모음이라고 한다.

개념 적용

2 〈보기〉에서 원순 모음이 쓰인 단어를 모두 찾아 표시하시오.

┌─ 보기 ─┐
바다 위 갈매기가 외롭게 날고 있다.

3 다음 단어에 쓰인 모음의 종류가 모두 맞게 제시되었으면 ○, 틀리게 제시되었으면 ✕ 표시를 하시오.

(1) 스키	ㅡ: 평순 모음	ㅣ: 평순 모음	( )
(2) 벌레	ㅓ: 원순 모음	ㅔ: 평순 모음	( )
(3) 가수	ㅏ: 평순 모음	ㅜ: 원순 모음	( )

06 단모음 체계

● 국어의 단모음 체계

혀의 높이 \ 혀의 최고점의 위치 / 입술 모양	전설 모음		후설 모음	
	평순 모음	원순 모음	평순 모음	원순 모음
고모음	ㅣ	ㅟ	ㅡ	ㅜ
중모음	ㅔ	ㅚ	ㅓ	ㅗ
저모음	ㅐ		ㅏ	

궁금해요

Q '게'와 '개'를 구별하려면 어떻게 발음해야 하나요?

A 모음 'ㅔ'와 'ㅐ'를 구별해서 발음하지 못해 '게'와 '개'를 비슷하게 발음하는 사람이 많습니다. 'ㅔ'와 'ㅐ'는 모두 전설 모음이면서 평순 모음이라는 공통점이 있습니다. 차이점은 'ㅔ'는 중모음이고, 'ㅐ'는 저모음입니다. 따라서 혀의 높이에 주목하면 'ㅔ'와 'ㅐ'를 구별해 발음할 수 있습니다. '개'를 발음할 때는 '게'를 발음할 때보다 입을 더 벌리고 혀의 높이를 낮춰서 발음하면 됩니다.

●● 정답과 해설 23쪽

개념 확인

1 다음 설명이 맞으면 ○, 틀리면 ✕ 표시를 하시오.

(1) 이중 모음은 혀의 최고점의 위치, 혀의 높이, 입술 모양에 따라 나눌 수 있다. ············· ( )

(2) 전설 모음과 후설 모음은 발음할 때 혀의 최고점의 위치가 다르다. ················· ( )

(3) 고모음, 중모음, 저모음을 나누는 기준은 입술 모양이다. ················· ( )

개념 적용

2 제시된 분류에 해당하는 모음을 〈보기〉에서 모두 골라 쓰시오.

┌─ 보기 ─┐

ㅗ   ㅜ   ㅟ   ㅡ   ㅣ

(1) 단모음: ＿＿＿＿＿＿

(2) 전설 모음: ＿＿＿＿＿＿

(3) 고모음: ＿＿＿＿＿＿

(4) 평순 모음: ＿＿＿＿＿＿

(5) 전설 모음, 고모음, 평순 모음: ＿＿＿

(6) 후설 모음, 중모음, 원순 모음: ＿＿＿

3 다음 분류에 해당하는 모음이 쓰인 단어를 바르게 연결하시오.

(1) 전설 모음, 저모음, 평순 모음 •   • ㉠ 구두

(2) 전설 모음, 중모음, 원순 모음 •   • ㉡ 지뢰

(3) 후설 모음, 고모음, 원순 모음 •   • ㉢ 노래

(4) 후설 모음, 저모음, 평순 모음 •   • ㉣ 가족

한눈에 보는 개념

■ 음운의 개념과 종류

- **음운의 개념:** 말의 ❶ ☐ 을/를 구별해 주는 소리의 가장 작은 단위
- **음운의 종류**
  - ❷ ☐☐ : 발음할 때 공기의 흐름이 방해를 받지 않고 나는 소리
  - 자음: 발음할 때 공기의 흐름이 목 안이나 입안에서 방해를 받으며 나는 소리
  ※ 소리의 길이: 발음할 때 소리를 길게 내느냐, 짧게 내느냐에 따라 말의 뜻이 구별되는 경우가 있으므로 음운의 역할을 함.

■ 모음 체계

단모음

혀의 높이 \ 혀의 최고점의 위치 / ❹ ☐☐ 모양	❸ ☐☐ 모음		후설 모음	
	평순 모음	원순 모음	평순 모음	원순 모음
고모음	ㅣ	ㅟ	ㅡ	❺ ☐
❻ ☐ 모음	ㅔ	ㅚ	ㅓ	ㅗ
저모음	❼ ☐		ㅏ	

❽ ☐☐ **모음:** ㅑ, ㅒ, ㅕ, ㅖ, ㅘ, ㅙ, ㅛ, ㅝ, ㅞ, ㅠ, ㅢ

100점 포인트

- **첫소리의 'ㅇ':** 첫소리에 있는 'ㅇ'은 소릿값이 없으므로 음운이 아님.

  예 아기 → ㅏ + ㄱ + ㅣ   웅덩이 → ㅜ + ㅇ + ㄷ + ㅓ + ㅇ + ㅣ

  음운의 개수: ❶ (   )개   음운의 개수: ❷ (   )개

- **단모음 'ㅚ'와 'ㅟ':** 'ㅚ'와 'ㅟ'는 원칙적으로 단모음이지만 이중 모음으로 발음하는 것도 허용함.

  예 나는 어제 외계인을 보았다.   쥐구멍에도 볕 들 날 있다.

  단모음의 개수: ❸ (   )개   단모음의 개수: ❹ (   )개

01 음운에 대한 설명으로 적절하지 <u>않은</u> 것은?

① 말의 뜻을 구별해 준다.
② 종류에는 모음과 자음 등이 있다.
③ 소리의 길이도 음운의 역할을 한다.
④ '자'는 2개의 음운으로 이루어져 있다.
⑤ 홀로 쓰일 수 있는 말의 가장 작은 단위이다.

02 〈보기〉에 대한 설명으로 적절한 것은?

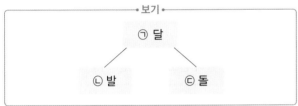

보기

ㄱ 달

ㄴ 발   ㄷ 돌

① ㄱ과 ㄴ의 뜻을 구별해 주는 음운은 소리의 길이이다.
② ㄱ과 ㄷ은 발음하는 사람에 따라 뜻이 달라진다.
③ ㄱ과 ㄴ은 'ㄷ'과 'ㅂ'에 의해, ㄱ과 ㄷ은 'ㅏ'와 'ㅗ'에 의해 뜻이 구별된다.
④ ㄱ~ㄷ은 끝소리 'ㄹ'에 의해 뜻이 구별된다.
⑤ ㄱ~ㄷ을 통해 자음과 모음이 모두 달라야 말의 뜻이 구별됨을 알 수 있다.

서술형

03 〈보기〉의 밑줄 친 단어 중, 모음으로만 이루어진 단어를 찾아 쓰시오.

보기

엄마: 민수야, 어제 <u>학원</u>에 안 간 <u>이유</u>를 말해 줄 수 있겠니?
민수: 죄송해요, 엄마. <u>친구</u>들끼리 <u>발표</u> 준비를 하다가 <u>시간</u>이 늦어서 못 갔어요.

04 〈보기〉에서 설명하는 음운으로만 묶인 것은?

보기

발음할 때 공기의 흐름이 목 안이나 입안에서 방해를 받으며 나는 소리

① ㄷ, ㅗ, ㄱ
② ㅏ, ㅐ, ㅑ
③ ㄲ, ㄸ, ㅃ
④ ㅁ, ㅅ, ㅡ
⑤ ㅠ, ㅣ, ㅍ

고난도

05 음운의 개수가 같은 단어끼리 묶인 것은?

① 음치 – 친구
② 바위 – 상자
③ 하늘 – 지우개
④ 행동 – 손수레
⑤ 가림막 – 자전거

06 〈보기〉에 대한 설명으로 적절한 것은?

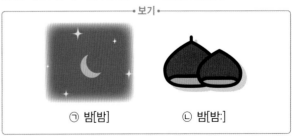

보기

ㄱ 밤[밤]   ㄴ 밤[밤:]

① ㄱ은 2개의 음운으로 이루어져 있다.
② ㄴ은 ㄱ보다 짧게 발음해야 한다.
③ 억양에 따라 ㄱ과 ㄴ의 뜻이 구별된다.
④ 자음의 차이로 ㄱ과 ㄴ을 구별할 수 있다.
⑤ ㄱ과 ㄴ에서는 소리의 길이가 음운의 역할을 한다.

07 모음에 대한 설명으로 적절하지 <u>않은</u> 것은?

① 발음할 때 공기의 흐름이 방해를 받지 않는다.
② 우리말에는 단모음이 10개, 이중 모음이 11개 있다.
③ 'ㅚ'는 이중 모음으로 발음할 수도 있지만 단모음에 해당한다.
④ 'ㅏ'는 발음할 때 입술 모양이나 혀의 위치가 달라지지 않는다.
⑤ 단모음은 혀의 높이에 따라 전설 모음과 후설 모음으로 나뉜다.

08 〈보기〉의 ㉠에 해당하는 모음으로만 묶이지 <u>않은</u> 것은?

> ─ 보기 ─
> 발음할 때 입술 모양이나 혀의 위치가 고정되어 움직이지 않는 모음을 단모음이라고 하고, ㉠발음할 때 입술 모양이나 혀의 위치가 달라지는 모음을 이중 모음이라고 한다.

① ㅖ, ㅘ   ② ㅟ, ㅞ   ③ ㅑ, ㅢ
④ ㅛ, ㅠ   ⑤ ㅒ, ㅝ

09 〈보기〉에 대한 설명으로 적절한 것은?

> ─ 보기 ─
> ㉠ ㅏ, ㅓ, ㅜ   ㉡ ㅕ, ㅘ, ㅝ

① ㉠과 ㉡은 두 개의 모음을 이어 소리 낸다.
② ㉠과 ㉡은 혀의 최고점이 앞쪽에 위치할 때 발음된다.
③ ㉠은 ㉡보다 발음하기 어렵다.
④ ㉡은 ㉠보다 발음할 때 혀의 높이가 낮다.
⑤ ㉡은 ㉠과 달리 발음할 때 입술 모양이나 혀의 위치가 달라진다.

10 다음 활동을 바르게 수행한 것은?

> [활동 과제] 발음할 때 혀의 위치가 'ㅣ'를 발음할 때와 같은 위치에서 시작해 'ㅔ'를 발음할 때와 같은 위치에서 끝나는 모음이 쓰인 단어 찾기

① 예의   ② 병원   ③ 과일
④ 종류   ⑤ 이야기

서술형

11 〈보기〉와 같이 단모음을 나눈 기준을 쓰시오.

> ─ 보기 ─
> ㅣ, ㅔ, ㅐ, ㅡ, ㅓ, ㅏ   ㅟ, ㅚ, ㅜ, ㅗ

_____

고난도

12 〈보기〉에 대한 설명으로 적절한 것은?

> ─ 보기 ─
> ㉠ 신세대   ㉡ 그러나

① ㉠은 발음하면서 입이 점점 크게 벌어진다.
② ㉠에는 발음할 때 입술 모양이 달라지는 모음이 쓰였다.
③ ㉠에는 전설 모음 2개와 후설 모음 1개가 쓰였다.
④ ㉡은 발음하면서 혀의 높이가 점점 높아진다.
⑤ ㉡은 발음하면서 혀의 최고점의 위치가 계속해서 앞쪽에 있다.

13 다음에 쓰인 모음의 종류를 잘못 정리한 것은?

> 고이고이 오색실에 꿰어서
> 달빛 새는 창문가에 두라고
> 포슬포슬 구슬비는 종일
> 예쁜 구슬 맺히면서 솔솔솔
>
> – 권오순 작사 · 안병원 작곡, 「구슬비」

① ㅐ, ㅏ : 저모음
② ㅗ, ㅜ : 원순 모음
③ ㅣ, ㅡ, ㅜ : 고모음
④ ㅣ, ㅐ, ㅔ : 후설 모음
⑤ ㅞ, ㅖ, ㅕ : 이중 모음

서술형
14 〈보기〉의 ㉠과 ㉡에 들어갈 알맞은 내용을 쓰시오.

> ─── 보기 ───
> **선생님:** 'ㅓ'와 'ㅐ'의 발음상 공통점은 무엇인가요?
> **학생:** 'ㅓ'와 'ㅐ'는 모두 입술을 둥글게 오므리지 않고, 혀의 높이를 (㉠) 하고 입을 (㉡) 벌려 발음합니다.

㉠: _____   ㉡: _____

15 〈조건〉을 모두 만족하는 모음으로 알맞은 것은?

> ─── 조건 ───
> • 혀의 최고점의 위치가 앞쪽에 있을 때 발음된다.
> • 혀의 높이를 높여 발음한다.
> • 입술을 둥글게 오므려 발음한다.

① ㅣ   ② ㅚ   ③ ㅟ   ④ ㅐ   ⑤ ㅜ

16 다음 질문의 대답에 해당하는 모음이 쓰인 단어로 적절한 것은?

> 저는 발음할 때 입술 모양이 달라지지 않습니다. 입술을 둥글게 오므리지 않은 상태를 유지해 주세요. 발음할 때는 혀의 뒤쪽이 높아지는 느낌이 날 것입니다. 혀의 높이는 아주 낮습니다. 저는 무슨 모음일까요?

① 치약   ② 구멍   ③ 그릇
④ 자동차   ⑤ 콧노래

17 〈보기〉의 ㉠~㉤에 대한 설명으로 적절한 것은?

> ─── 보기 ───
> • ㉠내 사랑을 받아 줘.
> • 지환아, ㉡회 먹을래? ㉢나랑 같이 먹자.
> • ㉣소가 또 새끼를 낳아 새끼가 ㉤둘이 되었다.

① ㉠과 ㉢ 모두 발음할 때 입술 모양이나 혀의 위치가 달라지는 모음이 쓰였다.
② ㉠과 ㉣ 모두 혀의 높이를 낮춰 발음하는 모음이 쓰였다.
③ ㉠과 ㉤ 모두 입술을 둥글게 오므려 발음하는 모음이 쓰였다.
④ ㉡과 ㉣ 모두 발음할 때 혀의 높이가, 고모음과 저모음의 중간인 모음이 쓰였다.
⑤ ㉣에는 혀의 최고점의 위치가 앞쪽에 있을 때 발음되는 모음이 쓰였다.

07 자음의 분류 ①: 소리 나는 위치

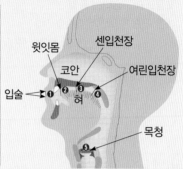

● 자음의 분류 ①

자음은 공기의 흐름이 방해를 받는 위치에서 소리가 남. 자음은 소리 나는 위치에 따라 입술소리, 잇몸소리, 센입천장소리, 여린입천장소리, 목청소리로 나뉨.

입술소리	두 입술 사이에서 나는 소리(❶)	ㅂ, ㅃ, ㅍ, ㅁ
잇몸소리	윗잇몸과 혀끝이 닿아서 나는 소리(❷)	ㄷ, ㄸ, ㅌ, ㅅ, ㅆ, ㄴ, ㄹ
센입천장소리	센입천장과 혓바닥 사이에서 나는 소리(❸)	ㅈ, ㅉ, ㅊ
여린입천장소리	여린입천장과 혀의 뒷부분 사이에서 나는 소리(❹)	ㄱ, ㄲ, ㅋ, ㅇ
목청소리	목청 사이에서 나는 소리(❺)	ㅎ

예시로 정리

ㅂ — ㄷ — ㅈ — ㄱ — ㅎ
입술소리: 잇몸소리: 센입천장소리: 여린입천장소리: 목청소리:
입술+입술   윗잇몸+혀끝   센입천장+혓바닥   여린입천장+혀 뒤   목청 사이

자음은 홀로 발음될 수 없으므로 모음 'ㅡ'를 붙여서 발음해 보면 어느 위치가 막히거나 좁아지는지 느낄 수 있음.

●● 정답과 해설 25쪽

개념 확인

1 다음 빈칸에 들어갈 알맞은 말을 쓰시오.

(1) 자음은 소리 나는 위치에 따라 ☐☐소리, 잇몸소리, ☐☐☐☐☐소리, 여린입천장소리, 목청소리로 나뉜다.

(2) 윗잇몸과 혀끝이 닿아서 나는 소리는 ☐☐소리이다.

(3) 목청소리는 ☐☐ 사이에서 나는 소리이다.

개념 적용

2 다음 설명이 맞으면 ○, 틀리면 ✕ 표시를 하시오.

(1) 'ㄲ'과 'ㅇ'은 소리 나는 위치가 같다. ································ ( )

(2) '도시'에 쓰인 자음은 모두 여린입천장소리이다. ·················· ( )

3 〈보기〉의 단어에 쓰인 자음을 소리 나는 위치에 따라 나누어 쓰시오.

보기
학   타조   나비   크림빵

(1) 입술소리 ─ ☐
(2) 잇몸소리 ─ ☐
(3) 센입천장소리 ─ ☐
(4) 여린입천장소리 ─ ☐
(5) 목청소리 ─ ☐

08 자음의 분류 ②: 소리 내는 방법

● 자음의 분류 ②

자음은 소리 내는 방법에 따라 공기의 흐름이 방해를 받아 소릿값이 정해짐. 자음은 소리 내는 방법에 따라 파열음, 마찰음, 파찰음, 비음, 유음으로 나뉨.

파열음(깨뜨리다 破破, 터지다 열裂, 소리 음音)	공기의 흐름을 막았다가 **터뜨리면서** 내는 소리		ㅂ, ㅃ, ㅍ, ㄷ, ㄸ, ㅌ, ㄱ, ㄲ, ㅋ
마찰음(문지르다 摩摩, 비비다 찰擦, 소리 음音)	공기 통로를 좁히고 좁은 틈 사이로 공기를 내보내어 **마찰**을 일으키면서 내는 소리		ㅅ, ㅆ, ㅎ
파찰음(깨뜨리다 破破, 비비다 찰擦, 소리 음音)	공기의 흐름을 막았다가 서서히 **터뜨리면서 마찰**을 일으켜 내는 소리 파열음과 마찰음의 성질을 모두 지닌 소리		ㅈ, ㅉ, ㅊ
비음(코 비鼻, 소리 음音)	입안의 통로를 막고 **코로** 공기를 내보내면서 내는 소리		ㅁ, ㄴ, ㅇ
유음(흐르다 유流, 소리 음音)	혀끝을 잇몸에 가볍게 대었다가 떼거나, 혀끝을 윗잇몸에 댄 채 공기를 그 양옆으로 **흘려보내면서** 내는 소리 첫소리에 쓰인 'ㄹ' 끝소리에 쓰인 'ㄹ'		ㄹ

예시로 정리

브 - 스 - 즈 - 음 - 을

파열음: 두 입술이 닿아 공기의 흐름이 막혔다가 터짐.

마찰음: 윗잇몸과 혓끝 사이가 좁아져 마찰이 일어남.

파찰음: 센입천장과 혓바닥이 닿아 공기의 흐름이 막혔다가 서서히 터져 마찰이 일어남.

비음: 두 입술이 닿아 공기가 입안을 통과하지 못하고 코로 나감.

유음: 윗잇몸과 혀끝이 닿아 공기가 혀의 양옆으로 흘러감.

◖● 정답과 해설 25쪽

개념 확인

1 다음 괄호 안에 알맞은 말을 고르시오.

(1) 자음은 소리 내는 { 방법 / 위치 }에 따라 파열음, 마찰음, 파찰음, 비음, 유음으로 나뉜다.

(2) 공기의 흐름을 막았다가 터뜨리면서 내는 소리는 { 파열음 / 마찰음 / 파찰음 }이다.

(3) 공기를 코로 내보내는 소리는 { 비음 / 유음 }이다.

개념 적용

2 다음 단어에 쓰인 자음의 공통된 종류를 바르게 연결하시오.

(1) 떡　　•

(2) 룰　　•

(3) 배꼽　•

(4) 두피　•

(5) 주체　•

(6) 호수　•

(7) 나무　•

•　ⓐ 파열음

•　ⓑ 마찰음

•　ⓒ 파찰음

•　ⓓ 비음

•　ⓔ 유음

09 자음의 분류 ③: 소리의 세기

● 자음의 분류 ③

자음 중 파열음, 마찰음, 파찰음은 소리의 세기에 따라 예사소리, 된소리, 거센소리로 나뉨.

예사소리	성대를 편안히 둔 상태에서 자연스럽게 나오는 소리. 부드럽고 약한 느낌을 줌.	ㅂ, ㄷ, ㄱ, ㅅ, ㅈ
된소리	성대 근육이 긴장된 상태에서 숨이 거의 없이 나오는 소리. 강하고 단단한 느낌을 줌.	ㅃ, ㄸ, ㄲ, ㅆ, ㅉ
거센소리	숨이 거세게 나오는 소리. 세고 거친 느낌을 줌.	ㅍ, ㅌ, ㅋ, ㅊ

예시로 정리

바삭   –   빠삭   –   파삭

성대가 긴장되지 않고 자연스럽게 소리 남.   성대 근육이 긴장됨.   숨이 거세게 나옴.
→ 부드럽고 약한 느낌   → 강하고 단단한 느낌   → 세고 거친 느낌

궁금해요

Q 'ㅁ, ㄴ, ㅇ, ㄹ, ㅎ'은 예사소리, 된소리, 거센소리 중 어디에 속하나요?

A 파열음과 파찰음은 'ㅂ-ㅃ-ㅍ', 'ㄷ-ㄸ-ㅌ', 'ㄱ-ㄲ-ㅋ', 'ㅈ-ㅉ-ㅊ'과 같이 '예사소리-된소리-거센소리'의 짝을 이루고, 마찰음은 'ㅅ-ㅆ'과 같이 '예사소리-된소리'의 짝을 이룹니다. 하지만 비음 'ㅁ, ㄴ, ㅇ'과 유음 'ㄹ'은 소리의 세기가 대립하는 짝이 없기 때문에 예사소리, 된소리, 거센소리로 나누지 않습니다. 즉 자음 중 파열음, 마찰음, 파찰음만 소리의 세기에 따라 나눕니다. 단, 'ㅎ'은 마찰음이지만 비음이나 유음처럼 소리의 세기가 대립하는 짝이 없기 때문에 예사소리, 된소리, 거센소리로 나누지 않습니다.

◀● 정답과 해설 26쪽

개념 확인

1 다음 빈칸에 들어갈 알맞은 말을 쓰시오.

(1) 예사소리, 된소리, 거센소리는 파열음, 마찰음, 파찰음을 소리의 ☐☐ 에 따라 나눈 것이다.

(2) ☐☐☐ 은/는 성대 근육이 긴장된 상태에서 숨이 거의 없이 나오는 소리이다.

(3) 거센소리는 숨이 ☐☐☐ 나오는 소리이다.

개념 적용

2 〈보기〉에서 예사소리가 쓰인 단어를 모두 찾아 표시하시오.

> 보기
>
> 오늘 아침 메뉴는 밥, 김, 소시지, 콩나물무침이야.

3 〈보기〉에 대한 설명이 맞으면 ○, 틀리면 ✕ 표시를 하시오.

> 보기
>
> 감감 – 깜깜 – 캄캄   졸랑졸랑 – 쫄랑쫄랑 – 촐랑촐랑

(1) '감감 – 깜깜 – 캄캄'은 소리의 세기 때문에 단어의 느낌이 달라진다. ················ (   )

(2) '촐랑촐랑'은 '졸랑졸랑'보다 강하고 단단한 느낌을 준다. ················ (   )

(3) 발음할 때 숨이 거세게 나오는 단어는 '캄캄'과 '쫄랑쫄랑'이다. ················ (   )

10 자음 체계

● 국어의 자음 체계

소리 내는 방법 \ 소리 나는 위치		입술소리	잇몸소리	센입천장소리	여린입천장소리	목청소리
파열음	예사소리	ㅂ	ㄷ		ㄱ	
파열음	된소리	ㅃ	ㄸ		ㄲ	
파열음	거센소리	ㅍ	ㅌ		ㅋ	
마찰음	예사소리		ㅅ			
마찰음	된소리		ㅆ			ㅎ
마찰음	거센소리					
파찰음	예사소리			ㅈ		
파찰음	된소리			ㅉ		
파찰음	거센소리			ㅊ		
비음		ㅁ	ㄴ		ㅇ	
유음			ㄹ			

●◗ 정답과 해설 26쪽

개념 확인

1 다음 설명이 맞으면 ○, 틀리면 × 표시를 하시오.

(1) 자음은 소리 나는 위치, 소리 내는 방법, 소리의 세기에 따라 나뉜다. ································ (   )

(2) 입술소리와 여린입천장소리는 소리 내는 방법이 다르다. ································ (   )

(3) 비음과 유음은 소리의 세기에 따라 나누지 않는다. ································ (   )

개념 적용

2 다음 분류에 해당하는 자음을 바르게 연결하시오.

(1) 잇몸소리, 마찰음   •   • ⓐ ㅇ

(2) 목청소리, 마찰음   •   • ⓑ ㅎ

(3) 센입천장소리, 파찰음   •   • ⓒ ㅅ, ㅆ

(4) 여린입천장소리, 비음   •   • ⓓ ㅈ, ㅉ, ㅊ

3 〈보기〉와 같이 단어에 쓰인 자음과 그 종류를 쓰시오.

┌─ 보기 ─┐

간	ㄱ: 여린입천장소리, 파열음, 예사소리	ㄴ: 잇몸소리, 비음

(1) 탈		

(2) 빰		

- 자음 체계

소리 내는 방법 \ 소리 나는 ❶ ☐☐		입술소리	❷ ☐☐ 소리	센입천장소리	여린입천장소리	목청소리
파열음	예사소리	ㅂ	ㄷ		ㄱ	
파열음	된소리	ㅃ	❸ ☐		ㄲ	
파열음	거센소리	ㅍ	ㅌ		ㅋ	
❹ ☐☐☐	예사소리		ㅅ			
❹ ☐☐☐	된소리		ㅆ			❺ ☐
❹ ☐☐☐	거센소리					
파찰음	예사소리			ㅈ		
파찰음	된소리			ㅉ		
파찰음	거센소리			❻ ☐		
비음		ㅁ	❼ ☐		ㅇ	
❽ ☐☐			ㄹ			

100점 포인트

- **소리의 세기에 따른 분류:** 파열음, 마찰음, 파찰음만 소리의 세기에 따라 예사소리, 된소리, 거센소리로 나눔. 비음과 유음, 그리고 예외적으로 마찰음 'ㅎ'은 예사소리, 된소리, 거센소리로 나누지 않음.
  - ┌ 거센소리인 자음: ❷ (   )
- 예 <u>고</u>래를 무분별하게 포획하는 것을 꼭 금지해야 한다.
  - └ 예사소리인 자음: ❶ (   ) └ 된소리인 자음: ❸ (   )

내신 실전 문제

● 정답과 해설 26쪽

01 자음에 대한 설명으로 적절한 것은?

① 발음할 때 공기의 흐름이 방해를 받지 않는다.
② 공기의 흐름이 방해를 받는 방법에 따라 소리가 달라진다.
③ 소리의 세기에 따라 파열음, 마찰음, 파찰음으로 나뉜다.
④ 예사소리 10개, 된소리 5개, 거센소리 4개로 총 19개가 있다.
⑤ 공기의 흐름이 방해를 받는 위치에 따라 비음, 유음으로 나뉜다.

서술형

02 〈보기〉의 ⓐ와 ⓑ에 들어갈 알맞은 내용을 쓰시오.

┌─ 보기 ─────────────────────┐
│ 자음은 소리 나는 위치에 따라 입술소리, 잇몸소리, 센입천
│ 장소리, (ⓐ), 목청소리로 나뉘고, (ⓑ)에
│ 따라 파열음, 마찰음, 파찰음, 비음, 유음으로 나뉜다.
└───────────────────────────┘

ⓐ: _____ ⓑ: _____

03 〈보기〉에서 설명하는 자음이 쓰인 단어가 <u>아닌</u> 것은?

┌─ 보기 ─────────────────────┐
│   센입천장과 혓바닥 사이에서 나는 소리
└───────────────────────────┘

① 쪽지   ② 허리   ③ 공짜
④ 칠판   ⑤ 축구

[04~06] 다음을 보고 물음에 답하시오.

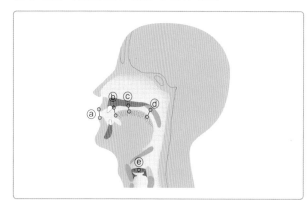

04 ⓐ~ⓔ 중, 〈보기〉에서 설명하는 위치에 해당하는 것은?

┌─ 보기 ─────────────────────┐
│ • 이 위치에서 소리 나는 자음의 개수가 가장 많다.
│ • 'ㄷ, ㄴ, ㄹ' 등이 이 위치에서 소리 난다.
└───────────────────────────┘

① ⓐ   ② ⓑ   ③ ⓒ   ④ ⓓ   ⑤ ⓔ

05 ⓐ 위치에서 소리 나는 자음으로만 묶인 것은?

① ㅍ, ㅌ   ② ㅂ, ㅅ   ③ ㅈ, ㅆ
④ ㅁ, ㅃ   ⑤ ㄸ, ㅎ

고난도

06 밑줄 친 단어에 ⓓ 위치에서 소리 나는 자음만 쓰인 것은?

① 전쟁의 상처는 <u>가혹</u>했다.
② 그는 <u>뜻밖</u>의 선물에 기뻐했다.
③ 언니는 밤을 새우다가 <u>코피</u>를 쏟았다.
④ 정희는 우리 반에서 <u>공부</u>를 제일 잘한다.
⑤ 나는 여름이면 <u>콩국</u>에 국수를 말아 먹는다.

07 자음을 소리 내는 방법에 대한 설명으로 적절한 것은?

① 파열음: 공기의 흐름을 막았다가 터뜨리면서 소리 낸다.

② 파찰음: 입안의 통로를 막고 코로 공기를 내보내면서 소리 낸다.

③ 마찰음: 공기의 흐름을 막았다가 서서히 터뜨리면서 마찰을 일으켜 소리 낸다.

④ 유음: 공기 통로를 좁히고 좁은 틈 사이로 공기를 내보내어 마찰을 일으키면서 소리 낸다.

⑤ 비음: 혀끝을 잇몸에 가볍게 대었다가 떼거나, 혀끝을 윗잇몸에 댄 채 공기를 그 양옆으로 흘려보내면서 소리 낸다.

08 〈보기〉의 단어에 쓰인 자음의 공통점으로 적절한 것은?

> ● 보기 ●
>
> 만남   매미   네모   누나

① 마찰을 일으키면서 내는 소리이다.

② 공기를 코로 내보내면서 내는 소리이다.

③ 숨이 거세게 나오는 거친 느낌의 소리이다.

④ 공기 통로를 막거나 좁히지 않고 내는 소리이다.

⑤ 막았던 공기의 흐름을 터뜨리면서 내는 소리이다.

09 다음 활동을 적절하게 수행하지 <u>못한</u> 것은?

> [활동 과제] 혀끝을 윗잇몸에 댄 채 공기를 그 양옆으로 흘려보내면서 내는 소리가 쓰인 단어 찾기

① 달   ② 한글   ③ 달걀

④ 초밥   ⑤ 갈고리

10 제시된 자음에 대한 설명이 적절하지 <u>않은</u> 것은?

① ㅉ: 파열하면서 마찰을 일으켜 내는 소리

② ㅆ: 공기 통로를 좁혀 마찰하면서 내는 소리

③ ㅍ: 혀끝을 잇몸에 대었다가 떼면서 내는 소리

④ ㄷ: 공기의 흐름을 막았다가 터뜨리면서 내는 소리

⑤ ㅇ: 입안의 통로를 막고 코로 공기를 내보내면서 내는 소리

고난도

11 〈보기〉의 ⓐ와 ⓑ에 들어갈 수 있는 자음을 바르게 짝 지은 것은?

> ● 보기 ●
>
> 자음 'ㅅ'은 '(ⓐ)'과 같이 윗잇몸과 혀끝이 닿아서 소리 나고, '(ⓑ)'과 같이 공기 통로를 좁히고 좁은 틈 사이로 공기를 내보내어 마찰을 일으키면서 소리 낸다.

	ⓐ	ⓑ
①	ㅈ, ㅉ	ㄱ
②	ㄴ, ㄹ	ㅎ
③	ㄷ, ㄸ, ㅌ	ㄹ
④	ㄱ, ㄲ, ㅋ	ㅆ, ㅎ
⑤	ㅂ, ㅃ, ㅍ	ㅈ, ㅊ

서술형

12 〈보기〉의 밑줄 친 부분에 해당하는 자음을 모두 쓰시오.

> ● 보기 ●
>
> 파열음, 마찰음, 파찰음은 소리의 세기에 따라 예사소리, <u>된소리</u>, 거센소리로 나뉜다.

_____

13 〈보기〉에 대한 설명으로 적절하지 <u>않은</u> 것은?

━● 보기 ●━
ㄱ   ㄲ   ㅋ

① 세 자음은 소리의 세기에 따라 구분할 수 있다.
② 'ㄱ'은 세고 거친 느낌을 주는 소리이다.
③ 'ㄲ'은 'ㄱ'보다 성대 근육이 긴장된 상태에서 발음된다.
④ 'ㄲ'은 공기의 흐름을 막았다가 터뜨리면서 내는 소리이다.
⑤ 'ㅋ'은 여린입천장과 혀의 뒷부분 사이에서 나는 소리이다.

16 자음에 대한 설명으로 적절한 것을 〈보기〉에서 모두 골라 묶은 것은?

━● 보기 ●━
ⓐ 자음 중 비음의 개수는 3개이다.
ⓑ 'ㅇ'과 'ㅍ'은 소리 나는 위치가 같다.
ⓒ 'ㄲ'과 'ㄸ'은 소리 내는 방법이 같다.
ⓓ 'ㅅ-ㅆ-ㅊ'은 소리의 세기가 대립하는 짝이다.

① ⓐ, ⓑ   ② ⓐ, ⓒ   ③ ⓑ, ⓒ
④ ⓑ, ⓓ   ⑤ ⓒ, ⓓ

〔서술형〕
14 〈보기〉를 바탕으로 빈칸에 들어갈 알맞은 내용을 쓰시오.

━● 보기 ●━
저 주스는 ⓐ자몽을 ⓑ짜서 만들었다.

선생님: ⓐ와 ⓑ에 쓰인 자음은 소리 나는 위치와 소리 내는 방법이 같습니다. 그러나 ⓐ에는 예사소리가 쓰여 부드럽고 약한 느낌을 주고, ⓑ에는 된소리가 쓰여 (   ) 느낌을 줍니다.

17 다음에 쓰인 자음의 종류를 <u>잘못</u> 정리한 것은?

곰 세 마리가 한 집에 있어. 아빠곰 엄마곰 아기곰.
아빠곰은 뚱뚱해. 엄마곰은 날씬해.
아기곰은 너무 귀여워. 으쓱으쓱 잘한다.
― 작사 · 작곡 미상, 「곰 세 마리」

① ㅁ, ㄹ, ㅇ: 비음
② ㅅ, ㅎ, ㅆ: 마찰음
③ ㅆ, ㅃ, ㄸ: 된소리
④ ㅁ, ㅂ, ㅃ: 입술소리
⑤ ㅅ, ㄹ, ㄴ, ㅆ, ㄸ, ㄷ: 잇몸소리

15 〈보기〉에 대한 설명으로 적절한 것은?

━● 보기 ●━
ㄹ   ㅁ   ㅃ   ㅌ

① 네 자음은 공기의 흐름이 방해를 받는 위치가 같다.
② 'ㄹ'과 'ㅁ'은 예사소리이다.
③ 'ㄹ'과 'ㅃ'은 소리 내는 방법이 같다.
④ 'ㅁ'과 'ㅌ'은 소리 나는 위치가 같다.
⑤ 'ㅃ'과 'ㅌ'은 파열음이다.

18 〈조건〉을 모두 만족하는 자음이 쓰인 단어로 적절한 것은?

━● 조건 ●━
• 센입천장과 혓바닥 사이에서 나는 소리이다.
• 공기의 흐름을 막았다가 서서히 터뜨리면서 마찰을 일으켜 내는 소리이다.
• 숨이 거세게 나오는 소리이다.

① 힘   ② 침   ③ 팥   ④ 땀   ⑤ 종

실력 완성 문제

01 음운에 대해 적절한 내용을 말한 사람을 〈보기〉에서 모두 골라 묶은 것은?

---보기---
승우: 음운은 소리의 가장 작은 단위라서 더 이상 쪼갤 수 없어.
희정: 발음할 때 공기의 흐름이 방해를 받는지에 따라 음운의 종류가 나뉘어.
나윤: 모음은 자음과 달리 말의 뜻을 구별해 줘.
슬기: 자음은 모음 없이 홀로 발음될 수 있어.
민준: 소리의 길이도 말의 뜻을 구별하기 때문에 음운의 역할을 한다고 할 수 있어.
---

① 승우, 나윤
② 슬기, 민준
③ 승우, 희정, 민준
④ 승우, 슬기, 민준
⑤ 희정, 나윤, 민준

서술형

02 〈보기〉의 빈칸에 들어갈 알맞은 내용을 쓰시오.

---보기---
선생님: '구슬'과 '구실'을 음운으로 나누면 각각 'ㄱ+ㅜ+ㅅ+ㅡ+ㄹ'과 'ㄱ+ㅜ+ㅅ+ㅣ+ㄹ'입니다. 두 단어는 'ㅡ'와 'ㅣ' 때문에 말의 뜻이 구별됩니다. 즉 음운이란 (   ) 해 주는 소리의 가장 작은 단위입니다.

고난도

03 밑줄 친 단어가 〈보기〉의 예로 볼 수 <u>없는</u> 것은?

---보기---
우리말에서는 단어를 이루는 자음과 모음은 같지만 소리의 길이가 길고 짧음에 따라 단어의 뜻이 구별되기도 한다.
---

① <u>벌</u>에 쏘이다니, <u>벌</u>을 받았나 보다.
② <u>손</u>이 모자란데 손이 많이 가는 일만 남았다.
③ 아침에 <u>눈</u>을 떠 보니 마당에 <u>눈</u>이 쌓여 있었다.
④ 한겨울 <u>밤</u>, 숯불에 구워 먹는 <u>밤</u>이 제일 맛있다.
⑤ 나는 그에게 <u>말</u>을 타고 달려가 보고 싶다고 <u>말</u>을 했다.

04 다음 밑줄 친 단어 중, 음운의 개수가 가장 적은 것은?

내 고장 칠월은
<u>청포도</u>가 익어 가는 시절.

이 마을 <u>전설</u>이 주저리주저리 열리고
먼 데 하늘이 꿈꾸며 <u>알알이</u> 들어와 박혀,

하늘 밑 푸른 바다가 가슴을 열고
흰 돛단배가 곱게 밀려서 오면,

내가 바라는 <u>손님</u>은 고달픈 몸으로
청포(靑袍)를 입고 찾아온다고 했으니,

내 그를 맞아, 이 포도를 따 먹으면
두 손은 함뿍 적셔도 좋으련.

아이야 우리 식탁엔 <u>은쟁반</u>에
하이얀 모시 수건을 마련해 두렴.

                       − 이육사, 「청포도」

① 청포도
② 전설
③ 알알이
④ 손님
⑤ 은쟁반

서술형

05 〈보기〉를 바탕으로 ㉠~㉢에 들어갈 알맞은 내용을 쓰시오.

---보기---
ⓐ ㅣ, ㅔ, ㅐ, ㅟ, ㅚ   ⓑ ㅡ, ㅓ, ㅏ, ㅜ, ㅗ

〈보기〉는 단모음을 (㉠)에 따라 나눈 것이다. ⓐ는 (㉡)이고, ⓑ는 (㉢)이다.

㉠: _____
㉡: _____
㉢: _____

서술형

06 다음은 학생이 문법 수업 내용을 정리한 것이다. 이를 참고하여 〈보기〉의 ㉠과 ㉡에 들어갈 알맞은 내용을 쓰시오.

> **오늘 배운 내용: 고모음, 중모음, 저모음**
> • 발음할 때 혀의 높이와 입을 벌리는 정도에 차이가 있음.
> • 고모음에서 저모음으로 갈수록 혀의 높이가 점점 낮아지고 입이 점점 크게 벌어짐.

> • 보기 •
> '크다'를 발음하면 먼저 '크'를 발음한 후 이어서 '다'를 발음하게 되므로 혀의 높이가 점점 (㉠) 입이 점점 (㉡)

㉠: _____ ㉡: _____

07 〈보기〉의 빈칸에 들어갈 단어로 적절한 것은?

> • 보기 •
> 발음할 때 입술 모양이나 혀의 위치가
> 고정되어 움직이지 않는 모음만 쓰였는가?
> ↓예
> 입술을 계속 둥글게 오므리고 발음하는가?
> ↓예
> ( )

① 화분   ② 우애
③ 위로   ④ 겨레
⑤ 유리

08 〈조건〉을 모두 만족하는 모음이 쓰인 단어로 적절한 것은?

> • 조건 •
> • 혀의 최고점의 위치가 뒤쪽에 있을 때 발음된다.
> • 입을 보통으로 벌리고 혀의 높이를 중간으로 하여 발음한다.
> • 입술을 둥글게 오므리지 않고 발음한다.

① 아귀   ② 버섯   ③ 오류
④ 메주   ⑤ 음식

09 〈보기〉에서 설명하는 자음이 <u>아닌</u> 것은?

> • 보기 •
> 여린입천장과 혀의 뒷부분 사이에서 나는 소리

① ㄱ   ② ㅇ   ③ ㄴ   ④ ㅋ   ⑤ ㄲ

10 〈보기〉에 대한 설명으로 적절하지 <u>않은</u> 것은?

> • 보기 •
> 단단하다   딴딴하다   탄탄하다

① '단단하다'는 '탄탄하다'보다 약한 느낌을 준다.
② '딴딴하다'에는 된소리가 쓰였다.
③ '딴딴하다'는 '단단하다'보다 성대가 편안한 상태에서 발음된다.
④ '탄탄하다'는 세고 거친 느낌을 준다.
⑤ 'ㄷ-ㄸ-ㅌ'은 소리의 세기가 대립하는 짝이다.

11 〈보기〉에서 적절한 내용을 모두 골라 묶은 것은?

─ 보기 ─

ⓐ 'ㄷ'과 'ㅈ'은 소리 내는 방법이 같다.
ⓑ 'ㅎ'은 목청소리이면서 마찰음이다.
ⓒ 'ㅆ'은 센입천장소리이면서 마찰음이다.
ⓓ 'ㄹ'은 소리의 세기가 대립하는 짝이 없다.

① ⓐ, ⓑ   ② ⓐ, ⓒ   ③ ⓑ, ⓒ
④ ⓑ, ⓓ   ⑤ ⓒ, ⓓ

12 〈보기〉에서 설명하는 자음이 쓰인 문장으로 적절한 것은?

─ 보기 ─

두 입술 사이에서 공기의 흐름을 막았다가 터뜨리면서 소리 내며, 숨이 거세게 나온다.

① 집에 빨리 오너라.
② 냄새가 코를 찌른다.
③ 파도 소리가 들려온다.
④ 하늘에 뭉게구름이 떠 있다.
⑤ 그녀는 추운 겨울에 태어났다.

13 〈보기〉의 ⓐ~ⓔ에 들어갈 말로 적절하지 않은 것은?

─ 보기 ─

선생님: '방귀'의 음운을 분석해 봅시다. 먼저 모음 'ㅏ'는 후설 모음이면서 (ⓐ)이고, 'ㅟ'는 (ⓑ)이면서 고모음입니다. 두 모음 중 원순 모음은 '(ⓒ)'입니다. 그럼 자음도 분석해 볼까요?
학생: 자음 'ㅂ'은 입술소리이면서 (ⓓ)입니다. 'ㅇ'과 'ㄱ'은 (ⓔ)이/가 같습니다.

① ⓐ: 저모음   ② ⓑ: 전설 모음
③ ⓒ: ㅟ   ④ ⓓ: 파찰음
⑤ ⓔ: 소리 나는 위치

14 〈조건〉을 모두 만족하는 단어로 적절한 것은?

─ 조건 ─

• 첫소리: 여린입천장과 혀의 뒷부분 사이에서, 성대 근육이 긴장된 상태로 숨이 거의 없이 나오는 소리
• 가운뎃소리: 혀의 최고점의 위치를 뒤쪽에 두고, 혀의 높이를 높여, 입술을 둥글게 오므리고 발음하는 소리
• 끝소리: 혀끝을 윗잇몸에 댄 채 공기를 그 양옆으로 흘려보내면서 내는 소리

① 꿈   ② 꿀   ③ 꼴   ④ 굴   ⑤ 딸

고난도

15 〈보기〉에 대한 설명으로 적절하지 않은 것은?

─ 보기 ─

토끼가 뛰어.

① 파열음만 쓰였다.
② 전설 모음이 2개 쓰였다.
③ 원순 모음이 3개 쓰였다.
④ 숨이 거세게 나오는 소리가 쓰였다.
⑤ 발음할 때 혀의 높이가 낮은 모음이 1개 쓰였다.

16 〈보기〉에 대한 설명으로 적절한 것은?

─ 보기 ─

바로   괴물   뿌리   후기   이름

① '바로'와 '괴물'에는 비음이 쓰였다.
② 음운의 개수가 가장 적은 단어는 '괴물'이다.
③ '뿌리'에는 강하고 단단한 느낌을 주는 소리가 쓰였다.
④ '후기'에 쓰인 모음은 모두 혀의 최고점의 위치가 앞쪽에 있을 때 발음된다.
⑤ '후기'와 '이름'에 쓰인 자음은 모두 같은 위치에서 소리 난다.

[17~18] 다음을 보고 물음에 답하시오.

> · ⓐ말 한마디에 ⓑ천 냥 빚을 갚는다.
> · 낮말은 ⓒ새가 듣고 밤말은 ⓓ쥐가 듣는다.

17 ⓐ~ⓓ에 대한 설명으로 적절한 것은?

① ⓐ와 ⓒ에 쓰인 모음은 혀의 높이를 낮춰 발음한다.

② ⓑ에 쓰인 모음은 입술을 둥글게 오므려 발음한다.

③ ⓑ와 ⓓ에 쓰인 모음은 혀의 최고점의 위치가 앞쪽에 있을 때 발음된다.

④ ⓒ에 쓰인 모음은 공기의 흐름이 방해를 받으며 발음된다.

⑤ ⓓ에는 이중 모음이 쓰였다.

서술형

18 〈보기〉의 ㉠과 ㉡에 들어갈 알맞은 내용을 쓰시오.

> ─── 보기 ───
>
> ⓐ~ⓓ에 쓰인 자음 'ㅁ, ㄹ, ㅊ, ㄴ, ㅅ, ㅈ'을 소리 나는 위치에 따라 나누면, 'ㅁ / ㄹ, ㄴ, ㅅ / ㅊ, ㅈ'과 같이 나눌 수 있다. 'ㅁ'은 두 입술 사이에서 소리 나는 입술소리이고, 'ㄹ, ㄴ, ㅅ'은 (㉠)이/가 닿아서 소리 나는 (㉡)이다. 'ㅊ, ㅈ'은 센입천장과 혓바닥 사이에서 소리 나는 센입천장소리이다.

㉠: _____   ㉡: _____

[19~20] 다음을 보고 물음에 답하시오.

19 위 음운 카드를 바탕으로 나눈 대화에서 **틀린** 내용을 말한 사람은?

① 영준: 'ㅌ', 'ㅗ', 'ㄹ' 카드를 결합하면 '톨'이라는 단어를 만들 수 있어.

② 지영: '톨'과 같이 세 개 이상의 카드를 결합해야만 단어를 만들 수 있어.

③ 찬희: '톨'에서 'ㅗ' 카드 대신 'ㅏ' 카드를 결합하면 새로운 단어가 만들어지네.

④ 수연: 음운 카드를 어떻게 결합하는지에 따라 '톤', '날'과 같이 뜻이 다른 여러 단어를 만들 수 있어.

⑤ 유리: 각 음운 카드가 단어의 뜻을 구별하는 역할을 하는구나.

20 〈조건〉에 맞게 음운 카드를 적절히 배열한 것은?

> ─── 조건 ───
>
> · 첫 번째 카드: 윗잇몸과 혀끝이 닿아서 입안의 통로를 막고 코로 공기를 내보내면서 내는 소리에 해당하는 자음 카드를 놓는다.
> · 두 번째 카드: 입천장의 중간점을 기준으로 혀의 최고점의 위치가 앞쪽에 있을 때 발음되는 소리에 해당하는 모음 카드를 놓는다.

① ㄴ ㅏ   ② ㄴ ㅔ

③ ㅌ ㅔ   ④ ㅌ ㅗ

⑤ ㄹ ㅏ

IV

발음과 표기

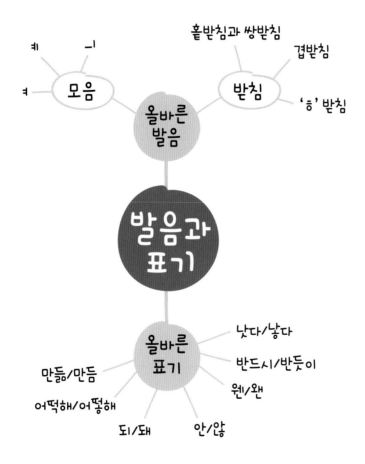

01 모음의 발음

● **모음 'ㅕ'의 발음**

용언의 활용형에 나타나는 '져, 쪄, 쳐'는 [저, 쩌, 처]로 발음함. 예 가져[가저], 쪄[쩌], 다쳐[다처]
'가지다'의   '찌다'의   '다치다'의
활용형   활용형   활용형

● **모음 'ㅖ'의 발음**

'ㅖ'는 [ㅖ]로 발음하는 것이 원칙이나, '예, 례' 이외의 'ㅖ'는 [ㅔ]로 발음하는 것도 허용함.

예 예절[예절], 차례[차례], 지혜[지혜/지헤], 시계[시계/시게]
└─ '예, 례' 이외의 'ㅖ'

● **모음 'ㅢ'의 발음**

• 자음을 첫소리로 가지고 있는 'ㅢ'는 [ㅣ]로만 발음함. 예 무늬[무니]

• '의'로 시작하는 단어의 '의'는 [ㅢ]로만 발음함. 예 의사[의사]

• 단어의 제일 앞이 아닌 '의'는 [ㅢ]로 발음하는 것이 원칙이나, [ㅣ]로 발음하는 것도 허용함. 예 주의[주의/주이]

• 조사 '의'는 [ㅢ]로 발음하는 것이 원칙이나, [ㅔ]로 발음하는 것도 허용함. 예 우리의[우리의/우리에]

예시로 정리

자음을 첫소리로 가진 'ㅢ'   용언 활용형의 '져'   '예, 례' 이외의 'ㅖ'

그들은 희망이 사라져 피폐하다.
[히망이]   [사라저]   [피폐하다/피페하다]

정답과 해설 29쪽

개념 확인

1 다음 괄호 안에 알맞은 말을 고르시오.

(1) 용언의 활용형에 나타나는 '져, 쪄, 쳐'의 모음 'ㅕ'는 [ㅕ / ㅓ]로 발음한다.

(2) '예, 례' 이외의 'ㅖ'는 [ㅖ / ㅔ]로 발음하는 것도 허용한다.

(3) 'ㅢ'는 '의'로 시작하는 단어에서는 [ㅢ / ㅣ]로 발음하고, 첫소리에 자음이 오면 [ㅢ / ㅣ]로 발음한다.

개념 적용

2 다음 단어의 올바른 발음을 모두 쓰시오.

(1) 실례[   ]   (2) 연계[   ]

(3) 계이름[   ]   (4) 다져서[   ]

(5) 마쳐서[   ]   (6) 살쪄서[   ]

3 〈보기〉에서 밑줄 친 '의'의 올바른 발음을 모두 쓰시오.

┌─ 보기 ─┐
민주주의의 의의
(1)(2) (3)(4)

(1) 의[   ]   (2) 의[   ]

(3) 의[   ]   (4) 의[   ]

02 홑받침과 쌍받침의 발음

┌─ 같은 자음 글자가 겹쳐서 이루어진 받침

● **홑받침과 쌍받침의 발음**

└─ 하나의 자음 글자로 이루어진 받침

• 단어 끝 또는 자음 앞에서 받침 'ㄱ, ㄴ, ㄷ, ㄹ, ㅁ, ㅂ, ㅇ'은 제 소릿값대로 발음하고, 그 외의 홑받침이나 쌍받침은 대표음 [ㄱ, ㄷ, ㅂ]으로 바꾸어 발음함. → 받침소리로는 'ㄱ, ㄴ, ㄷ, ㄹ, ㅁ, ㅂ, ㅇ' 7개의 자음만 발음됨.

받침	ㄱ	ㄲ	ㅋ	ㄴ	ㄷ	ㅌ	ㅅ	ㅆ	ㅈ	ㅊ	ㄹ	ㅁ	ㅂ	ㅍ	ㅇ
발음	[ㄱ]			[ㄴ]	[ㄷ]						[ㄹ]	[ㅁ]	[ㅂ]		[ㅇ]
예	박 [박]	밖 [박]	(부)억 [억]	간 [간]	곧 [곧]	솥 [솓]	낫 [낟]	났(다) [낟]	낮 [낟]	낯 [낟]	발 [발]	밤 [밤]	입 [입]	잎 [입]	상 [상]

• 모음으로 시작된 조사나 어미 등의 앞에서는 홑받침이나 쌍받침을 제 소릿값대로 뒷말의 첫소리로 옮겨 발음함.

예 밥이[바비], 맛은[마슨], 깎아[까까], 갔으니[가쓰니]
　　　조사　　　조사　　　어미　　　어미

예시로 정리

　　　　　　　　　　　단어 끝 'ㅍ'　　모음으로 시작된 조사 앞 'ㅍ'　　자음 앞 'ㅆ'
영수의 **앞** **무릎**이 심하게 **까졌다**. ← ※ 받침소리 'ㄱ, ㄷ, ㅂ' 뒤에 연결되는
　　　　　　[압]　　　[무르피]　　　　　　　[까젿따]　　　'ㄱ, ㄷ, ㅂ, ㅅ, ㅈ'은 된소리로 발음함.

궁금해요

Q '겉옷'에서 받침 'ㅌ'은 모음으로 시작된 말 앞인데 왜 [거톤]으로 발음하지 않나요?

A 홑받침이나 쌍받침 뒤에 모음으로 시작된 말이 이어질 때, 그 말이 조사나 어미 등과 같이 '말 사이의 관계를 표시하는 말'이라면 받침을 제 소릿값대로 뒷말의 첫소리에서 발음합니다. 하지만 모음으로 시작된 말이 '옷'과 같이 '구체적인 대상, 동작, 상태를 표시하는 말'이라면 받침을 대표음으로 바꾸어 뒷말의 첫소리에서 발음합니다. '겉옷'의 받침 'ㅌ'을 대표음 [ㄷ]으로 바꾸어 뒷말의 첫소리에서 발음하니 [거돋]이 됩니다.

◀● 정답과 해설 29쪽

개념 확인

1 다음 설명이 맞으면 ○, 틀리면 ✕ 표시를 하시오.

(1) 우리말에서 받침소리는 'ㄱ, ㄴ, ㄷ, ㄹ, ㅁ, ㅂ, ㅇ' 중 하나로 발음된다. ················· (　　　)

(2) 홑받침 뒤에 모음으로 시작된 조사가 오면 받침을 대표음으로 바꾸어 조사의 첫소리에서 발음한다. ··· (　　　)

개념 적용

2 받침의 발음이 같은 것끼리 바르게 연결하시오.

(1) 팥　•　　　　　　　　　　　　　　　　　　•　ⓐ 빛

(2) 숲　•　　　　　　　　　　　　　　　　　　•　ⓑ 먹

(3) 밖　•　　　　　　　　　　　　　　　　　　•　ⓒ 법

3 다음 밑줄 친 부분의 올바른 발음을 쓰시오.

(1) 꽃[　　　] 피는 봄이 왔으니 화단에 꽃을[　　　] 심자.

(2) 해 질 녘[　　　] 비가 시작되어 아침 녘에야[　　　] 그쳤다.

03 겹받침의 발음

● 겹받침의 발음
서로 다른 두 개의 자음 글자로 이루어진 받침
• 단어 끝 또는 자음 앞에서 겹받침은 겹받침을 이루는 두 개의 자음 중 하나로 발음함.

받침		발음		예
ㄳ	→	[ㄱ]	앞 자음으로 발음	넋[넉], 몫[목]
ㄵ, ㄶ	→	[ㄴ]		앉다[안따], 않다[안타]
ㄼ, ㄾ, ㅀ	→	[ㄹ]		외곬[외골/웨골], 핥다[할따], 닳다[달타]
ㅄ	→	[ㅂ]		값[갑], 가엾다[가:엽따]
ㄼ	→	[ㄹ]		넓다[널따], 여덟[여덜]
	→ 예외	[ㅂ]		• 자음 앞의 '밟-': 밟다[밥:따], 밟지[밥:찌] • 넓죽하다[넙쭈카다], 넓둥글다[넙뚱글다]
ㄻ	→	[ㅁ]	뒤 자음으로 발음	삶[삼:], 앎[암:]
ㄿ	→	[ㅂ]		읊다[읍따] 뒤 자음 'ㅍ'이 대표음 [ㅂ]으로 바뀜.
ㄺ	→	[ㄱ]		흙[흑], 읽다[익따], 맑다[막따]
	→ 예외	[ㄹ]		• 용언의 어간 끝이면서 'ㄱ' 앞인 'ㄺ': 읽고[일꼬], 맑고[말꼬]

• 모음으로 시작된 조사나 어미 등의 앞에서는 겹받침 중 뒤엣것을 뒷말의 첫소리로 옮겨 발음함.('ㅅ'이 뒷말의 첫소리로 옮겨 갈 경우에는 [ㅆ]으로 발음함.) 예 닭을[달글], 넋이[넉씨], 앉아[안자], 젊어[절머]
조사　　　　조사　　　어미　　　어미

예시로 정리
　　　　　　　　　　자음 앞 'ㄺ'　　　용언의 어간 끝이면서 'ㄱ' 앞 'ㄺ'　모음으로 시작된 어미 앞 'ㄺ'
어제는 하늘이 맑지 않았는데 오늘은 하늘이 맑고 맑아 파랗다.
　　　　　　　　[막찌]　　　　　　　　　　　[말꼬] [말가]

●● 정답과 해설 30쪽

개념 확인

1 다음 빈칸에 들어갈 알맞은 말을 쓰시오.

(1) 겹받침 'ㄵ, ㄶ'은 단어 끝에서 겹받침을 이루는 두 개의 자음 중 ☐ 자음으로 발음한다.

(2) 겹받침 뒤에 모음으로 시작된 어미가 오면 겹받침 중 ☐ 엣것을 어미의 첫소리로 옮겨 발음한다.

개념 적용

2 다음 밑줄 친 부분의 올바른 발음을 고르시오.

(1) 강아지가 그릇을 핥고[할꼬 / 핟꼬] 있다.　　(2) 내일은 날씨가 맑겠다[말껟따 / 막껟따].

(3) 마른 잎을 밟자[발:짜 / 밥:짜] 소리가 났다.　(4) 그는 시를 읊기도[을끼도 / 읍끼도] 했다.

3 〈보기〉의 밑줄 친 부분에 대한 설명이 맞으면 ○, 틀리면 ✕ 표시를 하시오.

┌─────── 보기 ───────┐
값비싼 달걀을 삶아 먹었다.
└──────────────────┘

(1) '값비싼'에서 겹받침 'ㅄ'은 [ㅂ]으로 발음한다. ·· (　　)

(2) 겹받침 'ㄻ'은 [ㅁ]으로 발음하므로 '삶아'는 [사마]로 발음한다. ················· (　　)

04 'ㅎ' 받침의 발음

● 'ㅎ' 받침의 발음

받침 'ㅎ(ㄶ, ㅀ)' 뒤에 'ㄱ, ㄷ, ㅈ'이 올 때	'ㅎ'을 뒷말의 첫소리와 합쳐서 [ㅋ, ㅌ, ㅊ]으로 발음함.	**예** 놓고[노코], 좋던[조:턴], 쌓지[싸치] ㅎ+ㄱ→[ㅋ] ㅎ+ㄷ→[ㅌ] ㅎ+ㅈ→[ㅊ] 많고[만:코], 옳다[올타] 'ㄶ'에서 'ㄴ'은 넘고 ' ㅎ+ㄱ→[ㅋ] ㅎ+ㄷ→[ㅌ]
받침 'ㅎ(ㄶ, ㅀ)' 뒤에 'ㅅ'이 올 때	'ㅎ'을 발음하지 않고, 'ㅅ'을 [ㅆ]으로 발음함.	**예** 닿소[다:쏘], 많소[만:쏘], 싫소[실쏘] 'ㄶ'에서 'ㄴ'만 넘고 'ㅀ'에서 'ㄹ'만 넘고 ㅅ→[ㅆ] ㅅ→[ㅆ]
받침 'ㅎ' 뒤에 'ㄴ'이 올 때	'ㅎ'을 [ㄴ]으로 바꾸어 발음함.	**예** 놓는[논는], 쌓네[싼네]
받침 'ㅎ(ㄶ, ㅀ)' 뒤에 모음으로 시작된 어미 등이 올 때	'ㅎ'을 발음하지 않음.	**예** 낳은[나은], 놓아[노아], 쌓으니[싸으니] 많아[마:나], 뚫어[뚜러] 'ㄶ'에서 넘은 'ㄴ'을 뒷말의 'ㅀ'에서 넘은 'ㄹ'을 뒷말의 첫소리로 옮겨 발음함. 첫소리로 옮겨 발음함.

예시로 정리

'ㄷ' 앞 'ㅎ' / 'ㅅ' 앞 'ㅎ' / 'ㄴ' 앞 'ㅎ' / 모음으로 시작된 어미 앞 'ㅎ'

나는 수박이 좋다 / 좋소 / 좋네 / 좋아.
[조:타]　　[조:쏘]　　[존:네]　　[조:아]

● 정답과 해설 30쪽

개념 확인

1 'ㅎ' 받침을 발음하는 방법을 바르게 연결하시오.

(1) 받침 'ㅎ' 뒤에 'ㄱ, ㄷ, ㅈ'이 올 때 •

(2) 받침 'ㅎ' 뒤에 'ㅅ'이 올 때 •

(3) 받침 'ㅎ' 뒤에 'ㄴ'이 올 때 •

(4) 받침 'ㅎ' 뒤에 모음으로 시작된 어미 등이 올 때 •

• ㉠ 'ㅎ'을 발음하지 않음.

• ㉡ 'ㅎ'을 [ㄴ]으로 바꾸어 발음함.

• ㉢ 'ㅎ'을 발음하지 않고, 'ㅅ'을 [ㅆ]으로 발음함.

• ㉣ 'ㅎ'을 뒷말의 첫소리와 합쳐서 [ㅋ, ㅌ, ㅊ]으로 발음함.

개념 적용

2 다음 밑줄 친 두 단어에서 'ㅎ' 받침의 발음이 같으면 ○, 틀리면 ✕ 표시를 하시오.

(1) 발에 닿는 흙이 부드럽다.　　저것은 보리쌀을 찧는 절구이다. ……………… (　　　)

(2) 고양이가 새끼를 낳아 기른다.　　장작을 쌓고 불을 붙였다. ……………… (　　　)

3 다음 밑줄 친 부분의 올바른 발음을 쓰시오.

(1) 여기에 담을 쌓아라[　　　].

(2) 나는 네가 옳다고[　　　] 믿어.

(3) 더우니 창문을 열어 놓자[　　　].

(4) 그는 위험한 행동을 하지 않소[　　　].

(5) 닳고[　　　] 닳은 옷을 보니 마음이 아파.

(6) 영희가 손에서 휴대 전화를 못 놓네[　　　].

- **모음의 발음**

ㅕ	용언의 활용형에 나타나는 '져, 쪄, 쳐'는 [❶ □, □, □](으)로 발음함.
ㅖ	[ㅖ]로 발음하는 것이 원칙이나, '예, 례' 이외의 'ㅖ'는 [❷ □](으)로 발음하는 것도 허용함.
ㅢ	• 자음을 첫소리로 가지고 있는 'ㅢ': [ㅣ]로만 발음함. • '의'로 시작하는 단어의 '의': [ㅢ]로만 발음함. • 단어의 제일 앞이 아닌 '의': [ㅢ]로 발음하는 것이 원칙이나, [❸ □](으)로 발음하는 것도 허용함. • 조사 '의': [ㅢ]로 발음하는 것이 원칙이나, [ㅔ]로 발음하는 것도 허용함.

- **받침의 발음**

홑받침과 쌍받침	• 단어 끝 또는 자음 앞: 받침 'ㄱ, ㄴ, ㄷ, ㄹ, ㅁ, ㅂ, ㅇ'은 제 소릿값대로 발음하고, 그 외의 홑받침이나 쌍받침은 대표음 [❹ □, □, □](으)로 바꾸어 발음함. • 모음으로 시작된 조사나 어미 등의 앞: 홑받침이나 쌍받침을 제 소릿값대로 뒷말의 첫소리로 옮겨 발음함.
겹받침	• 단어 끝 또는 자음 앞: 'ㄳ, ㄵ, ㄶ, ㄽ, ㄾ, ㅀ, ㅄ, ㄼ'은 ❺ □ 자음으로 발음하고, 'ㄺ, ㄻ, ㄿ'은 ❻ □ 자음으로 발음함. 　[예외] 'ㄼ': 자음 앞의 '밟-', '넓죽하다', '넓둥글다'에서는 [ㅂ]으로 발음함. 　　　　'ㄺ': 용언의 어간 끝이면서 'ㄱ' 앞에서는 [ㄹ]로 발음함. • 모음으로 시작된 조사나 어미 등의 앞: 겹받침 중 뒤엣것을 뒷말의 첫소리로 옮겨 발음함.('ㅅ'이 뒷말의 첫소리로 옮겨 갈 경우에는 [ㅆ]으로 발음함.)
'ㅎ' 받침	• 'ㄱ, ㄷ, ㅈ' 앞: 'ㅎ'을 뒷말의 첫소리와 합쳐서 [❼ □, □, □](으)로 발음함. • 'ㅅ' 앞: 'ㅎ'을 발음하지 않고, 'ㅅ'을 [ㅆ]으로 발음함. • 'ㄴ' 앞: 'ㅎ'을 [ㄴ]으로 바꾸어 발음함. • 모음으로 시작된 어미 등의 앞: 'ㅎ'을 발음하지 않음.

100점 포인트

- **모음으로 시작된 말 앞에서 받침의 발음:** 홑받침이나 쌍받침 뒤에 모음으로 시작된 조사나 어미 등이 이어질 경우에는 받침을 제 소릿값대로 뒷말의 첫소리에서 발음함. 받침 뒤에 이어지는 말이 모음으로 시작되면서 '구체적인 대상, 동작, 상태를 표시하는 말'이라면 받침을 대표음으로 바꾸어 뒷말의 첫소리에서 발음함.

　예 옆+으로(조사) → 옆으로　　　　　　　　　　옆+얼굴(구체적인 대상을 표시하는 말) → 옆얼굴
　　　　　발음: ❶ [　　　　]　　　　　　　　　　　　　　　　발음: ❷ [　　　　]

내신 실전 문제

정답과 해설 30쪽

01 밑줄 친 발음이 올바르지 <u>않은</u> 것은?

① 살이 쪄서[쩌서] 달리기 속도가 느려졌다.
② 거실에 걸려 있는 시계[시게]가 고장 났다.
③ 내 차례[차레]를 기다리다가 지치고 말았다.
④ 다리를 다쳐서[다처서] 공원에 갈 수 없었다.
⑤ 어느 것이나 네 마음대로 가져도[가저도] 좋다.

02 밑줄 친 모음의 올바른 발음이 두 가지가 <u>아닌</u> 것은?

① 꽃<u>의</u> 향기가 좋다.
② <u>의</u>사가 제 병 못 고친다.
③ 넘어지지 않게 주<u>의</u>하렴.
④ 친구 사이에도 예<u>의</u>를 지켜야 한다.
⑤ 동생<u>의</u> 거짓말에 기분이 좋지 않았다.

03 〈보기〉의 ㉠~㉣에 대한 설명으로 적절한 것은?

> ─ 보기 ─
> **엄마**: 희정아, ㉠<u>의자</u> 위에 있는 접시 좀 건네주겠니?
> **희정**: ㉡<u>무늬</u>가 있는 ㉢<u>흰</u> 접시 말씀하시는 거예요?
> **엄마**: 아니, 눈에 ㉣<u>띄는</u> 빨간 접시 말이야.
> **희정**: 아하, 여기 있어요.

① ㉠~㉣의 'ㅢ' 중 발음이 다른 것은 ㉠이다.
② ㉠과 ㉡의 'ㅢ'는 [ㅔ]로 발음할 수 있다.
③ ㉠과 ㉢의 'ㅢ'는 [ㅣ]로 발음할 수 있다.
④ ㉡과 ㉣의 'ㅢ'는 각각 [ㅣ]와 [ㅔ]로 발음한다.
⑤ ㉢과 ㉣의 'ㅢ'는 [ㅢ]로 발음해야 한다.

04 〈보기〉에서 밑줄 친 부분의 공통된 받침 발음으로 적절한 것은?

> ─ 보기 ─
> • 나는 우리 집 맏<u>딸</u>이다.
> • 카센터에 자동차를 맡<u>겼</u>다.
> • 나이가 드니 입맛<u>도</u> 변했다.
> • 그들의 의견이 팽팽히 맞<u>섰</u>다.

① [ㄷ]　② [ㅅ]　③ [ㅈ]　④ [ㅊ]　⑤ [ㅎ]

서술형

05 〈보기〉의 빈칸에 들어갈 알맞은 내용을 쓰시오.

> ─ 보기 ─
> 우리말에서 받침소리로는 '(　　　　)' 7개의 자음만 발음되고, 그 외의 받침은 이 자음 중 하나로 바뀌어 발음된다.

고난도

06 〈보기〉에서 올바른 발음을 모두 골라 묶은 것은?

> ─ 보기 ─
> • ㉠<u>잎이</u>[이비] 바람에 흔들린다.
> • ㉡<u>잎 위</u>[이뷔]로 물방울이 떨어진다.
> • 애벌레가 ㉢<u>잎을</u>[이블] 갉아먹고 있다.
> • ㉣<u>잎 아래</u>[이바래]에서 귀뚜라미가 울고 있다.

① ㉠, ㉡　　② ㉠, ㉢　　③ ㉡, ㉢
④ ㉡, ㉣　　⑤ ㉢, ㉣

고난도

07 〈보기〉의 질문에 대한 대답으로 적절한 것은?

> ─── 보기 ───
>
> **선생님:** '겉옷[거돋]: 겉에[거테] 입는 옷'입니다. '겉옷'에서는 받침 'ㅌ'을 대표음 [ㄷ]으로 바꾸어 뒷말의 첫소리에서 발음하고, '겉에'에서는 받침 'ㅌ'을 [ㅌ] 그대로 뒷말의 첫소리에서 발음합니다. 이렇게 발음하는 이유가 무엇일까요?

① 받침 'ㅌ'은 단어 끝에서 제 소릿값대로 발음하기 때문입니다.

② 받침 'ㅌ'은 모음으로 시작된 말 앞에서 대표음 [ㄷ]으로 바꾸어 발음하기 때문입니다.

③ 받침 'ㅌ'은 자음으로 시작된 말 앞에서 대표음 [ㄷ]으로 바꾸어 발음하기 때문입니다.

④ 받침 'ㅌ'은 모음으로 시작된 조사 앞에서 제 소릿값대로 뒷말의 첫소리에서 발음하기 때문입니다.

⑤ 받침 'ㅌ'은 모음으로 시작되면서 실질적인 의미가 있는 말 앞에서 제 소릿값대로 뒷말의 첫소리에서 발음하기 때문입니다.

서술형

08 〈보기〉의 올바른 발음을 쓰시오.

> ─── 보기 ───
>
> 그들은 길에서 웃어른을 만났어.

[   ]

09 밑줄 친 부분의 겹받침 발음이 올바르지 않은 것은?

① 얹다[언]   ② 훑다[훌]

③ 읊다[을]   ④ 값지다[갑]

⑤ 옮기다[옴]

[10~11] 다음을 읽고 물음에 답하시오.

> 겹받침 'ㄺ'은 단어 끝 또는 자음 앞에서 [ㄱ]으로 발음한다. 다만, ⊙용언의 어간 끝 'ㄺ'은 'ㄱ' 앞에서 [ㄹ]로 발음한다.

10 윗글을 참고하여 다음 밑줄 친 부분의 겹받침을 올바르게 발음한 것은?

> 맑던 하늘에 비구름이 모이고 있습니다. 내일은 다시 맑고 고운 하늘이 나타나 수도권 일대는 하루 종일 맑겠지만, 남부 지방은 낮까지 맑다가 밤부터 비가 내리겠습니다. 제주도는 오후부터 흐려져 맑지 않겠습니다.

① 맑던[막]   ② 맑고[막]

③ 맑겠지만[막]   ④ 맑다가[말]

⑤ 맑지[말]

11 ⊙의 예로 적절한 것은?

① 산 너머 붉은 노을을 바라보았다.

② 책을 읽고 모르는 단어를 찾았다.

③ 죽이 묽으니 재료를 좀 더 넣어라.

④ 이제 흙과 돌을 함께 섞어 줍니다.

⑤ 어젯밤에 닭이 알을 세 개나 낳았다.

12 밑줄 친 부분의 겹받침 발음이 나머지와 다른 것은?

① 잔디를 밟지 마세요.

② 바다는 넓고 하늘은 높다.

③ 감이 덜 익어서 아직 떫구나.

④ 승우야, 여덟 번째 생일을 축하해.

⑤ 머리가 짧지 않지만 그리 길지도 않다.

13 〈보기〉에서 밑줄 친 부분과 겹받침의 발음이 같은 것은?

─ 보기 ─

넓죽하다

① 멍멍아, 손을 핥지 마.
② 고기를 얇게 저며 주세요.
③ 2와 4를 더한 값도 구해라.
④ 나는 다리가 아파서 앉고 싶어.
⑤ 그분은 삯과 함께 물건도 주셨다.

[16~17] 다음을 보고 물음에 답하시오.

• 나는 엄마가 ㉠좋아요.
• 네가 ㉡좋다니 나도 ㉢좋구나.
• 그곳은 경치가 매우 ㉣좋습디다.
• 결국 네 마음대로 하니까 ㉤좋니?

16 ㉠~㉤의 발음으로 올바르지 않은 것은?

① ㉠: [조:아요]   ② ㉡: [조:타니]
③ ㉢: [조:쿠나]   ④ ㉣: [조:씁띠다]
⑤ ㉤: [조:니]

서술형

14 다음 빈칸에 들어갈 알맞은 내용을 쓰시오.

과제: 겹받침 'ㄻ'이 '삶[삼:]'과 달리 '삶이[살:미]'로 발음되는 이유 파악하기
→ (   ) 앞에서는 겹받침 중 뒤엣것을 뒷말의 첫소리로 옮겨 발음하기 때문임.

17 ㉠~㉤ 중, 〈보기〉에서 밑줄 친 부분의 예로 적절한 것은?

─ 보기 ─

표준 발음법 제12항: 받침 'ㅎ'의 발음은 다음과 같다.
• 'ㅎ(ㄶ, ㅀ)' 뒤에 모음으로 시작된 어미나 접미사가 결합되는 경우에는, 'ㅎ'을 발음하지 않는다.

① ㉠   ② ㉡   ③ ㉢   ④ ㉣   ⑤ ㉤

15 대화에서 발음을 잘못한 사람은?

① 진우: 모래 쌓기[싸키] 놀이를 해 보자.
② 승환: 여기에 쌓아도[싸아도] 되는 거야?
③ 다영: 그쪽 말고 여기에 쌓자[싸짜].
④ 수희: 내가 먼저 쌓는[싼는] 게 좋겠어.
⑤ 정수: 그렇게 쌓다가는[싸타가는] 곧 무너질거야.

서술형

18 〈보기〉의 ㉠과 ㉡의 올바른 발음을 쓰시오.

─ 보기 ─

"이제는 ㉠괜찮소."
그는 ㉡괜찮다고 말했지만 불안한 기색을 감추지 못했다.

㉠: [   ]   ㉡: [   ]

05 올바른 표기

● 자주 틀리는 표기

만듦(○)	만듬(×)	'만들다'의 어간 '만들–'에, 명사 기능을 하게 하는 어미 '–ㅁ'이 결합하면 '만듦'이 됨. ⓓ 음식을 <u>만듦</u>.
어떡해(○)	어떻해(×)	'어떻게'로 쓰거나, '어떻게 해'가 줄어든 '어떡해'로 표기함. '어떻해'로 쓰는 경우는 없음. ⓓ 이 문제를 <u>어떻게</u> 해결하지? 나 이제 <u>어떡해</u>!

● 헷갈리는 표기

되	돼	'되'는 '되다'의 어간으로, '되어, 되고, 되니'처럼 어미와 함께 쓰임. 이 중 '되어'가 줄어든 말이 '돼'이므로 '되어'로 풀어 쓸 수 있으면 '돼'로 적음. ⓓ 봄이 <u>되면</u> 꽃이 핀다. 나비가 <u>돼</u>(되어) 날고 싶다.
안	않	'안'은 '아니'가 줄어든 말이므로 '아니'로 풀어 쓸 수 있으면 '안'으로 적음. '않'은 '아니하(다)'가 줄어든 말이므로 '아니하(다)'로 풀어 쓸 수 있으면 '않'으로 적음. ⓓ 비가 <u>안</u>(아니) 온다. 비가 오지 <u>않는다</u>(아니한다).
웬	왠	'웬'은 '어찌 된, 어떠한'을 뜻하므로 이러한 의미를 지니고 있으면 '웬'을 씀. '왠'은 '왜인지'가 줄어든 '왠지'에만 사용함. ⓓ 영수가 <u>웬일</u>로 조용하다. 나는 <u>왠지</u> 불길한 예감이 든다.
반드시	반듯이	발음이 [반드시]로 같지만, '반드시'는 '틀림없이 꼭'의 의미이고, '반듯이'는 '작은 물체, 생각이나 행동 따위가 비뚤어지거나 기울거나 굽지 아니하고 바르게'의 의미임. 따라서 '반드시'는 '꼭'으로, '반듯이'는 '똑바로'로 바꾸어 쓸 수 있음. ⓓ 내일은 <u>반드시</u> 해가 뜰 거야. 종이를 <u>반듯이</u> 자르다.
낫다	낳다	활용형의 발음이 '나아/낳아[나아]', '나은/낳은[나은]'으로 같지만, '낫다'는 '병이나 상처 따위가 고쳐져 본래대로 되다.' 또는 '보다 더 좋거나 앞서 있다.'의 의미이고, '낳다'는 '배 속의 아이, 새끼, 알을 몸 밖으로 내놓다.'의 의미임. ⓓ 병이 씻은 듯이 <u>낫다</u>. 닭이 알을 <u>낳다</u>.

예시로 정리

자세가 나빠지지 <u>않으려면</u> <u>반드시</u> 허리를 <u>반듯이</u> 펴고 앉아야 한다.
　　　　　　　아니하려면　틀림없이 꼭　　　비뚤어지거나 기울거나 굽지 아니하고 바르게

●● 정답과 해설 32쪽

개념 확인

1 다음 괄호 안에 알맞은 말을 고르시오.

(1) '어떻게 해'가 줄어든 말은 { 어떡해 / 어떻해 }로 적는다.

(2) '되어'로 풀어 쓸 수 있는 말은 { 되 / 돼 }로 적는다.

(3) '틀림없이 꼭'을 의미하는 말은 { 반드시 / 반듯이 }로 적는다.

개념 적용

2 다음 밑줄 친 표기가 맞으면 ○, 틀리면 ✕ 표시를 하시오.

(1) 설탕으로 엿을 <u>만듦</u>. ·············· (　　　) 　(2) 오늘은 <u>웬지</u> 비가 올 것 같다. ·········· (　　　)

3 다음 문장에서 잘못된 표기를 찾아 올바르게 고쳐 쓰시오.

(1) 감기가 <u>낳는</u> 것 같지 않다. (→ 　　　) 　(2) 수학 문제가 어려워서 <u>않</u> 풀린다. (→ 　　　)

내신 실전 문제

01 괄호 안에 들어갈 표기가 나머지와 <u>다른</u> 것은?

① 생각이 잘 { 안 / 않 } 난다.
② 요즘 몸이 { 안 / 않 } 좋니?
③ 아직 아무도 { 안 / 않 } 왔어.
④ 그쪽으로 가면 { 안 / 않 } 돼.
⑤ 비누의 거품이 잘 나지 { 안 / 않 }아.

02 밑줄 친 부분의 표기가 올바르지 <u>않은</u> 것은?

① 그는 운동을 <u>웬만큼</u> 한다.
② 오늘은 <u>왠일</u>인지 한산하다.
③ <u>웬걸</u> 이렇게 많이 사 왔어?
④ 나는 <u>웬만해서</u> 포기하지 않는다.
⑤ 기수가 오늘따라 <u>왠지</u> 멋있어 보인다.

03 〈보기〉의 뜻풀이를 참고할 때 단어의 표기가 올바르지 <u>않은</u> 것은?

> ──• 보기 •──
>
> • **반드시**: 틀림없이 꼭.
> • **반듯이**: 작은 물체, 생각이나 행동 따위가 비뚤어지거나 기울거나 굽지 아니하고 바르게. 생김새가 아담하고 말끔하게.

① 자전거 도로가 <u>반듯이</u> 나 있다.
② <u>반드시</u> 시간에 맞추어 와야 해.
③ 그가 <u>반듯이</u> 걷지 않고 비틀거린다.
④ 이번 경기에서 <u>반듯이</u> 이길 것이다.
⑤ 올해는 <u>반드시</u> 소원이 이루어지기를 빌게.

서술형

04 〈보기〉에서 잘못된 표기를 찾아 올바르게 고쳐 쓰시오.

> ──• 보기 •──
>
> 내가 너에게 도움이 되 기뻐.

05 ㉠~㉢에서 틀린 표기를 올바르게 고친 것은?

> 역에 ㉠웬 사람이 이리도 많은지, 열차표가 한 시간도 ㉡안 ㉢돼어 ㉣매진됐어.
>
> ☺ 그럼 우리는 ㉤어떻게 가지?   〔보내기〕

① ㉠: 웬 → 왠
② ㉡: 안 → 않
③ ㉢: 돼어 → 되어
④ ㉣: 매진됐어 → 매진되어
⑤ ㉤: 어떻게 → 어떻해

고난도

06 올바른 표기에 대해 적절한 설명을 한 사람을 〈보기〉에서 모두 골라 묶은 것은?

> ──• 보기 •──
>
> **민선**: '빨리 { 나아서 / 낳아서 } 퇴원하렴.'에서 올바른 표기는 '나아서'야. '낫다'는 '나아서'로 활용하거든.
> **소은**: '몸을 건강하게 { 만듬 / 만듦 }으로써 마음도 건강해질 수 있다.'에서 올바른 표기는 '만듦'이야. 'ㄹ'로 끝나는 어간에 '-ㅁ'이 결합한 것이니까.
> **민아**: '이렇게 늦게 오면 { 어떡해 / 어떻해 }.'에서 올바른 표기는 '어떻해'야. '어떻게 해'가 줄어들면 '어떻해'가 되거든.

① 민선   ② 소은
③ 민선, 소은   ④ 민선, 민아
⑤ 소은, 민아

01 〈보기〉를 통해 올바른 발음을 탐구한 내용으로 적절한 것은?

> ────── 보기 ──────
> ㉠ 다져[다저], 쪄[쩌], 부쳐[부처], 이겨[이겨]
> ㉡ 계곡[계곡], 예절[예절], 차례[차례]

① ㉠의 '다져, 쪄, 부쳐'는 [다져], [쪄], [부쳐] 또한 올바른 발음이다.
② ㉠과 같이 용언의 활용형에 나타나는 모음 'ㅕ'는 [ㅓ]로 발음해야 한다.
③ ㉡의 '계곡'은 [게곡]으로도 발음할 수 있다.
④ ㉡에서 '예'와 '례'의 'ㅖ'는 [ㅔ]로 발음해야 하므로 [에절], [차레]가 올바른 발음이다.
⑤ ㉠, ㉡과 같이 이중 모음은 모두 단모음으로 발음한다.

02 밑줄 친 부분의 모음을 [ㅣ]로 발음하면 안 되는 것은?

① 희망
② 무늬
③ 자의
④ 의심
⑤ 띄어쓰기

서술형
03 밑줄 친 부분의 올바른 발음을 모두 쓰시오.

> ────── 보기 ──────
> 할아버지께서 우리의 이름을 지어 주셨다.

[   ]

04 밑줄 친 부분의 표기와 발음이 일치하는 것은?

① 옷 속에 벌레가 들어갔나 봐.
② 달이 동녘 하늘에 걸려 있다.
③ 졸업식이 곧 시작될 예정이다.
④ 문밖 소리에 나는 얼굴을 내밀었다.
⑤ 낮 동안 비가 왔지만 밤에는 날이 개었다.

05 〈보기〉의 빈칸에 들어갈 대표음으로 적절한 것은?

> ────── 보기 ──────
> **선생님**: 우리말의 받침소리를 탐구해 봅시다. '집'과 '짚'을 발음해 보세요. 단어 끝에서 받침 'ㅂ, ㅍ'은 대표음 [   ]으로 발음한다는 것을 알 수 있습니다.

① ㄱ　　② ㄷ　　③ ㅂ　　④ ㅁ　　⑤ ㅇ

06 밑줄 친 부분의 받침 발음이 나머지와 다른 것은?

① 이마에 여드름이 났군.
② 산 밑으로 샘물이 흘러.
③ 밭 사이로 고랑을 내라.
④ 보기에도 좋고 맛도 좋다.
⑤ 나는 그의 약속을 굳게 믿었다.

서술형
07 〈보기〉의 의사소통이 원활하도록 ⓐ와 ⓑ의 발음을 올바르게 고쳐 쓰시오.

> ────── 보기 ──────
> **다희**: 고마워. 너한테 갚을 ⓐ[비시] 많아.
> **승훈**: 내가 언제 빗 빌려줬나?
> **다희**: 오늘 숙제 도와줬잖아. 꼭 ⓑ[비슬] 갚을게!
> **승훈**: 응? 빗 말하는 거야?

ⓐ: [   ]　ⓑ: [   ]

[08~09] 다음을 읽고 물음에 답하시오.

홑받침이나 쌍받침이 모음으로 시작된 조사나 어미 등과 결합되는 경우에는, 받침을 제 소릿값대로 뒷말의 첫소리로 옮겨 발음한다. 그런데 ㉠홑받침이나 쌍받침 뒤에 모음으로 시작된 말이 결합되더라도, 그 말이 구체적인 대상, 동작, 상태를 표시하는 말이라면, 받침을 대표음으로 바꾸어 뒷말의 첫소리로 옮겨 발음한다.

서술형

08 윗글을 참고하여 ⓐ~ⓒ에 들어갈 알맞은 내용을 쓰시오.

궁금이: '무릎이'의 발음이 [무르비]가 아니라 [무르피]인 이유는 무엇인가요?

☐ **관리자**: 홑받침 '(ⓐ)'이/가 (ⓑ)'이'와 결합되는 경우에는, 받침을 (ⓒ)대로 뒷말의 첫소리로 옮겨 발음하기 때문입니다.

댓글 달기

ⓐ: _____ ⓑ: _____ ⓒ: _____

고난도

09 밑줄 친 부분이 ㉠의 예로 적절하지 <u>않은</u> 것은?

① 이 김치는 정말 <u>맛없다</u>.
② 꽃 위에 나비가 <u>앉았다</u>.
③ 안경을 <u>닦아</u> 눈앞이 깨끗하다.
④ <u>부엌 안</u>도 음식 냄새로 가득 찼다.
⑤ 참새들이 쌀의 <u>낱알</u>만 쪼아 먹는다.

10 다음 빈칸에 들어갈 수 있는 단어를 〈보기〉에서 모두 골라 묶은 것은?

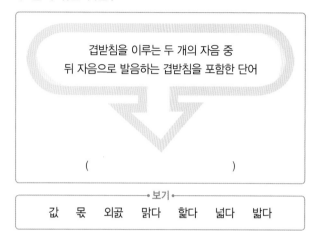

겹받침을 이루는 두 개의 자음 중
뒤 자음으로 발음하는 겹받침을 포함한 단어

( )

· 보기 ·
값 몫 외곬 맑다 핥다 넓다 밟다

① 값, 외곬
② 외곬, 넓다
③ 맑다, 밟다
④ 몫, 핥다, 넓다
⑤ 외곬, 맑다, 밟다

11 〈보기〉의 ⓐ~ⓓ의 올바른 발음을 바르게 짝 지은 것은?

· 보기 ·
• 이보다 더 좋을 수는 ⓐ<u>없다</u>.
• 그는 ⓑ<u>젊고</u> 건강한 생각을 지녔다.
• 철수는 학급 회장 자리에 ⓒ<u>앉게</u> 되었다.
• 고전에는 조상들의 ⓓ<u>넋과</u> 혼이 담겨 있다.

	ⓐ	ⓑ	ⓒ	ⓓ
①	[업:따]	[절:꼬]	[안께]	[넉꽈]
②	[업:따]	[절:꼬]	[안께]	[넉꽈]
③	[업:따]	[점:꼬]	[안께]	[넉꽈]
④	[얼:따]	[점:꼬]	[안께]	[넌꽈]
⑤	[얼:따]	[점:꼬]	[안께]	[넌꽈]

12 〈보기〉의 @~@ 중, 겹받침의 발음이 나머지와 <u>다른</u> 것은?

---- 보기 ----

- 짧고 @<u>굵게</u> 일을 처리해 버리자.
- 저 나뭇가지는 어찌 저리 ⓑ<u>굵소</u>?
- 저 앞에서 노래하는 가수의 목소리가 ⓒ<u>굵다</u>.
- 작년에는 감자가 ⓓ<u>굵더니</u> 올해는 ⓔ<u>굵지</u> 않다.

① @   ② ⓑ   ③ ⓒ   ④ ⓓ   ⑤ ⓔ

서술형

13 〈보기〉에서 밑줄 친 부분의 올바른 발음을 쓰시오.

---- 보기 ----

거울이 <u>넓둥글다</u>.

[   ]

14 밑줄 친 발음이 올바른 것은?

① 동생은 책을 <u>읽다가[익따가]</u> 잠들었다.
② 나의 발가락은 아빠를 <u>닮았다[다맏따]</u>.
③ 봄이 되자 <u>흙에서[흐게서]</u> 새싹이 돋았다.
④ 펭귄이 <u>짧은[짜븐]</u> 다리로 뒤뚱뒤뚱 걷는다.
⑤ 아직 여물지 않아서 그런지 감이 <u>떫다[떱따]</u>.

[15~16] 다음을 보고 물음에 답하시오.

㉠ 놓고[노코] 좋던[조ː턴] 쌓지[싸치]
㉡ 많고[만ː코] 끓던[끌턴] 뚫지[뚤치]
㉢ 닿소[다ː쏘] 끊소[끈쏘] 싫소[실쏘]
㉣ 놓는[논는] 쌓네[싼네]
㉤ 놓아[노아] 많아[마ː나] 잃어[이러]

---

15 ㉠~㉤을 통해 'ㅎ' 받침의 발음을 탐구한 내용으로 적절하지 <u>않은</u> 것은?

① ㉠의 또 다른 예로는 '닿지[다ː치]', '낳고[나ː코]'를 들 수 있다.
② ㉡의 또 다른 예로는 '귀찮고[귀찬코]', '옳지[올치]'를 들 수 있다.
③ ㉢과 같이 'ㅎ(ㄶ, ㅀ)' 받침 뒤에 오는 'ㅅ'은 [ㅆ]으로 발음한다.
④ ㉣과 같이 'ㅎ' 받침 뒤에 'ㄴ'이 오면 'ㅎ'을 발음하지 않는다.
⑤ ㉤과 같이 'ㅎ(ㄶ, ㅀ)' 받침 뒤에 모음으로 시작된 어미가 오면 'ㅎ'을 발음하지 않는다.

서술형

16 ㉠과 ㉡에서 알 수 있는 발음 원리를 정리한 것이다. @~ⓒ에 들어갈 알맞은 내용을 쓰시오.

'ㅎ' 받침의 발음 원리

받침 'ㅎ(ㄶ, ㅀ)' 뒤에 'ㄱ, ㄷ, ㅈ'이 올 경우에는 '(@)'을/를 뒷말의 첫소리 '(ⓑ)'과/와 합쳐서 [ⓒ] (으)로 발음함.

@: _____   ⓑ: _____   ⓒ: _____

서술형

17 〈보기〉를 참고하여 제시된 용언의 명사형 표기를 올바르게 쓰시오.

> ─● 보기 ●─
> '-ㅁ'은 'ㄹ' 받침인 용언의 어간에 붙어 명사 기능을 하게 하는 어미이다. '만들다'의 어간 '만들-'과 같이 'ㄹ'로 끝나는 어간에 '-ㅁ'이 결합해 명사형이 되면 '만듦'과 같이 표기한다.

(1) 살다: _____ (2) 울다: _____

(3) 얼다: _____ (4) 갈다: _____

(5) 머물다: _____

18 〈보기〉를 참고할 때 문장의 표기가 올바른 것은?

> ─● 보기 ●─
> 사람들이 자주 틀리는 맞춤법 중에는 '안'과 '않'이 있다. '안'은 '아니'의 준말로 부사이지만, '않'은 '아니하(다)'의 준말로 용언의 어간이다.
> 예컨대 '오늘은 □ 추웠다.'라는 문장에서 '□'는 '추웠다'를 꾸며 주는 부사이고, '아니'로 바꾸어 쓸 수 있다. 따라서 '안'이 들어가는 것이 적절하다.
> 반면 '수지는 결국 오지 □았다.'라는 문장에서 '□'는 '아니하(다)'가 줄어든 어간이어서 '□았다'를 '아니하였다'로 바꾸어 쓸 수 있다. 따라서 '않'이 들어가는 것이 적절하다.

① 그는 점심을 않 먹었다.

② 나는 네가 하나도 무섭지 안아.

③ 오늘은 수돗물이 나오지 안는다.

④ 이번엔 절대로 실수하지 안겠어.

⑤ 그는 하기 싫은 일은 절대로 안 해.

19 〈보기〉의 ㉠~㉤에서 괄호 안에 들어갈 표기를 알맞게 고른 것은?

> ─● 보기 ●─
> ㉠ 강아지가 새끼를 { 낫다 / 낳다 }.
> ㉡ 오늘은 { 웬지 / 왠지 } 쉬고 싶다.
> ㉢ 그렇게 머리가 아파서 { 어떡해 / 어떻해 }.
> ㉣ 오늘은 { 반드시 / 반듯이 } 피자를 먹겠어.
> ㉤ 선생님, 화장실에 다녀와도 { 되요 / 돼요 }?

① ㉠: 낫다   ② ㉡: 웬지

③ ㉢: 어떻해   ④ ㉣: 반듯이

⑤ ㉤: 돼요

고난도

20 〈보기〉의 ㉠~㉣에 대한 설명으로 적절하지 <u>않은</u> 것은?

> ─● 보기 ●─
> • 글씨를 참 ㉠반드시 썼구나.
> • 이 약은 ㉡반듯이 물과 함께 먹으시오.
> • 암탉이 알을 ㉢나을 시기가 되었다.
> • 생활하기에는 여름보다 겨울이 ㉣낳을 거야.

① ㉠과 ㉡은 [반드시]로, ㉢과 ㉣은 [나흘]로 발음한다.

② ㉠은 '작은 물체, 생각이나 행동 따위가 비뚤어지거나 기울거나 굽지 아니하고 바르게'라는 의미의 '반듯이'로 고쳐 써야 한다.

③ ㉡은 '틀림없이 꼭'이라는 의미의 '반드시'로 고쳐 써야 한다.

④ ㉢은 '배 속의 아이, 새끼, 알을 몸 밖으로 내놓다.'라는 의미의 '낳을'로 고쳐 써야 한다.

⑤ ㉣은 '보다 더 좋거나 앞서 있다.'라는 의미의 '나을'로 고쳐 써야 한다.

V

언어와 국어

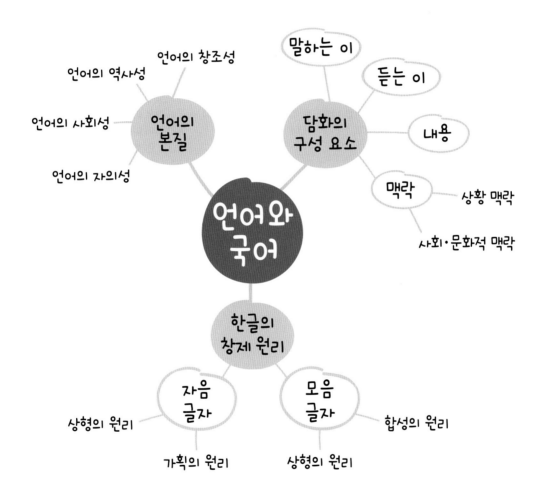

01 언어의 본질

● **언어의 본질**(근본 본本, 바탕 질質: 근본적인 성질)

언어가 지니는 특성인 언어의 본질에는 자의성, 사회성, 역사성, 창조성이 있음.

언어의 자의성	언어의 의미와 말소리는 <u>필연적</u>으로 결합한 것이 아니라 우연히 그렇게 맺어진 것임. (반드시 그렇게 될 수밖에 없는 것)	예 의미: 🖐(사람의 팔목 끝에 달린 부분) 말소리: 손[손](한국어), hand[핸드](영어), 手[서우](중국어) → 의미와 말소리의 관계는 필연적이지 않아 같은 의미를 나타내는 말소리가 언어마다 다름.
언어의 사회성	언어는 그 언어를 사용하는 사람들 사이의 사회적 약속이므로 개인이 마음대로 바꿀 수 없음.	예 🖐을 '손'이라고 부르는 것은 사회적 약속임. 개인이 마음대로 '신발'이라고 바꾸어 부를 수 없음.
언어의 역사성	언어는 시간이 흐르면서 쓰이던 말이 쓰이지 않게 되어 사라지거나, 없던 말이 생기거나, 의미나 말소리가 변하기도 함.	예 • 즈믄, 온: 예전에는 '천(1000)', '백(100)'을 나타내는 말로 쓰였으나 지금은 잘 쓰이지 않음. - 소멸 • 누리꾼, 블로그: 새로운 말이 등장하여 널리 쓰임. - 생성 • 어리다: '어리석다.'라는 의미에서 '나이가 적다.'라는 의미로 변함. - 변화
언어의 창조성	인간은 이미 알고 있는 언어를 바탕으로 새로운 단어를 만들 수도 있고, 단어를 결합해 무수히 많은 문장을 만들 수도 있음.	예 꽃, 아름답다 → 꽃이 매우 아름답다. 　　　　　　　　 빨간 꽃이 아름답다. 　　　　　　　　 마당에 핀 빨간 꽃이 매우 아름답다.

예시로 정리

- 한국어로는 '나무[나무]', 영어로는 'tree[트리]', 독일어로는 'baum[바움]'이라고 함. → 자의성
- '강아지'라고 부르면 다른 사람이 알아듣지 못함. → 사회성
- 지금은 '나무'라고 하지만 옛날에는 '나모'라고 하였음. → 역사성
- '나무'라는 단어로 '나무가 크다.', '나무에 과일이 열렸다.'와 같이 많은 문장을 만들 수 있음.
→ 창조성

●● 정답과 해설 34쪽

개념 확인 **1** 다음 빈칸에 들어갈 알맞은 말을 쓰시오.

(1) 언어의 자의성은 언어의 의미와 말소리가 ☐☐☐☐(으)로 결합한 것이 아니라는 특성이다.

(2) 언어의 ☐☐☐☐은/는 인간이 이미 알고 있는 언어를 바탕으로 새로운 단어와 무수히 많은 문장을 만들 수 있다는 특성이다.

개념 적용 **2** 다음 예와 관련 있는 언어의 본질을 고르시오.

(1) '바다'를 '고구마'라고 부르면 의사소통이 원활하게 이루어지지 않는다.

………………………………………………… 언어의 { 자의성 / 사회성 }

(2) '어여쁘다'가 옛날에는 '불쌍하다.'라는 의미였으나, 지금은 '예쁘다.'라는 의미로 변하였다.

………………………………………………… 언어의 { 역사성 / 창조성 }

● 정답과 해설 34쪽

01 언어의 본질에 대한 설명으로 적절한 것은?

① 자의성: 없던 말이 생겨 널리 쓰이기도 한다.
② 역사성: 언어의 의미와 말소리는 우연히 맺어진 것이다.
③ 역사성: 인간은 새로운 문장을 무수히 많이 만들어 쓸 수 있다.
④ 창조성: 시간이 흐르면서 언어의 의미나 말소리가 변하기도 한다.
⑤ 사회성: 언어는 그 언어를 사용하는 사람들 사이의 사회적 약속이다.

02 〈보기〉의 빈칸에 들어갈 언어의 본질로 적절한 것은?

의미	어떤 존재를 몹시 아끼고 귀중히 여기는 마음		
	↓	↓	↓
말소리	한국어: 사랑[사랑]	영어: love[러브]	중국어: 愛[아이]

이처럼 같은 의미를 나타내는 말소리는 언어마다 각기 다르다. 이것은 언어의 (　　　)을 보여 준다.

① 자의성　　　② 역사성　　　③ 창조성
④ 규칙성　　　⑤ 분절성

03 〈보기〉와 관련 있는 언어의 특성으로 적절한 것은?

▶ 보기 ◀

'🐕(갯과의 포유류)'라는 의미를 나타내기 위해, 한국어에서는 '개'라고 쓰고 [개:]라고 말하지만, 영어에서는 'dog'라고 쓰고 [도그]라고 말한다.

① 언어는 개인이 마음대로 바꿀 수 없다.
② 언어는 널리 쓰이던 말이 사라지기도 한다.
③ 언어는 시간의 흐름에 따라 끊임없이 변한다.
④ 언어는 새로운 문장을 무한히 만들어 낼 수 있다.
⑤ 언어는 의미와 말소리의 관계가 필연적이지 않다.

04 〈보기〉의 ㉠~㉤에 들어갈 말로 적절하지 않은 것은?

▶ 보기 ◀

선생님: 어떠한 (㉠)을/를 특정한 (㉡)(으)로 나타내자고 (㉢)적으로 약속한 뒤에는 그것을 개인이 마음대로 바꿀 수 없습니다. 이처럼 언어는 그 언어를 사용하는 사람들 사이의 사회적 (㉣)(이)므로 개인이 마음대로 바꿀 수 없다는 특성을 언어의 (㉤)(이)라고 합니다.

① ㉠: 의미　　　　② ㉡: 말소리
③ ㉢: 사회　　　　④ ㉣: 약속
⑤ ㉤: 역사성

고난도

05 다음과 관련 있는 언어의 특성으로 적절한 것은?

그는 이제부터 침대를 '사진'이라고 부르기로 했다.
"피곤하군. 사진 속으로 들어가야겠어." 그는 이렇게 말했다. 그러고는 아침마다 한참씩 사진 속에 누운 채로 이제부터 의자를 뭐라고 부를까를 고심했다. 그러다가 의자를 '시계'라고 부르기로 했다.
그러니까 그는 자리에서 일어나 옷을 입고, 시계 위에 앉아 양팔을 책상 위에 괴고 있었다. 그러나 책상은 이제 더 이상 책상이 아니었다. 그는 책상을 '양탄자'라고 불렀다. [중략]
잿빛 외투를 입은 그 나이 많은 남자는 사람들이 하는 말을 더 이상 이해할 수 없게 되었다. 그보다 더 심각한 것은 사람들이 그를 더 이상 이해할 수 없게 된 것이었다.

– 페터 빅셀, 「책상은 책상이다」

① 새로운 단어는 끊임없이 나타날 수 있다.
② 같은 대상을 언어마다 다르게 부를 수 있다.
③ 알고 있는 단어를 결합하면 대화를 이어 갈 수 있다.
④ 시간이 흐르면서 대상을 나타내는 말소리가 달라질 수 있다.
⑤ 언어 사용자 사이의 약속을 어기면 의사소통이 어려워질 수 있다.

06 〈보기〉와 관련 있는 언어의 본질로 적절한 것은?

---- 보기 ----

'평지보다 높이 솟아 있는 땅의 부분'을 '산[산]'으로, '지구 위에서 육지를 제외한 부분으로 짠물이 괴어 하나로 이어진 넓고 큰 부분'을 '바다[바다]'로 쓰고 말하자고 약속한 사회에서는 '평지보다 높이 솟아 있는 땅의 부분'을 '바다[바다]'라고 쓰고 말하면 안 된다.

① 언어의 자의성
② 언어의 사회성
③ 언어의 역사성
④ 언어의 창조성
⑤ 언어의 규칙성

08 언어의 역사성을 보여 주는 예로 적절한 것은?

① 예전에는 없던 '스마트폰', '내비게이션'이라는 말이 생겼다.
② '비', '우산'이라는 단어를 바탕으로 '비가 오면 우산을 쓴다.'라는 문장을 만들 수 있다.
③ '글씨나 그림 따위를 지우는 물건'을 나타내는 말소리가 '지우개'인 것은 우연히 그렇게 된 것이다.
④ 사람들 사이의 사회적 약속에 따라 '시각을 재거나 시각을 나타내는 기계나 장치'를 '시계'라고 부른다.
⑤ 한국어에서는 '수박[수:박]'이라는 말소리로 나타내는 대상을 영어에서는 'watermelon[워터멜론]'이라는 말소리로 나타낸다.

 서술형

09 〈보기〉와 관련 있는 언어의 본질을 쓰시오.

---- 보기 ----

'엄마', '우유', '먹다'라는 단어를 알고 있는 아기는 '엄마 우유 주세요.', '엄마 우유 먹고 싶어요.'와 같은 문장을 무한하게 만들 수 있다.

서술형

07 다음 빈칸에 들어갈 알맞은 내용을 쓰시오.

과제: 언어의 본질 탐구하기

• '영감'은 '벼슬아치'를 의미했으나 '나이가 많아 중년이 지난 남자'를 의미하게 됨.
• 오늘날 '강'이라고 부르는 대상을 예전에는 '가람'이라고 불렸음.
→ 언어는 시간이 흐르면서 쓰이던 말이 쓰이지 않게 되어 사라지거나 없던 말이 생기기도 함.
→ 언어는 시간이 흐르면서 (   )

10 언어의 창조성을 보여 주는 예로 적절한 것을 〈보기〉에서 모두 골라 묶은 것은?

---- 보기 ----

㉠ '구름'을 '집'이라고 말하면 상대방이 알아듣지 못한다.
㉡ '하늘이 높다.'라는 문장에 다른 단어를 결합해 많은 문장을 만들 수 있다.
㉢ '콩나물'과 '밥'이라는 단어를 결합해 '콩나물밥'이라는 새로운 단어를 만들 수 있다.
㉣ '다슬깃과의 연체동물'이라는 의미를 나타내는 말소리가 지역에 따라 '다슬기', '올갱이', '데사리'로 다르다.

① ㉠, ㉡
② ㉠, ㉢
③ ㉡, ㉢
④ ㉡, ㉣
⑤ ㉢, ㉣

02 담화

● **담화**(이야기 담談, 이야기 화話: 서로 주고받는 이야기)**의 개념**

생각을 표현하는 문장들이 모여 이루어진 언어 단위

● **담화의 구성 요소**

- **말하는 이:** 내용을 표현하는 사람
- **듣는 이:** 내용의 의미를 해석하는 사람
- **내용:** 말이나 글을 통해 전달하고자 하는 것
- **맥락:** 의사소통에 영향을 미치는 배경이나 환경. 상황 맥락❶과 사회·문화적 맥락❷이 있음.

❶ **상황 맥락:** 시간과 장소, 말하는 이와 듣는 이, 말하는 이의 의도와 목적 등 담화가 이루어지는 구체적인 상황과 관련된 맥락

> 예 주인: 음식이 어떻습니까?
> 손님: 네, 맛있습니다. ⎱ 상황 맥락: 식당에서 주인이 손님에게 음식이 맛있는지 확인하는 상황
> → 상황 맥락을 고려하면 '주인'의 말은 "음식이 맛있습니까?"로 해석할 수 있음.

❷ **사회·문화적 맥락:** 역사적·사회적 상황, 공동체의 가치와 신념, 사고방식, 언어 습관 등 담화가 이루어지는 사회·문화적 배경과 관련된 맥락

> 예 한국인 주인: 차린 건 없지만 많이 드세요.
> 외국인 손님: (음식이 이렇게 많은데…….) ⎱ 사회·문화적 맥락: 겸손하게 표현하는 사회·문화적 언어 습관
> → 사회·문화적 맥락을 고려하면 '주인'의 말은 "맛있게 많이 드세요."로 해석할 수 있음.

예시로 정리

> 지금 몇 시니?
>
> 친구와 등교하고 있는 상황에서의 의미: 등교 시간이 얼마나 남았니?
> 선생님이 지각한 학생을 꾸짖는 상황에서의 의미: 왜 학교에 늦게 왔니?
> 엄마가 늦게까지 놀고 있는 딸에게 말하는 상황에서의 의미: 그만 자야 하지 않겠니? ⎱ 맥락에 따라 의미가 달라짐.

◀● 정답과 해설 35쪽

개념 확인

1 다음 괄호 안에 알맞은 말을 고르시오.

(1) 생각을 표현하는 문장들이 모여 이루어진 언어 단위를 { 담화 / 맥락 }(이)라고 한다.

(2) { 말하는 이 / 듣는 이 }는 자신의 의도를 담아 내용을 표현하는 사람이다.

(3) { 상황 / 사회·문화적 } 맥락은 담화가 이루어지는 구체적인 상황과 관련된 맥락이다.

개념 적용

2 제시된 맥락을 고려하여 적절한 대답을 〈보기〉에서 골라 쓰시오.

> ─ 보기 ─
> ㉠ 그래, 잘 어울려.   ㉡ 응, 다치지 않았어.   ㉢ 주스라도 드릴까요?

(1) (영희가 넘어진 상황) 미희: 괜찮아? ·············· 영희: (   )

(2) (정수가 옷을 고르고 있는 상황) 정수: 괜찮아? ·············· 지수: (   )

(3) (외국인이 집에 온 한국인에게 물을 권하는 상황) 한국인: 괜찮아요. ·············· 외국인: (   )

내신 실전 문제

01 담화에 대한 설명으로 적절하지 <u>않은</u> 것은?

① 생각을 표현하는 문장들이 모여 이루어진다.

② 말하는 이가 말을 통해 전달하고자 하는 내용을 표현한다.

③ 같은 표현이라면 맥락과 관계없이 같은 의미를 전달한다.

④ 맥락에는 담화가 이루어지는 구체적인 시간과 장소도 포함된다.

⑤ 공동체의 가치와 신념, 사고방식, 언어 습관 등이 영향을 미친다.

03 〈보기〉에 대한 설명으로 적절하지 <u>않은</u> 것은?

> ─• 보기 •─
> **A:** 제가 성공할 수 있을까요?
> **B:** 할 수 있을 거예요.
> **A:** 만약 못 하면 어떡하죠?
> **B:** 괜찮아요. 마음껏 해 보세요.

① 구체적인 상황이 제시되지 않아 담화의 의미를 알기 어렵다.

② 담화가 이루어지는 시간과 장소를 알면 의미를 파악할 수 있다.

③ 말하는 이와 듣는 이가 누구인지에 따라 의미가 다르게 해석될 수 있다.

④ '농구 경기 중 자유투를 시도하는 상황'에서 이루어질 수 있는 담화이다.

⑤ 담화를 이해할 때 사회·문화적 맥락을 고려해야 함을 알 수 있게 해 준다.

서술형

02 〈보기〉의 빈칸에 공통으로 들어갈 알맞은 말을 쓰시오.

> ─• 보기 •─
> 담화의 구성 요소에는 말하는 이, (   ), 내용, 맥락이 있다.
>
> | 맥락 |
> | 말하는 이 ← 내용 → (   ) |
>
> 말하는 이는 내용을 생산하고 전달하는 역할을 하고, (   )은/는 내용을 듣고 의미를 이해하는 역할을 한다.

04 〈보기〉에 대한 설명으로 적절한 것은?

> ─• 보기 •─
> **민준:** 12시에 만나기로 했는데, 지금 몇 시야?
> **준성:** 지금? 12시 50분인데?
> **민준:** 그게 아니라…….

① 민준이와 준성이는 약속 시간을 정하고 있다.

② 민준이와 준성이가 단어의 사전적 의미를 알지 못해 오해가 생기고 있다.

③ 민준이는 준성이의 말을 이해하지 못하고 있다.

④ 준성이는 문법에 어긋나는 표현을 사용하고 있다.

⑤ 준성이는 맥락을 파악하지 못한 채 대답하고 있다.

[05~06] 다음을 보고 물음에 답하시오.

05 (가)와 (나)에서 "괜찮으세요?"의 의미로 적절한 것은?

① (가): 상대방의 안부를 확인하려는 의미
② (가): 상대방에게 대안을 제시하려는 의미
③ (나): 상대방의 건강을 걱정하는 의미
④ (나): 신발이 마음에 드는지 묻는 의미
⑤ (나): 신발이 편하다고 홍보하려는 의미

06 ㉠에 들어갈 환자의 대답으로 적절한 것은?

① 의자가 조금 불편합니다.
② 소화가 잘 되지 않습니다.
③ 지금 무슨 소리를 하시는 거예요?
④ 조금 따갑지만 많이 아프지 않습니다.
⑤ 처음 뵙겠습니다. 만나서 반갑습니다.

서술형

07 〈보기〉의 빈칸에 들어갈 알맞은 말을 쓰시오.

● 보기 ●
( )(이)란 담화가 이루어지는 특정 사회나 문화의 배경과 관련된 맥락으로, 역사적·사회적 상황, 공동체의 가치와 신념, 사고방식, 언어 습관 등이 이에 해당한다.

08 〈보기〉의 빈칸에 들어갈 내용으로 적절한 것은?

● 보기 ●
선생님: 담화의 의미를 이해할 때는 사회·문화적 맥락을 고려해야 합니다. 왜냐하면 ( )

① 담화의 의미는 단어의 사전적 의미를 벗어나지 않기 때문입니다.
② 사회·문화적 맥락은 담화의 구체적인 상황과 관련되기 때문입니다.
③ 사회·문화적 맥락에 따라 말하는 이가 달라질 수 있기 때문입니다.
④ 사회·문화적 맥락에 시간과 장소, 말하는 이의 의도와 목적이 드러나기 때문입니다.
⑤ 사회·문화적 맥락을 고려해야 담화의 의미를 정확하게 해석할 수 있기 때문입니다.

고난도

09 〈보기〉에 대한 설명으로 적절하지 않은 것은?

● 보기 ●
민주: (식당 아주머니에게) 이모, 여기 김치찌개 주세요.
마이클: 너희 이모가 하는 식당이야?

① 마이클은 식당 아주머니를 민주의 친척으로 이해했다.
② 마이클의 이해를 돕기 위해 민주는 '이모'의 사전적 의미를 설명할 것이다.
③ 민주는 마이클이 우리 문화에 익숙하지 않을 수 있다는 점을 생각하지 못했다.
④ 마이클이 민주의 말을 민주의 의도와 다르게 이해한 이유는 사회·문화적 맥락을 이해하지 못했기 때문이다.
⑤ 민주의 말에는 친척이 아니더라도 친근감 있게 상대방을 부를 때 '이모'라는 표현을 사용하기도 하는 문화가 반영되어 있다.

03 자음 글자의 창제 원리

● 자음 글자의 창제 원리

자음 글자의 기본자는 상형의 원리❶에 따라 만들고, 나머지 글자는 가획의 원리❷에 따라 만듦.

❶ 상형(본뜨다 象形, 모양 形形: 모양을 본뜸.)**의 원리:** 발음 기관의 모양을 본떠 기본자 'ㄱ, ㄴ, ㅁ, ㅅ, ㅇ'을 만듦.

| ㄱ: 혀뿌리가 목구멍을 막는 모양을 본뜸. | ㄴ: 혀끝이 윗잇몸에 닿는 모양을 본뜸. | ㅁ: 입의 모양을 본뜸. | ㅅ: 이의 모양을 본뜸. | ㅇ: 목구멍의 둥글게 생긴 모양을 본뜸. |

❷ 가획(더하다 加加, 긋다 劃劃: 획을 더함.)**의 원리:** 소리가 세짐에 따라 기본자에 획을 더하여 글자를 만듦.

기본자	ㄱ	ㄴ	ㅁ	ㅅ	ㅇ
	↓	↓	↓	↓	↓
가획자	ㅋ	ㄷ	ㅂ	ㅈ	ㆆ(여린히읗)
		↓	↓	↓	↓
		ㅌ	ㅍ	ㅊ	ㅎ

※ **이체자**(다르다 異異, 몸 體體, 글자 字字: 모양이 다른 글자)**:** 소리의 세기와 상관없이 획을 더하여 모양을 달리한 글자. 획을 더하여 만들었지만 소리가 세지는 않는 예외적인 글자임. 'ㆁ(옛이응), ㄹ, ㅿ(반치음)'이 이체자에 해당함.

> **예시로 정리**
>
> ㅅ　　　　ㅈ　　　　ㅿ
> 상형의 원리로 만든 기본자　'ㅅ'에 획을 더하여 만든 가획자　'ㅅ'에 획을 더했지만 소리가 세지지는 않는 이체자

> **궁금해요**
>
> **Q** 'ㄲ, ㄸ, ㅃ, ㅆ, ㅉ'과 같은 자음 글자는 어떻게 만들었나요?
>
> **A** 'ㄲ, ㄸ, ㅃ, ㅆ, ㅉ' 등은 병서의 방법으로 만들었습니다. '병서'는 둘 이상의 자음 글자를 가로로 나란히 붙여 쓰는 것으로, 상형이나 가획의 원리로 만든 자음 글자를 합쳐 쓰는 것입니다. 즉 병서는 이미 만들어진 글자를 운용하는 방법이므로 새로운 글자를 만든 창제 원리와는 구별됩니다.

●● 정답과 해설 36쪽

개념 확인

1 다음 빈칸에 들어갈 알맞은 말을 쓰시오.

(1) 자음 글자의 기본자는 발음 기관의 모형을 본뜨는 ☐☐의 원리로 만들었다.

(2) ☐☐☐은/는 소리가 세짐에 따라 기본자에 획을 더하여 만든 글자이다.

개념 적용

2 다음 설명이 맞으면 ○, 틀리면 ✕ 표시를 하시오.

(1) 혀뿌리가 목구멍을 막는 모양을 본떠 만든 글자는 'ㄱ'이다. ·················· (　)

(2) 'ㅋ'은 'ㄱ'보다, 'ㄹ'은 'ㄴ'보다, 'ㅍ'은 'ㅂ'보다 소리가 세다. ················ (　)

04 모음 글자의 창제 원리

● 모음 글자의 창제 원리

모음 글자의 기본자는 상형의 원리❶에 따라 만들고, 나머지 글자는 합성의 원리❷에 따라 만듦.

❶ **상형**(본뜨다 象形, 모양 形形: 모양을 본뜸.)**의 원리:** 하늘, 땅, 사람의 모양을 본떠 기본자 '· (아래아), ㅡ, ㅣ'를 만듦.

· : 하늘의 둥근 모양을 본뜸.
ㅡ : 땅의 평평한 모양을 본뜸.
ㅣ : 사람이 서 있는 모양을 본뜸.

❷ **합성**(합하다 合合, 이루다 成成: 합하여 하나를 이룸.)**의 원리:** 기본자를 합하여 글자를 만듦.

기본자	초출자(처음 初初, 나다 出出, 글자 字字: 처음 나온 글자)	재출자(거듭 再再, 나다 出出, 글자 字字: 다시 나온 글자)
· ㅡ ㅣ	→ 'ㅡ'와 'ㅣ'에 '·'를 한 번 합하여 만듦. ㅡ + · 〈 ㅗ 　　　　 ㅜ ㅣ + · 〈 ㅏ 　　　　 ㅓ	→ 초출자에 '·'를 한 번 더 합하여 만듦. ㅗ + · → ㅛ ㅜ + · → ㅠ ㅏ + · → ㅑ ㅓ + · → ㅕ

예시로 정리

·
상형의 원리로 만든 기본자

ㅏ
'ㅣ'에 '·'를 합하여 만든 초출자

ㅑ
'ㅏ'에 '·'를 합하여 만든 재출자

궁금해요

Q 'ㆆ(여린히읗)', 'ㆁ(옛이응)', 'ㅿ(반치음)', '·(아래아)'는 처음 보는 글자인데 이것도 한글인가요?

A 한글 창제 당시에는 17자의 자음 글자(기본자 5자, 가획자 9자, 이체자 3자)와 11자의 모음 글자(기본자 3자, 초출자 4자, 재출자 4자), 총 28글자가 만들어졌습니다. 이 중 'ㆆ(여린히읗)', 'ㆁ(옛이응)', 'ㅿ(반치음)', '·(아래아)'는 사라지고 오늘날 국어에는 24글자만 남았습니다.

◀● 정답과 해설 36쪽

개념 확인

1 다음 설명이 맞으면 ○, 틀리면 ✕ 표시를 하시오.

(1) 모음 글자의 기본자를 만든 원리는 상형의 원리이다. ⋯⋯⋯⋯⋯⋯⋯⋯ (　　)

(2) 기본자 'ㅡ'와 'ㅣ'에 '·'를 합하여 재출자를 만들었다. ⋯⋯⋯⋯⋯⋯⋯ (　　)

개념 적용

2 다음 괄호 안에 알맞은 말을 고르시오.

(1) 모음 글자의 기본자 중 'ㅡ'는 { 하늘 / 땅 / 사람 }의 모양을 본떠 만들었다.

(2) 'ㅜ'에 '·'를 합하여 재출자 { ㅛ / ㅠ }를 만들었다.

3 〈보기〉의 모음 글자를 창제한 원리를 쓰시오.

┌─── 보기 ───┐
ㅗ, ㅜ, ㅏ, ㅓ, ㅛ, ㅠ, ㅑ, ㅕ
└─────────┘

한눈에 보는 개념

■ 자음 글자의 창제 원리

	상형의 원리	**기본자**	가획의 원리	**가획자**	**이체자**
혀뿌리가 목구멍을 막는 모양	→	ㄱ	→	ㅋ	
혀끝이 윗잇몸에 닿는 모양	→	❶ ☐	→	ㄷ → ㅌ	
❷ ☐ 의 모양	→	ㅁ	→	ㅂ → ㅍ	ㆁ
이의 모양	→	ㅅ	→	❸ ☐ → ㅊ	ㄹ
❹ ☐☐☐ 의 둥글게 생긴 모양	→	ㅇ	→	ㆆ → ㅎ	ㅿ

■ 모음 글자의 창제 원리

	상형의 원리	**기본자**	합성의 원리	**초출자**	합성의 원리	❺ ☐☐☐
❻ ☐☐ 의 둥근 모양	→	·		ㅗ	→	ㅛ
땅의 평평한 모양	→	❼ ☐	→	ㅜ		ㅠ
				ㅏ		ㅑ
❽ ☐☐ 이/가 서 있는 모양	→	ㅣ		ㅓ		ㅕ

- **자음 글자의 운용 방법인 '병서':** 한글 창제 당시 만든 자음 글자는 기본자 5자, 가획자 9자, 이체자 3자로 총 17자임. 이 글자들을 활용하여 병서의 방법으로 'ㄲ, ㄸ, ㅃ, ㅆ, ㅉ'과 같은 글자를 만들어 씀.
  - 예 ㄱ, ㄴ, ㅁ, ㅅ, ㅇ: ❶ (　　　)의 원리로 창제함.
  - ㅋ, ㄷ, ㅌ, ㅂ, ㅍ, ㅈ, ㅊ, ㆆ, ㅎ: ❷ (　　　)의 원리로 창제함.
  - ㄲ, ㄸ, ㅃ, ㅆ, ㅉ: ❸ (　　　)의 방법으로 만듦.

118 · 중학 국어 첫 문법

내신 실전 문제

정답과 해설 36쪽

01 자음 글자를 창제한 원리에 대한 설명으로 적절한 것은?

① 상형의 원리로 3자를 만들었다.
② 합성의 원리로 9자를 만들었다.
③ 기본자에 획을 더하여 가획자를 만들었다.
④ 소리의 세기를 반영하여 기본자를 만들었다.
⑤ 기본자를 합하여 'ㅋ, ㅌ'과 같은 자음 글자를 만들었다.

서술형

02 〈보기〉의 빈칸에 들어갈 알맞은 말을 쓰시오.

> ──── 보기 ────
> 자음 글자의 기본자는 (　　　)의 모양을 본뜨는 상형의 원리에 따라 만들었다.

03 〈조건〉을 모두 만족하는 자음 글자가 쓰인 단어로 적절한 것은?

> ──── 조건 ────
> • 자음 글자의 기본자 중 하나이다.
> • 혀끝이 윗잇몸에 닿는 모양을 본뜬 글자이다.

① 다리　　② 과일　　③ 비밀
④ 사회　　⑤ 낙원

04 자음 글자의 창제 원리를 고려할 때 〈보기〉의 빈칸에 들어갈 자음 글자로 알맞은 것은?

> ──── 보기 ────
> ㅁ → ㅂ → (　　　)

① ㅊ　　② ㄹ　　③ ㅍ　　④ ㅎ　　⑤ ㅿ

고난도

05 제시된 자음 글자에 대한 설명으로 적절하지 <u>않은</u> 것은?

① ㅅ: 기본자에 해당한다.
② ㅈ: 가획자에 해당한다.
③ ㆆ: 'ㅎ'에 비해 소리가 세다.
④ ㄷ: 'ㅌ'에 비해 소리가 약하다.
⑤ ㅋ: 'ㄱ'에 가획을 하여 만들었다.

서술형

06 다음은 학생이 '이체자'에 대해 정리한 내용이다. 빈칸에 들어갈 알맞은 글자를 모두 쓰시오.

> **오늘 배운 내용: 이체자**
> 자음 글자 중 '(　　　)' 세 글자는 각각 'ㅇ, ㄴ, ㅅ'에 획을 더하여 만듦. 그러나 이 글자들은 소리가 세짐에 따라 획을 더한 것이 아님. 소리의 세기와 상관없이 획을 더하여 단지 그 모양을 달리했을 뿐이므로 '이체자'라고 함.

07 〈보기〉에 대한 설명으로 적절한 것은?

---------- 보기 ----------

ㄲ　ㄸ　ㅃ　ㅆ　ㅉ

----

① 발음하는 모양을 본떠 만들었다.
② 자음 글자를 합하는 합성의 원리로 만들었다.
③ 자음 글자를 가로로 나란히 붙여 쓴 글자이다.
④ 한글 창제 당시 만든 자음 글자 17자에 포함된다.
⑤ 자음을 여러 개 나열하여 소리의 세기를 나타낸다.

[08~09] 다음을 읽고 물음에 답하시오.

> ㉠모음 글자는 하늘·땅·사람, 즉 천지인(天地人)을 본떠서 기본자를 만들었다. '(　ⓐ　)'은/는 세상에 처음 존재한 하늘을 본뜨고, '(　ⓑ　)'은/는 평평한 땅을 본뜨고, '(　ⓒ　)'은/는 하늘과 땅 다음에 생겨난 사람을 본떴다.

08 ㉠과 관련 있는 모음 글자의 창제 원리로 적절한 것은?

① 상형　　　② 가획　　　③ 합성
④ 병서　　　⑤ 이체

09 ⓐ~ⓒ에 들어갈 모음 글자를 바르게 짝 지은 것은?

	ⓐ	ⓑ	ⓒ
①	·	ㅡ	ㅣ
②	ㅣ	·	ㅡ
③	ㅡ	ㅣ	·
④	ㅜ	ㅏ	ㅗ
⑤	ㅏ	ㅗ	ㅜ

[10~11] 다음을 읽고 물음에 답하시오.

> 모음 글자는 기본자를 합하여 기본자 외의 글자를 만들었다. 초출자 4자는 'ㅡ'와 'ㅣ'에 '·'를 한 번 합하여 만들고, 재출자 4자는 초출자에 '·'를 한 번 더 합하여 만들었다.

서술형

10 윗글과 관련 있는 모음 글자의 창제 원리를 쓰시오.

---

11 윗글을 참고하여 〈보기〉의 ⓐ~ⓓ를 초출자와 재출자로 바르게 나눈 것은?

---------- 보기 ----------

ⓐ ㅣ + · → ㅏ
ⓑ ㅗ + · → ㅛ
ⓒ ㅡ + · → ㅜ
ⓓ ㅓ + · → ㅕ

	초출자	재출자
①	ⓐ, ⓑ	ⓒ, ⓓ
②	ⓐ, ⓒ	ⓑ, ⓓ
③	ⓐ, ⓓ	ⓑ, ⓒ
④	ⓑ, ⓒ	ⓐ, ⓓ
⑤	ⓒ, ⓓ	ⓐ, ⓑ

12 단어에 쓰인 모음 글자가 모두 초출자인 것은?

① 청소   ② 절약   ③ 걸음
④ 유적   ⑤ 시험

15 글자를 창제한 원리가 나머지와 <u>다른</u> 것은?

① ㄱ   ② ㅇ   ③ ㅎ
④ ㅡ   ⑤ ·

13 〈보기〉의 모음 글자를 창제한 원리에 대한 설명으로 적절한 것은?

━━━━● 보기 ●━━━━
| ㅗ   ㅑ |

① 모양을 본떠 만들었다.
② 발음하기 쉽게 만들었다.
③ 소리 나는 위치를 고려하여 만들었다.
④ 두 개 이상의 글자를 합하여 만들었다.
⑤ 소리가 세짐에 따라 획을 더하여 만들었다.

16 〈조건〉을 모두 만족하는 단어로 적절한 것은?

━━━━● 조건 ●━━━━
• 첫소리와 끝소리 자리에는 입의 모양을 본떠 만든 자음 글자가 있다.
• 가운뎃소리 자리에는 'ㅡ'에 '·'를 한 번 합하여 만든 모음 글자가 있다.

① 극   ② 맘   ③ 눈   ④ 몸   ⑤ 곡

고난도
14 제시된 글자를 창제한 원리가 적절한 것을 〈보기〉에서 모두 골라 묶은 것은?

━━━━● 보기 ●━━━━
ⓐ ㅌ: 가획의 원리에 따라 만들었다.
ⓑ ㅃ: 상형의 원리에 따라 만들었다.
ⓒ ㅣ: 사람이 서 있는 모양을 본떠 만들었다.
ⓓ ㅠ: 재출자 'ㅜ'에 기본자 '·'를 합하여 만들었다.

① ⓐ, ⓑ   ② ⓐ, ⓒ   ③ ⓑ, ⓒ
④ ⓑ, ⓓ   ⑤ ⓒ, ⓓ

17 〈보기〉의 빈칸에 들어갈 글자로 적절하지 <u>않은</u> 것은?

━━━━● 보기 ●━━━━
선생님: 한글 창제 당시에는 17자의 자음 글자와 11자의 모음 글자가 만들어졌습니다. 이 중 '(   )'은/는 사라져 지금은 국어에서 쓰이지 않습니다.

① ㆁ   ② ㆆ   ③ ㅿ   ④ ·   ⑤ ㅕ

실력 완성 문제

01 〈보기〉의 ⊙~@에 들어갈 언어의 본질을 바르게 짝 지은 것은?

──● 보기 ●──

• 인간은 이미 알고 있는 언어를 바탕으로 새로운 단어를 만들 수 있다. 이를 언어의 (⊙)이라고 한다.
• 언어는 시간이 흐르면서 쓰이던 말이 사라지기도 하고, 없던 말이 생기기도 한다. 이를 언어의 (ⓒ)이라고 한다.
• 언어의 의미와 말소리는 필연적으로 결합한 것이 아니라 우연히 그렇게 맺어진 것이다. 이를 언어의 (ⓒ)이라고 한다.
• 언어는 그 언어를 사용하는 사람들 사이의 사회적 약속이므로 개인이 마음대로 바꿀 수 없다. 이를 언어의 (@)이라고 한다.

	⊙	ⓒ	ⓒ	@
①	자의성	사회성	역사성	창조성
②	자의성	역사성	창조성	사회성
③	창조성	역사성	자의성	사회성
④	역사성	창조성	사회성	자의성
⑤	사회성	자의성	창조성	역사성

02 언어의 자의성을 보여 주는 예로 적절한 것은?

① 조선 시대 사람들은 '블로그', '댓글'이라는 말을 사용하지 않았다.
② '지우개'를 사면서 "하늘 주세요."라고 말하면 상대방이 말을 이해하지 못한다.
③ '국'이라는 단어를 바탕으로 '미역국', '된장국'과 같은 새로운 단어를 만들 수 있다.
④ 예전에는 '용'을 이르는 '미르'라는 말이 있었지만 요즘은 '미르'라는 말을 사용하지 않는다.
⑤ '낮에 활동하는 나비목의 곤충'이라는 의미를 한국어에서는 '나비[나비]'라는 말소리로 나타내고, 영어에서는 'butterfly[버터플라이]'라는 말소리로 나타낸다.

03 ⊙과 관련 있는 언어의 본질로 적절한 것은?

닉은 손을 번쩍 들고 선생님이 이름을 부르기도 전에 질문을 던졌다.
"맞아요. 그런데 왜 이런 낱말은 이런 뜻이고 저런 낱말은 저런 뜻인지는 아직도 모르겠어요. 예를 들어 '개'라는 말이 꼬리를 흔들며 왈왈 짖는 동물을 뜻한다고 누가 정했나요? 누가 그런 거죠?"
선생님이 닉이 던진 미끼를 물었다.
⊙"누가 개를 개라고 했냐고? 네가 그런 거야, 니콜라스. 너와 나와 이 반에 있는 아이들과 이 학교와 이 마을과 이 주와 이 나라의 모든 사람들이. 우리 모두 그렇게 하자고 약속한 거야."

── 앤드루 클레먼츠, 「프린들 주세요」

① 언어의 자의성　　② 언어의 사회성
③ 언어의 역사성　　④ 언어의 창조성
⑤ 언어의 규칙성

서술형
04 〈보기〉와 관련 있는 언어의 본질을 쓰시오.

──● 보기 ●──

우리나라 말이 중국과 달라 한자와 서로 통하지 아니하여서, 이런 까닭으로 **어린** 백성이 말하고자 하는 바가 있어도 끝내 제 뜻을 펴지 못하는 사람이 많다. 내가 이것을 **어여삐** 생각하여 새로 스물여덟 글자를 만드니, 모든 사람으로 하여금 쉽게 익혀서 날마다 쓰는 데 편하게 하고자 할 따름이다.

── 「세종어제훈민정음」

진수: 이게 무슨 말이야? 아이들만 자신의 뜻을 표현하지 못했어? 그런 백성을 예쁘게 생각했다고?
희정: 현재는 의미가 달라진 말이 있어서 그래. 예전에 '어리다'는 '어리석다.'라는 의미였어. '어여쁘다'는 '가련하다. 불쌍하다.'라는 의미였지. 언어는 시간의 흐름에 따라 끊임없이 변하는 특성이 있거든.

서술형
05 〈보기〉와 관련 있는 언어의 특성을 정리한 것이다. 빈칸에 들어갈 알맞은 내용을 쓰시오.

보기

• 비가 온다.
• 동생이 온다.
• 학교에 비가 온다.
• 동생이 학교에서 온다.

인간은 이미 알고 있는 언어를 바탕으로 새로운 단어를 만들 수도 있고, (   )

[07~08] 다음을 보고 물음에 답하시오.

서희: 윤지야, 우리 집에 웬일이야? 어떻게 왔어?
윤지: 나? 걸어왔는데?
서희: 아니, 무슨 일로 왔냐고.
윤지: 서희야, 너에게 빌린 책을 오늘 지하철에 두고 내렸어.
서희: 잃어버린 거야? 잘했다, 잘했어.
윤지: 걱정했는데 네가 칭찬해 주니 기분이 좋네.
서희: 뭐라고?

07 위 담화에 대한 설명으로 적절하지 <u>않은</u> 것은?

① 말하는 이와 듣는 이는 서희와 윤지이다.
② 윤지가 서희 집에 찾아와 책을 잃어버렸다고 말하는 상황이다.
③ 윤지는 서희가 한 말의 의미를 명확하게 파악하지 못하고 있다.
④ 서희의 말 "잘했다, 잘했어."에는 윤지를 나무라려는 의도가 담겨 있다.
⑤ 서희의 말 "어떻게 왔어?"는 윤지가 어떤 방법으로 집에 왔는지를 묻는 것이다.

06 〈보기〉에서 ㉠과 ㉡의 의미로 적절하지 <u>않은</u> 것은?

보기

㉠ (버스 정류장의 표지판) 양심을 지켜 주세요.
㉡ (공원 잔디밭의 표지판) 양심을 지켜 주세요.

① ㉠: 차례를 지켜 주세요.
② ㉠: 자리를 양보해 주세요.
③ ㉠: 부정 승차를 하지 마세요.
④ ㉡: 잔디를 밟지 마세요.
⑤ ㉡: 쓰레기를 버리지 마세요.

고난도
08 위 담화에 대한 반응으로 적절한 것은?

① 장소에 따라 말의 의미가 달라질 수 있구나.
② 말을 이해할 때는 역사적 상황을 고려해야겠어.
③ 말하는 이와 듣는 이가 같다면 말의 의미는 항상 같구나.
④ 말의 의도를 파악하지 못한 채 대화하면 상대방과 갈등이 생길 수 있겠어.
⑤ 다른 사람의 말을 정확하게 이해하려면 담화가 이루어지는 시간을 고려해야 해.

09 다음 빈칸에 들어갈 알맞은 말을 쓰시오.

 피터
오늘 목욕탕에 갔는데 한 아저씨가 탕에 앉아 "아, 시원하다."라고 하는 거야. 그래서 차가운 물인 줄 알고 들어갔는데 엄청 뜨거운 물이었어. 뜨거운 탕에 앉아 왜 시원하다고 하는 거야?

그건 물의 온도가 시원하다는 것이 아니야. 뜨거운 탕에 들어가면 피로가 풀리면서 개운하고 가뿐해지는 느낌이 들거든. 우리나라에서는 그런 느낌을 "시원하다."라고 표현하는 언어 습관이 있어. 이런 (   ) 맥락을 알면 이해하는 데 도움이 될 거야. 영주

☺ [   ] [보내기]

10 윗글에서 알 수 있는 자음 글자의 특성이 <u>아닌</u> 것은?

① 'ㅅ'은 이의 모양을 본떠 만들었다.
② 'ㅊ'은 기본자 'ㅅ'보다 소리가 세다.
③ 'ㅎ'은 'ㅍ'보다 더욱 센 소리가 난다.
④ 'ㅎ'은 기본자 'ㅇ'에 획을 더하여 만들었다.
⑤ 'ㅂ'은 입의 모양을 본떠 만든 기본자에 획을 더하여 만들었다.

11 윗글을 참고할 때 〈보기〉의 빈칸에 들어갈 단어로 적절한 것은?

▶ 보기 ◀

혀뿌리가 목구멍을 막는 모양을 본뜬 기본자에 획을 하나 더한 자음 글자가 쓰였는가?
↓예
혀끝이 윗잇몸에 닿는 모양을 본뜬 기본자에 획을 하나 더한 자음 글자가 쓰였는가?
↓예
(   )

① 카드　　　　② 코트　　　　③ 고독
④ 마차　　　　⑤ 하루

[10~13] 다음을 읽고 물음에 답하시오.

　　자음 글자의 기본자를 만든 원리는 (　ⓐ　)의 원리이다. 즉 발음 기관의 모양을 본떠 'ㄱ, ㄴ, ㅁ, ㅅ, ㅇ'을 만들었다. 'ㄱ'은 혀뿌리가 목구멍을 막는 모양, 'ㄴ'은 혀끝이 윗잇몸에 닿는 모양, 'ㅁ'은 입의 모양, 'ㅅ'은 이의 모양, 'ㅇ'은 목구멍의 둥글게 생긴 모양을 본떠 만들었다.
　　자음 글자를 만든 두 번째 원리는 ⓑ가획의 원리이다. 즉 기본자에 획을 더하여 새로운 글자를 만들었다. 여기서 획을 더한다는 것은 소리가 세진다는 것을 의미한다. 'ㄱ'에 획을 하나 더하여 'ㅋ'을 만들고, 'ㄴ'에 획을 하나 더하여 'ㄷ'을, 여기에 다시 획을 더하여 'ㅌ'을 만들었다. 같은 방법으로 'ㅁ'에서 'ㅂ, ㅍ'을, 'ㅅ'에서 'ㅈ, ㅊ'을, 'ㅇ'에서 'ㆆ, ㅎ'을 만들었다.

12 ⓐ에 들어갈 창제 원리에 대한 설명으로 적절한 것은?

① 소리의 세기를 반영한다.
② 기본자와 모양을 다르게 만드는 것이다.
③ 모음 글자의 기본자를 만든 원리와 같다.
④ 글자를 합하여 다른 글자를 만드는 것이다.
⑤ 같은 글자를 가로로 나란히 붙여 쓰는 것이다.

서술형

13 다음은 ⓑ가 적용된 휴대 전화의 자판이다. 이 자판으로 '피자'를 입력하는 방법을 〈보기〉와 같이 쓰시오.

1 ㄱ	2 ㄴ	3 ㅐ
4 ㄹ	5 ㅁ	6 ㅗㅜ
7 ㅅ	8 ㅇ	9 ㅣ
획 추가	0 ㅡ	쌍자음

→ 보기 ←
고추: ㄱ+ㅗ+ㅅ(획 추가 2회)+ㅜ

피자: _____

14 〈보기〉에 해당하는 글자로 적절한 것은?

→ 보기 ←
이 글자들은 획을 더하여 만들었지만, 더해진 획이 소리가 세짐을 나타내지 않는 예외적인 글자이다. 소리의 세기와 상관없이 획을 더하여 단지 모양을 달리한 글자이므로 '이체자'라고 한다.

① ㆆ   ② ㄱ   ③ ㅌ   ④ ㄹ   ⑤ ㅈ

15 윗글을 참고할 때 〈보기〉와 같이 모음 글자를 나눈 기준으로 적절한 것은?

→ 보기 ←
ㆍ, ㅡ, ㅣ   ㅗ, ㅜ, ㅏ, ㅓ, ㅛ, ㅠ, ㅑ, ㅕ

① 본뜬 모양에 따라
② 창제 원리에 따라
③ 발음의 난이도에 따라
④ 소리 나는 위치에 따라
⑤ 획을 더한 횟수에 따라

16 윗글을 참고할 때 〈보기〉에서 설명하는 모음 글자가 쓰인 단어로 적절한 것은?

→ 보기 ←
'ㅜ'에 'ㆍ'를 합하여 만든 모음 글자

① 위로   ② 휴가   ③ 요리
④ 야식   ⑤ 스물

[15~17] 다음을 읽고 물음에 답하시오.

　모음 글자의 기본자를 만든 원리는 (ⓐ)의 원리이다. 천지인(天地人), 즉 하늘, 땅, 사람의 모양을 본떠 'ㆍ, ㅡ, ㅣ'를 만들었다. 'ㆍ'는 하늘의 둥근 모양, 'ㅡ'는 땅의 평평한 모양, 'ㅣ'는 사람이 서 있는 모양을 본떠 만들었다.
　모음 글자를 만든 두 번째 원리는 (ⓑ)의 원리이다. 기본자를 합하여 새로운 글자를 만들었는데, 'ㅡ'와 'ㅣ'에 '(ⓒ)'을/를 한 번 합하여 'ㅗ, ㅜ, ㅏ, ㅓ'를 만들고 이를 '(ⓓ)'라고 하였다. 여기에 'ㆍ'를 한 번 더 합하여 'ㅛ, ㅠ, ㅑ, ㅕ'를 만들고 이를 '(ⓔ)'라고 하였다.

17 ⓐ~ⓔ에 들어갈 말로 적절하지 <u>않은</u> 것은?

① ⓐ: 병서   ② ⓑ: 합성
③ ⓒ: ㆍ   ④ ⓓ: 초출자
⑤ ⓔ: 재출자

쪽지 시험

● 정답과 해설 39쪽

01~03 다음 설명이 맞으면 ○, 틀리면 × 표시를 하시오.

01 홀로 쓰일 수 있어야 단어가 된다. ·· (   )

02 품사는 단어를 형태, 기능, 의미에 따라 나누어 공통된 성질끼리 묶은 갈래이다. ········· (   )

03 불변어는 형태가 변하지 않는 단어이고, 가변어는 형태가 변하는 단어이다. ·············· (   )

04~05 다음 빈칸에 들어갈 알맞은 말을 〈보기〉에서 모두 골라 쓰시오.

┌─────────────── 보기 ───────────────┐
            명사   대명사   수사
└────────────────────────────────────┘

04 '그 집 <u>첫째</u>는 성실하다.'에서 '첫째'의 품사는 (   )이다.

05 (   )는 다른 말의 꾸밈을 받는 데 제약이 있다.

06~12 다음 단어의 공통된 품사를 바르게 연결하시오.

06 것, 뿐, 따름   •   • ㉠ 추상 명사

07 하나, 둘, 일, 이   •   • ㉡ 고유 명사

08 여러분, 우리, 그이   •   • ㉢ 의존 명사

09 꿈, 희망, 노력, 인내   •   • ㉣ 인칭 대명사

10 저기, 이것, 어디, 무엇   •   • ㉤ 지시 대명사

11 첫째, 둘째, 제일, 제이   •   • ㉥ 양수사

12 유관순, 설악산, 안중근   •   • ㉦ 서수사

01~04 다음 빈칸에 들어갈 알맞은 말을 쓰시오.

01 관형사는 '　　　　　'의 방식으로 다른 단어를 꾸며 준다.

02 부사는 관형사와 달리 　　　　과/와 결합하여 쓰이기도 한다.

03 관형사는 　　　을/를 꾸며 주고, 부사는 주로 　　　을/를 꾸며 준다.

04 　　　　은/는 문장에서 다른 말을 꾸며 주는 역할을 하는 단어로, 불변어에 해당한다.

05~07 〈보기〉와 같이 문장에서 수식언을 찾아 □로 표시하고, 그것이 꾸며 주는 부분을 표시하시오.

┌─ 보기 ┐

과자가 맛있어서 다섯 개나 더 먹었다.

05 결코 그것은 우연이 아니었다.

06 지각한 학생은 한 명도 없었다.

07 나는 저 가방이 마음에 쏙 들어.

08~12 다음 단어의 공통된 품사를 바르게 연결하시오.

08 새, 헌, 옛　　　・　　　　　　　　　・ ㉠ 성상 관형사

09 그리고, 그래서　・　　　　　　　　　・ ㉡ 지시 관형사

10 무슨, 이런, 그런　・　　　　　　　　・ ㉢ 성상 부사

11 과연, 설마, 부디　・　　　　　　　　・ ㉣ 양태 부사

12 아주, 정말, 많이　・　　　　　　　　・ ㉤ 접속 부사

01~04 다음 괄호 안에 알맞은 말을 고르시오.

01 문장에서 쓰일 때 형태가 변하는지에 따라 나누면 감탄사는 { 불변어 / 가변어 }에 해당한다.

02 독립언은 단독으로 문장을 이룰 수 { 있으며 / 없으며 }, 문장에서의 위치가 { 자유롭다 / 고정적이다 }.

03 '이다'를 제외한 조사는 문장에서 쓰일 때 형태가 { 변한다 / 변하지 않는다 }.

04 조사는 홀로 쓰일 수 { 있으며 / 없으며 }, 주로 { 체언 / 수식언 } 뒤에 붙어 쓰인다.

05~07 다음 빈칸에 들어갈 알맞은 말을 〈보기〉에서 골라 쓰시오.

┌─────── 보기 ───────┐
느낌　　　부름　　　격 조사　　　보조사　　　접속 조사
└──────────────────┘

05 '너와 나는 둘도 없는 단짝이다.'에서 '와'는 (　　　　　)이다.

06 '처음부터 끝까지 함께하자.'에서 '부터'와 '까지'는 (　　　　　)이다.

07 '아이코, 너무 늦었군요.'에서 아이코는 (　　　　　)을/를 나타내는 감탄사이다.

08~11 〈보기〉에 대한 설명이 맞으면 ○, 틀리면 ✕ 표시를 하시오.

┌─────── 보기 ───────┐
㉠ 고양이가 개를 물었다.　　　　　　　㉡ 개도 고양이를 물었니?
㉢ 아니, 고양이만 개를 물었어.　　　　㉣ 영호야, 그 개는 내 것이야!
└──────────────────┘

08 ㉠의 '가'와 '를'은 앞말이 문장에서 일정한 자격을 가지도록 한다. ·············· (　　　)

09 ㉡의 '도'와 ㉢의 '만'은 앞말에 특별한 뜻을 더해 준다. ···················· (　　　)

10 ㉢의 '아니'와 ㉣의 '영호야'는 독립언에 해당한다. ····················· (　　　)

11 ㉣의 '는'과 '이야'는 두 단어를 같은 자격으로 이어 준다. ·············· (　　　)

01~03 다음 설명이 동사와 관련 있으면 '동', 형용사와 관련 있으면 '형'이라고 쓰시오.

01 사람이나 사물의 성질이나 상태를 나타내는 단어이다. ·····················(　　　)

02 명령의 뜻을 나타내는 '-아라/-어라'와 결합할 수 있다. ·····················(　　　)

03 사건이나 행위가 현재 일어남을 나타내는 '-는-/-ㄴ-'과 결합할 수 없다. ···········(　　　)

04~06 다음 빈칸에 들어갈 알맞은 말을 쓰시오.

04 문장에서 주체의 움직임, 작용, 성질, 상태 등을 ⬚⬚ 하는 역할을 하는 단어를 용언이라고 한다.

05 용언은 문장에서의 쓰임에 따라 형태가 변하는데, 이를 ⬚⬚(이)라고 한다.

06 용언의 형태가 변할 때 변하지 않는 부분을 ⬚⬚, 변하는 부분을 ⬚⬚(이)라고 한다.

07~11 〈보기〉와 같이 문장에서 용언을 찾아 밑줄을 긋고, 그 품사를 쓰시오.

┌─── 보기 ───┐

시은이는 옛 친구를 <u>찾아서</u> 매우 <u>기뻤다</u>.
　　　　　　　　동사　　　　형용사

07 동그란 눈에 까맣고 작은 코.

08 봄이 오면 산에 들에 진달래 피네.

09 깊은 산속 옹달샘 누가 와서 먹나요?

10 후후 불면 구멍이 뚫리는 커다란 솜사탕.

11 자리에서 일어나서 제일 먼저 이를 닦자.

●● 정답과 해설 39쪽

01~02 다음 괄호 안에 알맞은 말을 모두 고르시오.

01 문장에서 쓰일 때 형태가 변하지 않는 품사는 { 명사 / 대명사 / 수사 / 관형사 / 부사 / 감탄사 / 동사 / 형용사 }이다.

02 체언에 해당하는 품사는 { 명사 / 대명사 / 수사 / 관형사 / 부사 / 감탄사 / 조사 / 동사 / 형용사 }이다.

03~04 제시된 기준에 해당하는 단어를 〈보기〉에서 모두 찾아 쓰시오.

┌─── 보기 ───┐
내가 당신을 사랑하는 것은 까닭이 없는 것이 아닙니다.

03 형태가 변하는 단어

04 문장에서 단어들의 문법적 관계를 나타내는 역할을 하는 단어

05~13 다음 밑줄 친 단어의 의미에 따른 분류와 기능에 따른 분류를 바르게 연결하시오.

05 <u>앗</u>, 깜짝이야!　　　•　　　•　㉠ 명사　•

06 그 <u>소식</u> 들었니?　　•　　　•　㉡ 대명사　•

07 <u>넷</u>은 너무 많아요.　　•　　　•　㉢ 수사　•　　　•　ⓐ 체언

08 <u>반드시</u> 이겨야지!　　•　　　•　㉣ 관형사　•　　　•　ⓑ 수식언

09 날씨가 활짝 <u>갰어</u>.　　•　　　•　㉤ 부사　•　　　•　ⓒ 독립언

10 그의 미소가 <u>환해</u>.　　•　　　•　㉥ 감탄사　•　　　•　ⓓ 관계언

11 나는 <u>누구</u>일까요?　　•　　　•　㉦ 조사　•　　　•　ⓔ 용언

12 솜씨가 제법<u>이구나</u>.　　•　　　•　㉧ 동사　•

13 <u>두</u> 개의 태양은 없다.　•　　　•　㉨ 형용사　•

01~04 다음 설명이 맞으면 ○, 틀리면 ✕ 표시를 하시오.

01 고유어는 우리 민족의 문화와 정서를 표현하기에 적합하다. ·························· (　　　　)

02 고유어는 하나의 단어가 여러 의미로 쓰이는 경우가 거의 없다. ·················· (　　　　)

03 한자어는 고유어에 비해 의미를 압축적으로 표현한다. ·························· (　　　　)

04 외래어는 다른 나라에서 들어온 말이지만 우리말처럼 쓰인다. ·················· (　　　　)

05~07 다음 밑줄 친 고유어와 바꾸어 쓸 수 있는 한자어를 바르게 연결하시오.

05 그림을 보고 난 <u>느낌</u>이 어때?   •　　　　　　　　　　　　　• ㉠ 기운(氣運)

06 이제는 따스한 봄 <u>느낌</u>이 완연하다.   •　　　　　　　　　　　　• ㉡ 예감(豫感)

07 제 <u>느낌</u>에 이번 일은 잘될 것 같아요.   •　　　　　　　　　　　• ㉢ 감상(感想)

08~11 다음 빈칸에 들어갈 알맞은 말을 〈보기〉에서 골라 쓰시오.

보기
지역 방언　　　사회 방언　　　세대　　　직업　　　성별

08 요즘 청소년은 '문화 상품권'을 '문상'이라고 하는데, 이는 (　　　　　)에 따른 사회 방언으로 볼 수 있다.

09 청과물 시장 상인들이 숫자 '일(1)', '이(2)', '삼(3)' 대신 쓰는 '먹주', '대', '삼패'는 (　　　　　)에 따른 사회 방언으로 볼 수 있다.

10 "숏 들어가겠습니다. 클로즈업입니다."에 사용된 '숏', '클로즈업'과 같은 (　　　　　)은/는 집단 안에서 의사소통의 효율성을 높인다.

11 제주도에서 사용하는 "낭중에 또 옵서양.", 충청도에서 사용하는 "야중에 또 와유."는 지역의 정서와 문화를 담고 있는 (　　　　　)이다.

●● 정답과 해설 40쪽

01~04 다음 빈칸에 들어갈 알맞은 말을 〈보기〉에서 골라 쓰시오.

─ 보기 ─

　　주어　　　　서술어　　　　목적어　　　　보어　　　　주성분

01 (　　　　　)은/는 문장에서 '누가/무엇이'에 해당한다.

02 (　　　　　)은/는 문장에서 '어찌하다/어떠하다/무엇이다'에 해당한다.

03 주어와 (　　　　　)은/는 모든 문장에서 반드시 필요한 성분이다.

04 (　　　　　)과/와 (　　　　　)은/는 서술어의 성격에 따라 필요한 성분이다.

05~08 다음 문장에서, 제시된 문장 성분을 찾아 쓰시오.

05 나의 꿈은 시인이다. → 서술어: (　　　　　)

06 소희는 사과만 좋아한다. → 목적어: (　　　　　)

07 올챙이가 개구리가 되었다. → 보어: (　　　　　)

08 동생은 초등학생이 아니다. → 주어: (　　　　　)

09~11 〈보기〉의 단어만 사용하여 제시된 문장 성분으로 이루어진 문장을 만들어 쓰시오.

─ 보기 ─

　　영희　　　그녀　　　웃는다　　　아니다　　　보았다　　　을/를　　　이/가

09 주어 + 서술어: (　　　　　　　　　　　　　　　　　　　　　)

10 주어 + 목적어 + 서술어: (　　　　　　　　　　　　　　　　　　)

11 주어 + 보어 + 서술어: (　　　　　　　　　　　　　　　　　　)

● 정답과 해설 40쪽

01~05 다음 괄호 안에 알맞은 말을 고르시오.

01 문장에서 체언을 꾸며 주는 문장 성분은 { 관형어 / 부사어 }이다.

02 문장에서 '어떻게, 언제, 어디에서' 등에 해당하는 문장 성분은 { 관형어 / 부사어 }이다.

03 { 관형어 / 부사어 }는 반드시 체언 앞에 놓이며, 체언 없이 단독으로 쓸 수 없다.

04 { 관형어 / 부사어 }는 다른 부사어나 문장 전체를 꾸며 주기도 한다.

05 독립어는 다른 성분과 직접적인 관계가 { 있으며 / 없으며 }, 생략이 { 가능하다 / 불가능하다 }.

06~08 다음 밑줄 친 문장 성분의 종류와 그 형태를 바르게 연결하시오.

06 <u>은재야</u>, 책을 읽으렴.   •

07 그의 얼굴이 <u>빨갛게</u> 변했다. •

08 <u>작은</u> 것이 더 아름답습니다. •

• ㉠ 관형어 •

• ㉡ 부사어 •

• ㉢ 독립어 •

    • ⓐ 체언＋조사

    • ⓑ 용언의 어간＋어미

09~11 다음 문장에서, 제시된 문장 성분이 쓰인 개수를 쓰시오.

09 저 개는 늑대와 다르다. → 부속 성분의 개수: (   )개

10 힘든 시간은 매우 느리게 흐른다. → 부속 성분의 개수: (   )개

11 어머나, 얘, 이게 얼마만이니? → 독립 성분의 개수: (   )개

01~04 다음 설명이 맞으면 ○, 틀리면 X 표시를 하시오.

01 이어진문장은 주어와 서술어의 관계가 한 번만 나타나는 문장이다. ·········· (　)

02 대등하게 이어진문장과 종속적으로 이어진문장은 모두 겹문장이다. ·········· (　)

03 안은문장은 주어와 서술어의 관계가 두 번 이상 나타나는 문장이다. ·········· (　)

04 안긴문장은 주어와 서술어의 관계가 나타나지 않는 문장이다. ·········· (　)

05~07 다음 빈칸에 들어갈 알맞은 말을 〈보기〉에서 골라 쓰시오.

┌───── 보기 ─────┐
홑문장　　　이어진문장　　　안은문장　　　안긴문장
└──────────────┘

05 '까마귀가 날면 배가 떨어진다.'는 (　 　)에 해당한다.

06 '봉선화가 핀 마당이 아름답다.'는 (　 　)에 해당한다.

07 '할머니의 고향은 여기가 아니다.'는 (　 　)에 해당한다.

08~11 다음 문장의 종류를 바르게 연결하시오.

08 봄이 왔으니 꽃이 피겠다. ・ 　 　 ・ ㉠ 대등하게 이어진문장

09 재석이가 아무도 모르게 사라졌다. ・ 　 　 ・ ㉡ 종속적으로 이어진문장

10 유림이는 책을 읽거나 공부를 한다. ・ 　 　 ・ ㉢ 부사절을 가진 안은문장

11 아버지께서 밖에 누가 왔냐고 물으셨다. ・ 　 　 ・ ㉣ 인용절을 가진 안은문장

●● 정답과 해설 40쪽

01~03 다음 빈칸에 들어갈 알맞은 말을 쓰시오.

01 음운은 말의 ☐☐을/를 구별해 주는 소리의 가장 작은 단위이다.

02 음운의 종류에는, 발음할 때 공기의 흐름이 방해를 받지 않고 나는 소리인 ☐☐과/와 방해를 받으며 나는 소리인 ☐☐이/가 있다.

03 소리의 ☐☐은/는 말의 뜻을 구별해 준다는 점에서 음운의 역할을 한다.

04~06 〈보기〉의 밑줄 친 단어를 제시된 기준에 따라 나누어 쓰시오.

┌─── 보기 ───┐
엄마, 시장에서 뭐 사 오셨어요?   참외, 약과, 대용량 우유를 사 왔단다.
└────────┘

04 | 단모음만 쓰인 단어 |─| |

05 | 이중 모음만 쓰인 단어 |─| |

06 | 단모음과 이중 모음이 모두 쓰인 단어 |─| |

07~10 제시된 설명에 해당하는 모음이 쓰인 단어를 〈보기〉에서 골라 쓰시오.

┌─── 보기 ───┐
새해   소고기   너구리   휘파람
└────────┘

07 혀의 최고점의 위치를 앞쪽에 두고, 혀의 높이를 높이고, 입술을 둥글게 오므려 발음한다.
( )

08 혀의 최고점의 위치를 앞쪽에 두고, 혀의 높이를 낮추고, 입술을 둥글게 오므리지 않고 발음한다.
( )

09 혀의 최고점의 위치를 뒤쪽에 두고, 혀의 높이를 중간으로 하고, 입술을 둥글게 오므려 발음한다.
( )

10 혀의 최고점의 위치를 뒤쪽에 두고, 혀의 높이를 중간으로 하고, 입술을 둥글게 오므리지 않고 발음한다.
( )

01~03 다음 괄호 안에 알맞은 말을 고르시오.

01 자음은 { 소리 나는 위치 / 소리 내는 방법 / 소리의 세기 }에 따라 입술소리, 잇몸소리, 센입천장소리, 여린입천장소리, 목청소리로 나뉜다.

02 자음은 { 소리 나는 위치 / 소리 내는 방법 / 소리의 세기 }에 따라 파열음, 마찰음, 파찰음, 비음, 유음으로 나뉜다.

03 파열음, 마찰음, 파찰음은 { 소리 나는 위치 / 소리 내는 방법 / 소리의 세기 }에 따라 예사소리, 된소리, 거센소리로 나뉜다.

04~07 제시된 단어에 쓰인 자음의 종류를 〈보기〉에서 모두 골라 쓰시오.

보기
입술소리　센입천장소리　목청소리　파열음　마찰음　파찰음　비음　예사소리　거센소리

04 무: (　　　　　　　　　　　　　　)

05 초: (　　　　　　　　　　　　　　)

06 벼: (　　　　　　　　　　　　　　)

07 효: (　　　　　　　　　　　　　　)

08~10 다음 분류에 해당하는 자음이 쓰인 단어를 바르게 연결하시오.

08 잇몸소리, 마찰음, 된소리　　•　　　　　　　　•　ⓐ 땅콩

09 센입천장소리, 파찰음, 예사소리　　•　　　　　•　ⓑ 새싹

10 여린입천장소리, 파열음, 거센소리　　•　　　　•　ⓒ 진주

◐ 정답과 해설 41쪽

01~05 다음 설명이 맞으면 ○, 틀리면 X 표시를 하시오.

01 '부딪쳐'의 '쳐'는 [처]로 발음한다. ·· (　　　　)

02 '기계'는 [기계]로만 발음한다. ··· (　　　　)

03 '낚시'와 '낚으니'의 받침 'ㄲ'은 모두 [ㄱ]으로 발음한다. ·········· (　　　　)

04 '넓다'와 '넓둥글다'의 받침 'ㄼ'은 서로 다르게 발음한다. ·········· (　　　　)

05 '닿소'에서 'ㅅ'은 [ㅆ]으로 발음한다. ·· (　　　　)

06~09 다음 괄호 안에 알맞은 발음을 고르시오.

06 '그것은 예의에 어긋나는 행동이다.'에서 '예'는 [예 / 에]로 발음한다.

07 '가로수가 띄엄띄엄 서 있다.'에서 '띄'는 [띄 / 띠]로 발음한다.

08 '오월 하늘은 맑고 푸르다.'에서 '맑고'는 [말꼬 / 막꼬]로 발음한다.

09 '저 빵은 내 몫이다.'에서 '몫이다'는 [모기다 / 목씨다]로 발음한다.

10~12 다음 밑줄 친 부분의 받침 발음이 같은 것끼리 바르게 연결하시오.

10 두 시 정각에 만나.　　•

11 멋 부린 태가 난다.　　•

12 우리 같이 눈길을 밟자.　　•

　　•　ⓐ 이 집이 값도 싸고 맛도 괜찮아.

　　•　ⓑ 책을 읽어 마음의 양식을 쌓는다.

　　•　ⓒ 소나기가 멎자 무지개가 생겨났다.

●■ 정답과 해설 41쪽

01~02 다음 괄호 안에 알맞은 표기를 고르시오.

01 헌것을 고쳐 새것으로 { 만듬 / 만듦 }.

02 벌써 가방이 꽉 찼는데 나머지 짐은 { 어떡해 / 어떻해 }?

03~08 다음 문장에서 잘못된 표기를 모두 찾아 밑줄 치고, 바르게 고쳐 쓰시오.

03 나는 아무거나 먹어도 되.

04 영희가 왜 아직도 않 오지?

05 아이고, 이게 왠 날벼락이야.

06 소화가 돼지 안아 속이 답답하다.

07 오늘은 웬지 머리가 아프고 피곤해.

08 우리는 음식을 남기지 안고 다 먹었다.

09~12 다음 괄호 안에 들어갈 표기를 바르게 연결하시오.

09 고양이가 새끼 3마리를 (　　　　)!　　　　　•　　　　　•　㉠ 낫다

10 차는 (　　　　) 나 있는 길을 빠른 속도로 달렸다.　•　　•　㉡ 낳다

11 지진이 일어난 뒤에는 (　　　　) 해일이 일어난다.　•　　•　㉢ 반드시

12 건강을 위해서는 기름지게 먹는 것보다 담담히 먹는 편이 (　　　　).　•　　•　㉣ 반듯이

01~04 다음 설명이 맞으면 ○, 틀리면 × 표시를 하시오.

01 언어의 자의성이란 언어의 의미와 말소리가 우연히 맺어진 것이라는 특성이다. ………… (　)

02 언어의 의미와 말소리의 관계는 필연적이지 않으므로 개인이 바꾸어도 된다. ………… (　)

03 언어는 시간의 흐름에 따라 소멸되거나, 새로 생성되거나, 변화되기도 한다. ………… (　)

04 언어의 창조성이란 인간이 이미 알고 있는 언어를 바탕으로 새로운 단어와 문장을 무한히 만들 수 있다는 특성이다. …………………………………………………………………………… (　)

05~11 제시된 예와 관련 있는 언어의 본질을 〈보기〉에서 골라 쓰시오.

┌─────────────── 보기 ───────────────┐
　㉠ 언어의 자의성　　㉡ 언어의 사회성　　㉢ 언어의 역사성　　㉣ 언어의 창조성
└──────────────────────────────────┘

05 예전에 '산', '강'을 이르던 '뫼', '가람'이라는 말이 지금은 사라졌다. (　)

06 '빵', '맛있다'라는 단어를 가지고 무수히 많은 문장을 만들 수 있다. (　)

07 '텔레비전'이라는 말은 과거에는 쓰지 않았으나 오늘날에는 널리 쓰인다. (　)

08 '오징어'라는 말은 '오적어 → 오즉어 → 오증어 → 오징어'로 변화하였다. (　)

09 한 사람이 '신발'을 '시계'로 바꾸어 불렀더니 다른 사람과 의사소통이 이루어지지 않았다. (　)

10 '사람이나 짐 따위를 싣고 물 위로 떠다니도록 만든 물건'이라는 의미의 '배[배]'와 '배나무의 열매'라는 의미의 '배[배]'는 의미가 서로 다르지만 말소리가 같다. (　)

11 '추위, 더위, 비바람 따위를 막고 살기 위하여 지은 건물'이라는 의미를 한국어에서는 '집[집]', 영어에서는 'house[하우스]', 중국어에서는 '家[지아]'라는 말소리로 서로 다르게 나타낸다. (　)

언어와 국어 02

●● 정답과 해설 41쪽

01~04 다음 빈칸에 들어갈 알맞은 말을 쓰시오.

01 담화는 ☐☐을/를 표현하는 문장들이 모여 이루어진 언어 단위이다.

02 담화의 구성 요소에는 말하는 이, 듣는 이, ☐☐, 맥락이 있다.

03 ☐☐☐☐에는 시간과 장소, 말하는 이와 듣는 이, 말하는 이의 의도와 목적 등이 있다.

04 사회·문화적 맥락은 역사적·사회적 상황, 공동체의 가치와 신념, 사고방식, 언어 습관 등 담화가 이루어지는 사회·문화적 ☐☐과/와 관련된 맥락이다.

05~07 다음 설명이 맞으면 ○, 틀리면 ✕ 표시를 하시오.

05 담화는 항상 같은 의미로 해석된다. ·······························(   )

06 맥락을 고려해야 담화의 의미를 정확하게 해석할 수 있다. ················(   )

07 사회·문화적 맥락은 상황 맥락과 달리 담화의 의미에 영향을 미친다. ··········(   )

08~10 〈보기〉의 의미를 제시된 맥락에 따라 바르게 연결하시오.

┌─────── 보기 ───────┐
5분 남았어요.
└─────────────────┘

08 시험 종료 직전 감독관이 학생들에게 ·
말하는 상황

· ㉠ 조금만 더 기다려 주세요.

09 등교 시간이 가까운 시각에 엄마가 딸 ·
에게 말하는 상황

· ㉡ 빨리 준비하고 학교에 가세요.

10 식당에서 종업원이 음식을 기다리는 ·
손님에게 말하는 상황

· ㉢ 답안지를 점검하고 마무리하세요.

●● 정답과 해설 41쪽

01~05 다음 빈칸에 알맞은 글자를 고르시오.

01 이의 모양을 본떠 만든 글자는 '{ ㄴ / ㅅ }'이다.

02 소리가 세짐에 따라 'ㅁ'에 획을 더하여 만든 글자는 '{ ㄷ / ㅂ }'이다.

03 하늘의 둥근 모양을 본떠 만든 글자는 '{ ㆍ / ㅇ }'이다.

04 'ㅣ'에 'ㆍ'를 한 번 합하여 만든 글자는 '{ ㅏ / ㅜ }'이다.

05 'ㅜ'에 'ㆍ'를 한 번 더 합하여 만든 글자는 '{ ㅛ / ㅠ }'이다.

06~09 다음 글자들의 공통된 창제 원리를 바르게 연결하시오.

06 ㄱ, ㄴ, ㅇ, ㅡ •

07 ㅋ, ㄷ, ㅂ, ㅈ •

08 ㅁ, ㅅ, ㆍ, ㅣ •

09 ㅛ, ㅠ, ㅑ, ㅕ •

· ⓐ 상형의 원리

· ⓑ 가획의 원리

· ⓒ 합성의 원리

10~11 제시된 설명에 해당하는 글자를 〈보기〉에서 모두 골라 쓰시오.

┌─ 보기 ─┐
ㆁ ㅗ ㄹ ㅿ ㅜ ㅓ

10 소리의 세기와 상관없이 획을 더하여 모양을 달리한 글자: (   )

11 'ㅡ'와 'ㅣ'에 'ㆍ'를 한 번 합하여 만든 글자: (   )

핵심 용어 찾아보기

사진 출처
• 33쪽 벼(한국문화여행음식지리산17벼, 한국교육방송공사, 공유마당, CC BY)
• 33쪽 쌀(한국문화여행음식청산도11쌀, 한국교육방송공사, 공유마당, CC BY)
• 33쪽 밥(한국기행골목음식25, 한국교육방송공사, 공유마당, CC BY)
• 34쪽 잠자리(EBS동물곤충0284, 한국교육방송공사, 공유마당, CC BY)
• 77쪽 저녁 밤(아이콘플랫의료01, 한국저작권위원회, 공유마당, CC BY)
• 77쪽 먹는 밤(전통아이콘040 7, 한국저작권위원회, 공유마당, CC BY)
• 110쪽 손(아이콘스케치핸드모션01, 한국저작권위원회, 공유마당, CC BY)
• 110쪽 나무(나무, 이윤진, 공유마당, CC BY)

 빠작으로 내신과 수능을 한발 앞서 준비하세요.

빠른시작
빠작

정답과 해설

+ 체크! 필수 문법 개념

중학 국어
첫 문법

동아출판

정답과 해설

+ 체크! 필수 문법 개념

Ⅰ 단어

01 품사의 개념

1 (1) O　(2) X　(3) O
2 (1) 신었다, 보았다
　 (2) 새, 옛
　 (3) 동생, 운동화, 상수, 사진

1 (2) 단어는 형태가 변하는지에 따라 불변어와 가변어로 나뉜다.
2 (1) '신다'가 '신었다, 신고, 신으니' 등으로 형태가 변하고, '보다'가 '보았다, 본다, 보면' 등으로 형태가 변한다.
　 (2) '새'는 '운동화'를 꾸며 주고, '옛'은 '사진'을 꾸며 준다.

02 명사

1 (1) 명사　(2) 보통　(3) 자립
2 (1) 주말, 약속　　(2) 한라산, 것
　 (3) 병아리, 알　　(4) 아이, 눈물, 평화
3 (1) X　(2) O　(3) O

3 (1) '울릉도'는 특정하거나 유일한 대상의 이름을 나타내는 고유 명사이다.

03 대명사

1 (1) 대명사　　　(2) 인칭　(3) 지시
2 (1) 바로와 유리　(2) 바로　(3) 유리　(4) 공원
3 (1) 저희, 그이, 여러분　　(2) 어디, 무엇

3 (2) '어디'는 장소의 이름을 대신하여 나타내고, '무엇'은 사물의 이름을 대신하여 나타낸다.

04 수사

1 (1) 수사　(2) 수량　(3) 서수사
2 (1) 셋, 둘 (2) 삼, 사 (3) 제이, 제삼
3 (1) 하나　(2) 첫째

2 (2) '셋째'는 '셋째 자식'을 뜻하는 명사이다.
　 (3) '제이', '제삼'은 수사 '이', '삼'에 '그 숫자에 해당되는 차례'의 뜻을 더하는 '제-'가 붙은 수사이다.

05 체언

1 (1) O　(2) X
2 (1) 3　(2) 주체, 대상
3 (1) ㉡　(2) ㉠　(3) ㉢

1 (2) 체언은 문장에서 쓰일 때 형태가 변하지 않는다.
2 (1) 〈보기〉에 쓰인 체언은 '둘, 영희, 그' 총 3개이다.
　 (2) 〈보기〉에 쓰인 체언 중 수사 '둘'은 움직임('가')의 주체가 되고, 명사 '영희'도 움직임('데려간대')의 주체가 된다. 대명사 '그'는 움직임('데려간대')의 대상이 된다.

06 관형사

1 (1) 관형사 (2) 수 관형사
2 (1) 이, 세　(2) 헌, 새　(3) 이런　(4) 온갖
3 (1) 옛　　(2) 어느　(3) 셋째

1 (2) 수사와 수 관형사는 모두 수량이나 순서를 나타내는 단어이다. 이 중 수사는 조사와 결합할 수 있고, 수 관형사는 조사와 결합할 수 없다.
2 (1) '이'는 '아이'를, '세'는 '살'을 꾸며 주는 관형사이다.
　 (2) '헌'과 '새'는 뒤에 오는 '집'을 꾸며 주는 관형사이다.
　 (3) '이런'은 '연필'을 꾸며 주는 관형사이다. '하나'는 수사이다.
　 (4) '온갖'은 '종류'를 꾸며 주는 관형사이다. '그'는 대명사이다.

07 부사

1 (1) O　(2) X　(3) O
2 (1) 2　(2) 1　(3) 2
3 (1) ㉡　(2) ㉠　(3) ㉠

1 (2) 부사는 체언을 꾸며 주기도 하지만 주로 용언을 꾸며 주는 단어이다.
2 (1) '너무'는 다른 부사 '일찍'을, '일찍'은 용언 '도착했구나'를 꾸며 주는 부사이다.
　 (2) '못'은 용언 '풀겠다'의 내용을 부정하는 부사이다.
　 (3) '빨리'는 용언 '달렸지만'을, '엉금엉금'은 용언 '기어갔다'를 꾸며 주는 부사이다.
3 (1) '과연'은 문장 전체('꿈이 이루어질까?')를 꾸며 주는 문장 부사이다.
　 (2) '안'은 용언 '할래'의 내용을 부정하는 부정 부사로, 문장의 한 부분을 꾸며 주는 성분 부사이다.
　 (3) '꼭'은 용언 '만나자'를 꾸며 주는 성분 부사이다.

08 수식언

1 (1) 수식언   (2) 관형사, 부사   (3) 조사, 조사
2 (1) O   (2) O   (3) X
3 (1) 부   (2) 부   (3) 관

2 (1) '결국'은 부사로, 문장 전체를 꾸며 준다.
　(3) '매우'는 용언 '큰'을 꾸며 주는 부사이고, '두'는 체언 '개'를 꾸며 주는 관형사이다.
3 (1) '천천히'는 용언 '걸어오세요'를 꾸며 주는 부사이다.
　(2) '계속'은 용언 '쏟아졌다'를 꾸며 주는 부사이다.
　(3) '온갖'은 체언 '곡식'을 꾸며 주는 관형사이다.

09 감탄사 | 독립언

1 (1) O   (2) X   (3) O
2 (1) ㉡   (2) ㉠   (3) ㉢

1 (2) 독립언인 감탄사는 문장에서의 위치가 자유롭다.
2 (1) '애'는 부름을 나타내는 감탄사이고, '여보게' 역시 부름을 나타내는 감탄사이다.
　(2) '아니요'는 대답을 나타내는 감탄사이고, '오냐' 역시 대답을 나타내는 감탄사이다.
　(3) '흥'은 느낌을 나타내는 감탄사이고, '아이고' 역시 느낌을 나타내는 감탄사이다.

10 조사 | 관계언

1 (1) 관계언   (2) 조사
2 (1) 께서, 에 (2개)   (2) 랑, 는, 은, 를 (4개)
　(3) 만, 를, 는, 의, 이다 (5개)

2 (1) '께서'와 '에'는 격 조사이다.
　(2) '랑'은 접속 조사, '는'과 '은'은 보조사, '를'은 격 조사이다.
　(3) '만'과 '는'은 보조사, '를', '의', '이다'는 격 조사이다.

11 동사

1 (1) 동사, 움직임   (2) 자동사   (3) 청유
2 읽다, 씻다, 열다, 날다, 달리다
3 (1) 자동사   (2) 필요한

3 (1) '흐르다'는 동사가 나타내는 작용이 주체에만 미친다.
　(2) '마셨다'는 움직임의 대상 '주스를'이 필요한 타동사이다.

12 형용사

1 (1) X   (2) O
2 (1) 두꺼워, 무겁다   (2) 흰, 빨갛게, 예쁘다
　(3) 큰, 빠르게   (4) 시원하다
3 (1) 낮다, 푸르다, 기쁘다, 깨끗하다   (2) 이러하다

1 (1) 형용사는 사람이나 사물의 성질이나 상태를 나타내는 단어이다. 사람이나 사물의 움직임을 나타내는 단어는 동사이다.
　(2) 지시 형용사는 사물의 성질이 어떠하다는 것을 대신 나타낸다.
3 (2) '이러하다'는 '상태, 모양, 성질 따위가 이와 같다.'라는 뜻의 지시 형용사이다.

13 용언

1 (1) 서술하는   (2) 동사, 형용사   (3) 변한다
2 (1) O   (2) X   (3) O
3 (1) 동   (2) 형   (3) 동

1 (1) 용언은 주체의 움직임, 작용, 성질, 상태 등을 서술하는 역할을 하는 단어이다. 다른 말을 꾸며 주는 역할을 하는 단어는 수식언이다.
2 (1) 형용사 '즐겁게'는 주체('동생이')의 상태를 서술한다.
　(2) '추다가'는 동사 '추다'의 활용형이다.
　(3) '멈추었다'는 부사 '그대로'의 꾸밈을 받고 있다.

14 품사의 종류

1 (1) 불변어, 가변어   (2) 기능(역할)
2 (1) 헌, 앗, 소년, 그녀, 결코
　(2) 만나다, 재미있다
3 (1) 가변어   (2) 수식언   (3) 동사

2 (1) 관형사 '헌', 감탄사 '앗', 명사 '소년', 대명사 '그녀', 부사 '결코'는 문장에서 쓰일 때 형태가 변하지 않는 불변어이다.
　(2) 동사 '만나다'와 형용사 '재미있다'는 문장에서의 쓰임에 따라 형태가 변하는 가변어이다.
3 (1) 조사 중 '이다'는 문장에서의 쓰임에 따라 형태가 변하는 가변어이다.
　(2) '서'는 그 수량이 셋임을 나타내는 수 관형사로, 관형사는 수식언에 해당한다.
　(3) '무너지랴'는 '무너지다'의 활용형으로, '탑'의 작용을 나타내는 동사이다.

❶ 기준　　❷ 성질　　❸ 체언　　❹ 대명사
❺ 이름　　❻ 수량　　❼ 관형사　　❽ 부사
❾ 감탄사　　❿ 관계언　　⓫ 용언　　⓬ 형용사
⓭ 움직임　　⓮ 상태

100점 포인트

❶ 지시 대명사　　　❷ 지시 관형사　❸ 수사
❹ 수 관형사　　　　❺ 동사　　　　❻ 형용사

내신 실전 문제 　　　　　　　　25~29쪽

01 ⑤	02 ④	03 ④	04 ④	05 ①
06 ②	07 ②	08 ④	09 ③	10 ④

11 (1) 명사: 나라, 뿔, 거인, 마리, 양, 동굴
　　(2) 대명사: 그, 그곳 (3) 수사: 하나

12 ①	13 ④	14 ④	15 ③	

16 ㉠: 모든　㉡: 아주
　　→ 기능의 공통점: 다른 말을 꾸며 준다.

17 ⑤	18 ②	19 여보, 아이고, 여보게		

20 ㉠: 조사　㉡: 체언　㉢: 이다

21 ③	22 ④	23 ④	24 ①	25 ③
26 ③	27 ⑤	28 ④	29 ④	

01 답 ⑤

단어는 문장에서 쓰일 때 형태가 변하지 않는 불변어와 형태가 변하는 가변어로 나뉜다. 따라서 '형태'는 단어의 분류 기준이 될 수 있다.

| 오답 풀이 |

② 조사는 홀로 쓰일 수 없지만 홀로 쓰일 수 있는 말에 붙어 쉽게 떨어지므로 단어로 인정한다.

02 답 ④

단어는 문장에서 쓰일 때 형태가 변하는지에 따라 불변어와 가변어로 나눌 수 있다. 체언 '로봇, 사람'과 관계언 '을, 이'는 불변어이고, 용언 '고친, 없다'는 가변어이다.

| 오답 풀이 |

① 홀로 쓰일 수 있는지에 따라 나누면 '로봇, 고친, 사람, 없다(홀로 쓰일 수 있음.) / 을, 이(홀로 쓰일 수 없음.)'로 나눌 수 있다.
② 기능에 따라 나누면 '로봇, 사람(체언) / 을, 이(관계언) / 고친, 없다(용언)'로 나눌 수 있다.
③ 의미에 따라 나누면 '로봇, 사람(명사) / 을, 이(조사) / 고친(동사) / 없다(형용사)'로 나눌 수 있다.
⑤ 문장에서 다른 말을 꾸며 주는 역할을 하는 단어는 수식언인데 〈보기〉의 문장에는 수식언이 없다.

03 답 ④

'오, 온갖 꽃이 피었구나!'에서 '이'는 단어들의 문법적 관계를 나타내는 역할을 하는 관계언이다.

| 오답 풀이 |

① '오'는 문장에서 독립적으로 쓰이는 독립언이다. 주체의 작용을 서술하는 역할을 하는 단어는 용언이다.
② '온갖'은 다른 말을 꾸며 주는 역할을 하는 수식언이다. 작용의 주체가 되는 단어는 체언이다.
③ '꽃'은 작용의 주체가 되는 체언이다. 다른 말을 꾸며 주는 역할을 하는 단어는 수식언이다.
⑤ '피었구나'는 주체의 작용을 서술하는 역할을 하는 용언이다. 문장에서 독립적으로 쓰이는 단어는 독립언이다.

04 답 ④

단어는 문장에서 쓰일 때 어떤 의미를 나타내는지에 따라 명사, 대명사, 수사, 관형사, 부사, 감탄사, 조사, 동사, 형용사로 나뉜다. 〈보기〉에서 '돌다, 걷다'는 사람이나 사물의 움직임이나 작용을 나타내는 동사이다. '과연, 폴짝폴짝'은 주로 용언을 꾸며 주는 부사이다. '여보게'는 말하는 사람의 놀람, 느낌, 부름이나 대답 등을 나타내는 감탄사이다.

더 알아두기 품사의 분류 기준인 '의미'

단어는 문장에서 쓰일 때 어떤 의미를 나타내는지에 따라 나눌 수 있다. 여기서 말하는 '의미'는 개별 단어의 의미가 아니라 같은 품사에 속하는 단어 전체가 공통으로 지니는 의미를 말한다.
⑩ 사과, 학생: 사람이나 사물 등의 이름을 나타낸다.

05 답 ①

'의자, 자유, 희망, 자동차, 지우개'는 모두 명사이다. 명사는 사람이나 사물 등의 이름을 나타내는 단어이다.

| 오답 풀이 |

② 동사 ③ 대명사 ④ 수사 ⑤ 조사에 대한 설명이다.

06 답 ②

㉢ '신데렐라'는 특정하거나 유일한 대상의 이름을 나타내는 고유 명사이지만, ㉣ '어머니'는 같은 특성을 지닌 대상에 두루 쓰이는 보통 명사이다.

| 오답 풀이 |

① ㉠과 ㉡은 추상적인 대상의 이름을 나타내는 추상 명사이다.
③ ㉢과 ㉤은 다른 말의 도움 없이 홀로 쓰일 수 있는 자립 명사이다.
④ 앞말의 꾸밈을 받아야만 쓰일 수 있는 의존 명사는 ㉥ 1개이다.
⑤ ㉠~㉥은 모두 명사로, 명사는 체언에 해당한다.

07 답 ②

〈보기〉에서 밑줄 친 '나'와 '너'는 모두 '시현'을 가리키는 대명사이다.

| 오답 풀이 |

① '이것'은 빨갛게 물든 단풍잎을 가리키는 대명사이다.
③ '거기'는 학교 근처 놀이터를 가리키는 대명사이다.

④ '거기'와 '그곳'은 서로 같은 장소(학교 근처 놀이터)를 가리키는 대명사이다.
⑤ '어디'는 잘 모르는 어느 곳을 가리키는 대명사이다.

08 답 ④

'백설 공주는 일곱 명의 난쟁이와 살았다.'에서 '일곱'은 뒤에 오는 체언 '명'을 꾸며 주는 수 관형사이다. 나머지 '둘', '다섯', '하나', '첫째'는 사람이나 사물 등의 수량이나 순서를 나타내는 수사이다.

09 답 ③

'우리는 제이의 영웅을 기다립니다.'에는 명사 '영웅', 대명사 '우리', 수사 '제이'가 쓰였다.

| 오답 풀이 |

① 명사 '주스, 잔', 대명사 '그녀'가 쓰이고 수사는 쓰이지 않았다. '한'은 '잔'을 꾸며 주는 수 관형사이다.
② 명사 '학생, 친구', 수사 '둘'이 쓰이고 대명사는 쓰이지 않았다. '저'는 '학생'을 꾸며 주는 지시 관형사이다.
④ 명사 '중, 것, 마음', 수사 '넷'이 쓰이고 대명사는 쓰이지 않았다. '어느'는 '것'을 꾸며 주는 지시 관형사이다.
⑤ 명사 '첫째, 과자', 대명사 '저기'가 쓰이고 수사는 쓰이지 않았다. '첫째'는 '첫째 자식'을 뜻하므로 수사가 아니라 명사이다.

더 알아두기 수사와 수 관형사의 구별

수사와 수 관형사를 혼동하기 쉬운데, 1부터 4까지는 그 형태가 조금 다르므로 기억해 두면 둘을 쉽게 구별할 수 있다.

	수사	수 관형사
1	하나	한
2	둘	두
3	셋	세/서/석
4	넷	네/너/넉

예 사과 하나 주세요. 사과 한 개 주세요.
　　　　수사　　　　　　　수 관형사

10 답 ④

명사인 ㉣ '책'은 체언으로, 문장에서 쓰일 때 형태가 변하지 않는 불변어이다.

| 오답 풀이 |

① '거기'는 앞에서 이미 이야기한 곳을 가리키는 지시 대명사이므로 ㉠과 바꾸어 쓸 수 있다.
② '우리'는 말하는 이가 자기를 포함한 여러 사람을 가리키는 인칭 대명사이므로 ㉡과 바꾸어 쓸 수 있다.
③ ㉢은 사람이나 사물의 수량을 나타내는 양수사이다.
⑤ ㉤은 앞말의 꾸밈을 받아야만 쓰일 수 있는 의존 명사이다.

11 답 (1) 명사: 나라, 뿔, 거인, 마리, 양, 동굴
　　　　　(2) 대명사: 그, 그곳 (3) 수사: 하나

〈보기〉에는 명사 '나라, 뿔, 거인, 마리, 양, 동굴'이 쓰였다. 대명사는 '거인'을 가리키는 '그'와 '동굴'을 가리키는 '그곳'이 쓰였고, 수사 '하나'가 쓰였다. '어떤'은 '나라'를 꾸며 주는 지시 관형사이고, '두'는 '마리'를 꾸며 주는 수 관형사이다.

12 답 ①

체언은 조사와 결합하여 쓰이기도 하고 홀로 쓰이기도 한다.

| 오답 풀이 |

② 체언은 다른 말의 꾸밈을 받을 수 있다.
③ 명사, 대명사, 수사가 체언에 해당한다. 관형사는 수식언에 해당한다.
④ 체언은 문장에서 쓰일 때 형태가 변하지 않는 불변어이다.
⑤ 체언은 문장에서 주로 움직임이나 상태의 주체가 되거나 움직임의 대상이 된다. 문장에서 주체의 움직임을 서술하는 역할을 하는 단어는 용언이다.

13 답 ④

'두'와 '새'는 모두 관형사로, 체언 앞에 놓여서 체언을 꾸며 주는 역할을 한다. 또한 문장에서 쓰일 때 형태가 변하지 않는 불변어이다.

14 답 ④

〈보기〉의 빈칸에는 용언 '섭섭하구나', '흥미로웠다'를 꾸며 주는 부사가 들어갈 수 있다. 부사는 주로 용언을 꾸며 주지만 다른 부사나 문장 전체를 꾸며 주기도 한다.

| 오답 풀이 |

① 부사는 '너무도'와 같이 조사와 결합하기도 한다.
② 독립언에 해당하는 감탄사에 대한 설명이다.
③ 체언에 해당하는 명사, 대명사, 수사에 대한 설명이다. 부사는 문장에서 다른 말을 꾸며 주는 역할을 한다.
⑤ 관계언에 해당하는 조사에 대한 설명이다.

15 답 ③

'잘'은 용언 '들어서'를 꾸며 주는 부사이다. 나머지 '여러', '헌', '첫째', '저'는 체언을 꾸며 주는 관형사이다.

16 답 ㉠: 모든　㉡: 아주
　　　　→ 기능의 공통점: 다른 말을 꾸며 준다.

㉠에는 체언 '옷'을 꾸며 주는 관형사 '모든'이, ㉡에는 용언 '깨끗하다'를 꾸며 주는 부사 '아주'가 들어갈 수 있다. 관형사와 부사는 수식언으로, 문장에서 다른 말을 꾸며 주는 역할을 한다.

더 알아두기 수식언의 역할

수식언인 관형사와 부사는 다른 말을 꾸며 주는 역할을 한다. 여기서 꾸며 준다는 것은 대상의 상태, 성질, 정도 따위를 자세하게 하거나 분명하게 한다는 의미이다. 즉 관형사는 '어떠한'의 방식으로, 부사는 '어떻게'의 방식으로, 꾸밈을 받는 단어의 의미를 자세하게 해 주는 역할을 한다.

17 답 ⑤

'셋이서 빵 열 개를 전부 다 먹었습니다.'에는 관형사 '열', 부사 '전부, 다'가 쓰여 3개의 수식언이 쓰였다. 나머지 문장에는 2개의 수식언이 쓰였다.

| 오답 풀이 |

① 문장 전체를 꾸며 주는 부사 '제발', 체언 '일'을 꾸며 주는 관형사 '아무'가 쓰여 2개의 수식언이 쓰였다.

② 용언 '추운'을 꾸며 주는 부사 '몹시', 용언 '왔습니다'를 꾸며 주는 부사 '또'가 쓰여 2개의 수식언이 쓰였다.

③ 용언 '만나'를 꾸며 주는 부사 '다시', 용언 '행복했어'를 꾸며 주는 부사 '무척'이 쓰여 2개의 수식언이 쓰였다.

④ 앞뒤 문장을 이어 주는 부사 '그러면', 체언 '곳'을 꾸며 주는 관형사 '어느'가 쓰여 2개의 수식언이 쓰였다.

18 답 ②

감탄사는 말하는 사람의 놀람, 느낌, 부름이나 대답 등을 나타내는 단어이다. '얘야'는 감탄사 '얘'에 조사 '야'가 결합한 것으로, 감탄사가 아니다.

19 답 여보, 아이고, 여보게

문장에서 쓰일 때 형태가 변하지 않고, 독립적으로 쓰이는 단어는 독립언인 감탄사이다. '여보'는 부름을 나타내는 감탄사, '아이고'는 느낌을 나타내는 감탄사, '여보게'는 부름을 나타내는 감탄사이다.

20 답 ⊙: 조사 ⓒ: 체언 ⓒ: 이다

'가'는 앞말이 문장에서 주어(동작이나 상태 등의 주체가 되는 말)의 자격을 가지도록 하는 조사이고, '를'은 앞말이 문장에서 목적어(동작의 대상이 되는 말)의 자격을 가지도록 하는 조사이다. 〈보기〉의 두 문장은 조사 '가'와 '를'이 바뀌어 의미가 달라진 것이다. 조사는 주로 체언 뒤에 붙고, '이다'를 제외하고는 문장에서 쓰일 때 형태가 변하지 않는다.

21 답 ③

〈보기〉에 쓰인 조사는 '에', '이', '도' 3개이다. '에', '이'는 격조사이고, '도'는 보조사이다.

22 답 ④

관계언은 문장에서 단어들의 문법적 관계를 나타내는 역할을 하는 단어로,(ⓒ) 조사가 여기에 해당한다. 관계언은 홀로 쓰일 수 없고 반드시 다른 말에 붙어 쓰이는데,(ⓒ) 주로 체언과 결합한다.(ⓒ) 문장에서 쓰일 때 형태가 변하지 않는 불변어이지만 '이다'는 예외적으로 형태가 변한다.(ⓜ)

| 오답 풀이 |

⊙ 관계언은 체언 외에 용언, 부사, 다른 조사와 결합하기도 하지만 관형사와는 결합하지 않는다.

23 답 ④

〈보기〉에서 설명하는 품사는 동사이다. '먼(형용사), 사촌(명사), 보다(조사), 가까운(형용사), 이웃(명사), 이(조사), 낫다(형용사).'에는 동사가 쓰이지 않았다.

| 오답 풀이 |

① '모아' ② '나는', '떨어뜨린다' ③ '놓고', '모른다' ⑤ '듣고, 듣는다'가 동사이다.

24 답 ①

〈보기〉의 '힘들다'는 사람이나 사물의 성질이나 상태를 나타내는 형용사로, '나'의 상태를 나타낸다. '어둡다'는 '도서관'의 상태를 나타내는 형용사이다.

| 오답 풀이 |

② '웃는다' ③ '휘었다' ④ '찍었다' ⑤ '놀랐다'는 동사이다.

25 답 ③

'밤이 깊었으니 얼른 일기를 쓰고 자야겠다.'에는 형용사 '깊었으니', 동사 '쓰고(쓰다)', '자야겠다(자다)'가 쓰였다. 따라서 기본형이 서로 다른 동사 2개와 형용사 1개가 있는 문장이다.

| 오답 풀이 |

① 형용사 '작은', '빠르고', '민첩하다'가 쓰여 동사 없이 형용사만 3개가 있는 문장이다.

② 형용사 '고픈', '영리한', 동사 '잡았다'가 쓰여 형용사 2개, 동사 1개가 있는 문장이다.

④ 동사 '보는', '들으며', '춤출래'가 쓰여 형용사 없이 동사만 3개가 있는 문장이다.

⑤ 동사 '쓰고, 쓰니', 형용사 '답답하다'가 쓰인 문장이다. '쓰고, 쓰니'의 기본형은 모두 '쓰다'이므로 기본형이 서로 같은 동사 2개와 형용사 1개가 있는 문장이다.

26 답 ③

⊙ '내려서'는 동사이고, ⓒ '새하얗다', ⓒ '이러하니', ⓔ '좋소'는 형용사이다. 형용사는 청유의 뜻을 나타내는 '-자'와 결합할 수 없다.

| 오답 풀이 |

① ⊙은 동사이고 ⓒ은 형용사로 품사가 서로 다르다.

② ⓒ은 성질이나 상태, 시간, 수량 등이 어떠하다는 것을 대신 나타내는 지시 형용사이다.

④ 사건이나 행위가 현재 일어남을 나타내는 '-는-/-ㄴ-'과 결합할 수 있는 것은 동사이다. ⊙~ⓔ에서 동사는 ⊙뿐이다.

⑤ ⊙~ⓔ은 모두 용언이다. 용언은 문장에서의 쓰임에 따라 형태가 변하는 가변어이다.

27 답 ⑤

'많은'은 '관광객'의 상태를 나타내고, '즐거운'은 '노래'의 성질을 나타낸다. 즉 '많은'과 '즐거운'은 모두 사람이나 사물의 성질이나 상태를 나타내는 형용사이다.

| 오답 풀이 |

① '크구나'는 '손'의 상태를 나타내는 형용사이다. '흐르는구나'는 '시냇물'의 작용을 나타내는 동사이다.

② '업었다'는 '아빠'의 움직임을 나타내는 동사이다. '낮았다'는 '담장'의 상태를 나타내는 형용사이다.

③ '선수였다'는 명사 '선수'와 조사 '이다'가 결합한 '선수이다'에서 형태가 변한 것이다. '하였다'는 '영수'의 움직임을 나타내는 동사이다.

④ '착한'은 '사람'의 성질을 나타내는 형용사이다. '배운'은 '사람'의 움직임을 나타내는 동사이다.

활용하는 단어인 용언과 조사 '이다'의 기본형은 어간에 어미 '–다'를 붙인 형태이므로 '다'로 끝나는 형태가 비슷하다. 또한 용언과 조사 '이다'의 활용형이 형태가 비슷한 경우도 있으므로 헷갈리지 않도록 주의해야 한다.

예 그가 사과를 <u>하였다</u>. 그것은 진정한 <u>사과였다</u>.

   동사 '하다'의 활용형   조사 '이다'의 활용형

28 답 ④

용언은 문장에서 주체의 움직임, 작용, 성질, 상태 등을 서술하는 역할을 하는 단어로,(㉠) 문장에서의 쓰임에 따라 형태가 변한다.(㉡) 용언은 부사의 꾸밈을 받을 수 있다.(㉣)

| 오답 풀이 |

㉢ 용언이 활용할 때 변하지 않는 부분을 '어간', 변하는 부분을 '어미'라고 한다. 어간에 어미 '–다'를 붙인 형태가 용언의 기본형이다.

29 답 ④

『오리가 한 마리 있었어』는 '오리(체언), 가(관계언), 한(수식언), 마리(체언), 있었어(용언)'이므로 체언, 관계언, 용언 외에 수식언이 포함되었다.

| 오답 풀이 |

① '라면(체언), 은(관계언), 멋있다(용언)'이다.
② '시간(체언), 을(관계언), 파는(용언), 상점(체언)'이다.
③ '완벽한(용언), 사과(체언), 는(관계언), 없다(용언)'이다.
⑤ '세계(체언), 를(관계언) 건너(용언), 너(체언), 에게(관계언), 갈게(용언)'이다.

15 어휘의 체계   30쪽

1 (1) 고유어   (2) 한자어   (3) 외래어
2 (1) ㉠   (2) ㉢   (3) ㉡

16 어휘의 양상   31쪽

1 (1) 지역 방언   (2) 사회 방언
2 (1) O   (2) X   (3) O

2 (2) '드레싱'은 의학 분야의 직업에서 주로 사용하는 사회 방언으로, 직업에 따라 다르게 쓰이는 말이다.

한눈에 보는 개념   32쪽

❶ 고유어   ❷ 한자   ❸ 지역   ❹ 사회적

100점 포인트
❶ 한자어   ❷ 고유어   ❸ 표준어   ❹ 지역 방언
❺ 사회 방언   ❻ 일상어

내신 실전 문제   33~35쪽

| 01 ③ | 02 ⑤ | 03 ② | 04 ③ | 05 ④ |
| 06 ③ | 07 ⑤ | 08 (1) 고유어: 볼, 가슴, 물결, 하늘 | | |

(2) 한자어: 시 (3) 외래어: 에메랄드

| 09 ④ | 10 ⑤ | 11 ④ | 12 ⑤ | 13 ② |

14 ㉠: 사회 방언 ㉡: 효율성

01 답 ③

고유어는 한자어에 비해 의미의 폭이 넓어 하나의 단어가 여러 의미로 쓰인다.

02 답 ⑤

〈보기〉를 통해 우리말에는 영어에 비해 쌀과 관련한 단어가 많음을 알 수 있다. 우리나라는 농경 사회였고, 오래전부터 쌀을 주식으로 하는 식생활 문화를 가지고 있었기 때문에 쌀과 관련된 말이 발달한 것이다. 즉 고유어는 우리 민족의 문화와 밀접한 관련을 맺으며 발달하여 우리 민족 고유의 문화를 표현하기에 적합하다.

| 오답 풀이 |

① 한자어 ③ 외래어 ④ 사회 방언과 관련된 설명이다.
② 고유어의 특성이지만 〈보기〉를 통해 이끌어 낼 수 없다.

03 답 ②

소의 젖인 '우유(牛乳)', 여러 가지 채소와 고기붙이를 잘게 썰어 볶은 것에 삶은 당면을 넣고 버무린 음식인 '잡채(雜菜)', 밀가루 따위를 반죽하여 소를 넣어 빚은 음식인 '만두(饅頭)', 포도과 나무의 열매인 '포도(葡萄)', 콩으로 만든 식품의 하나인 '두부(豆腐)'는 모두 한자에 기초하여 만들어진 한자어이다.

| 오답 풀이 |

• 국수를 증기로 익히고 기름에 튀겨서 말린 식품인 '라면'은 외래어이다.
• 사람이 먹을 수 있는 풀을 양념하여 무친 음식인 '나물'은 고유어이다.
• 쇠고기 따위의 살코기를 저며 양념하여 재었다가 불에 구운 음식인 '불고기'는 고유어이다.
• 감귤 종류의 하나인 '오렌지'는 외래어이다.
• 무를 작고 네모나게 썰어서 소금에 절인 후 고춧가루 따위의 양념과 함께 버무려 만든 김치인 '깍두기'는 고유어이다.
• 이탈리아식으로 만든 국수 요리인 '스파게티'는 외래어이다.

04 답 ③

〈보기〉의 '마음'은 사람이 다른 사람이나 사물에 대하여 감정이나 의지, 생각 따위를 느끼는 작용을 뜻한다. 따라서 마음속에 품고 있는 생각이나 감정을 뜻하는 한자어 '심정(心情)'으로 바꾸어 쓸 수 있다.

| 오답 풀이 |

① '성격(性格)'은 개인이 가지고 있는 고유의 성질이나 품성을 뜻한다.
② '심성(心性)'은 타고난 마음씨를 뜻한다.

④ '관심(關心)'은 어떤 것에 마음이 끌려 주의를 기울임을 뜻한다.
⑤ '호감(好感)'은 좋게 여기는 감정을 뜻한다.

05 답 ④
〈보기〉에서 고유어 '고치다'는 문맥에 따라 한자어 '수정(修正)하다', '개정(改定)하다', '수리(修理)하다', '치료(治療)하다'와 대응한다. 즉 고유어는 의미의 폭이 넓어 하나의 단어가 여러 의미로 쓰이지만 한자어는 분화된 의미를 나타낸다.

| 오답 풀이 |
① 고유어는 우리말에 바탕을 두고 있으나, 한자어는 한자에 바탕을 두고 있다.
② 고유어는 한자어에 비해 다의성이 있다.
③ 한자어가 고유어에 비해 전문적인 의미를 나타내는 경우가 많다.
⑤ 한자어는 분화된 의미를 지니고 있어 의미를 정확하게 전달하는 데 효과적이다.

06 답 ③
〈보기〉는 외래어에 대한 설명이다. '바이러스, 빵, 샌드위치, 티셔츠'는 모두 외래어에 해당한다. 이 중 '빵'은 외래어라는 느낌 없이 쓰이지만 포르투갈어를 어원으로 하는 외래어이다.

| 오답 풀이 |
① '시나브로'는 모르는 사이에 조금씩 조금씩을 뜻하는 고유어이다.
② '무지개'는 공중에 떠 있는 물방울이 햇빛을 받아 나타나는, 반원 모양의 일곱 빛깔의 줄을 뜻하는 고유어이다.
④ '에누리'는 물건값을 받을 값보다 더 많이 부르는 일 또는 값을 깎는 일을 뜻하는 고유어이다.
⑤ '아지랑이'는 주로 봄날 햇빛이 강하게 쬘 때 공기가 공중에서 아른아른 움직이는 현상을 뜻하는 고유어이다.

더 알아두기 우리말에 뿌리내린 외래어
우리 주변에는 우리말에 들어온 지 오래되어 외래어라고 느껴지지 않는 외래어도 있다. 이러한 말들은 우리말에 깊이 자리잡아 다른 말로 바꾸기 어렵고 우리말처럼 사용된다.
예 빵, 구두, 가방, 냄비, 고무

07 답 ⑤
〈보기〉의 어휘는 모두 외래어이다. 외래어는 외국 문화와 접촉하여 외국으로부터 새로 들어온 사물이나 현상을 나타내 우리말 어휘를 보충한다.

| 오답 풀이 |
① 〈보기〉의 어휘는 외국의 사물이 들어오면서 외국의 말이 함께 들어온 것이므로 새말을 만들지 않는 이상 고유어로 바꾸어 쓰기 어렵다.
②, ③ 한자어에 대한 설명이다.
④ 외래어는 다른 나라에서 들어온 말이지만 우리말처럼 쓰인다.

08 답 (1) 고유어: 볼, 가슴, 물결, 하늘
　　　　(2) 한자어: 시 (3) 외래어: 에메랄드
'볼'은 뺨의 한복판을 뜻하는 고유어이다. '시(詩)'는 자연이나 인생에 대하여 일어나는 감흥과 사상 따위를 함축적이고 운율

적인 언어로 표현한 글을 뜻하는 한자어이다. '가슴'은 배와 목 사이의 앞부분을 뜻하는 고유어이다. '물결'은 물이 움직여 그 표면이 올라갔다 내려왔다 하는 운동을 뜻하는 고유어이다. '에메랄드(emerald)'는 비취색을 띤 투명하고 아름다운 녹주석을 뜻하는 외래어이다. '하늘'은 지평선이나 수평선 위로 보이는 무한대의 넓은 공간을 뜻하는 고유어이다.

09 답 ④
〈보기〉는 '잠자리'를 지역마다 다르게 부른다는 것을 보여 준다. 이처럼 지리적으로 떨어져 오랜 시간이 흐르면서 지역에 따라 달라진 말을 지역 방언이라고 한다.

10 답 ⑤
같은 세대끼리 효율적으로 의사소통하기 위해 만든 말은 사회 방언과 관련 있다. 지역 방언은 지리적으로 떨어져 오랜 시간이 흐르면서 지역에 따라 말이 달라져 만들어진 것이다.

| 오답 풀이 |
①, ③ 지역 방언은 그 지역의 고유한 정서와 문화를 담고 있다.
② 지역 방언은 그 지역 사람들이 일상생활에서 사용하는 말이므로 그 지역의 생활 언어라고 할 수 있다.
④ 지역 방언은 지리적으로 떨어져 있어 오랜 시간이 흐르면서 지역에 따라 달라진 말이다.

11 답 ④
지역 방언을 사용하면 해당 지역의 고유한 정서와 문화를 전달할 수 있고, 같은 지역 방언을 사용하는 사람들끼리 친밀감과 유대감을 형성할 수 있다. 따라서 지역 특산품을 해당 지역 사람들에게 홍보할 때 그 지역의 방언을 사용하면 지역의 정서가 생생하게 전달되고, 지역 사람들에게 친밀감을 주어 홍보 효과를 높일 수 있다.

| 오답 풀이 |
①, ②, ③ 공식적인 상황에서는 표준어를 사용하는 것이 적절하다.
⑤ 서울에서 온 관광객은 지역 방언을 이해하지 못할 수 있으므로 표준어를 사용하는 것이 적절하다.

12 답 ⑤
〈보기〉는 처음 만난 선배와 후배가 인사하는 상황에서 이루어진 대화이다. 두 사람은 표준어를 사용하여 대화하다가 고향이 같은 것을 알게 된 후에는 지역 방언을 사용하여 대화하고 있다. 표준어를 사용할 때와 지역 방언을 사용할 때 모두 의사소통에 문제가 없으므로 지역 방언을 사용하는 것이 말하고자 하는 바를 정확하게 전달하는 데 더 효과적이라는 것은 알 수 없다.

| 오답 풀이 |
③ 두 사람은 고향이 같은 것을 안 후부터 지역 방언을 사용하고 있다. 지역 방언은 같은 지역 방언을 사용하는 사람끼리는 친밀감과 유대감을 형성하지만, 그 지역 방언을 모르는 사람과는 의사소통이 원활하지 않을 수 있으므로 상대방과 상황을 고려하여 사용해야 한다.

④ 두 사람은 같은 지역 방언을 사용하면서 친밀감을 형성하여 더 친근하게 대화하고 있다.

13 탭 ②
영수가 사용한 '생선(생일 선물)', '문상(문화 상품권)'은 요즘 청소년들이 주로 사용하는 사회 방언으로, 세대에 따라 쓰는 어휘가 다르다는 것을 보여 준다.

| 오답 풀이 |
① 영수가 말한 '생선'은 '생일 선물'을, '문상'은 '문화 상품권'을 의미한다. 하지만 할머니가 말한 '생선'은 '먹기 위해 잡은 신선한 물고기'를, '문상'은 '남의 죽음에 대하여 슬퍼하는 뜻을 드러내어 상주를 위문함.'을 의미한다.
③ 영수가 사용한 사회 방언을 할머니가 다르게 이해하여 뜻이 원활하게 소통되지 않고 있다.
④ 영수가 사용한 사회 방언은 영수 세대에서 쓰는 말이므로 영수 또래 친구들은 뜻을 제대로 이해했을 것이다.
⑤ 사회 방언은 특정한 집단에서 사용하는 말로, 그 집단에 속하지 않은 사람은 그 말을 이해하지 못해 의사소통이 원활하지 않을 수 있다. 따라서 사회 방언은 상대방과 상황에 맞게 사용해야 한다.

14 탭 ㉠: 사회 방언 ㉡: 효율성
〈보기〉의 '쥘리엔', '콩카세'는 요리사 집단에서 사용하는 사회 방언으로, '쥘리엔'은 채소나 고기를 길고 가느다란 성냥개비 모양으로 채 써는 것을 의미하고, '콩카세'는 재료를 가로 세로 5밀리미터씩 정사각형으로 아주 작게 자르거나 다지는 것을 의미한다. 같은 집단에 속한 사람들끼리 이러한 사회 방언을 사용하면 의사소통의 효율성이 높아진다.

실력 완성 문제
36~39쪽

01 ⑤　　　02 문장에서 쓰일 때 형태가 변하는지에 따라 나누었다.　　03 ②　　04 ②　　05 ⑤　　06 ②
07 ④　　08 (1) 잘못된 부분: 조용하자 (2) 잘못된 이유: 형용사는 청유의 뜻을 나타내는 '−자'와 결합할 수 없기 때문이다. (3) 바르게 고친 것: 조용히 하자
09 (1) 동사: 솟다, 만나다, 앉다, 부르다
　　(2) 형용사: 곱다, 앳되다
10 ②　　11 ⑤　　12 ③　　13 ④　　14 ⑤
15 고유어는 소리, 모양, 색깔을 나타내는 표현이 발달했다.
16 ㉠: 소문(所聞) ㉡: 대화(對話) ㉢: 설명(說明)
　　→ 한자어의 특성: 분화된 의미
17 ⑤　　18 ②　　19 ⑤　　20 ③

01 탭 ⑤
〈보기〉에 쓰인 단어를 형태, 기능, 의미에 따라 나누면 다음과 같다.

	이런,	바람	이	너무	세군.
형태에 따라:	불변어	불변어	불변어	불변어	가변어
기능에 따라:	독립언	체언	관계언	수식언	용언
의미에 따라:	감탄사	명사	조사	부사	형용사

문장에서의 의미에 따라 나누면 '세군'은 형용사에 해당한다.

| 오답 풀이 |
① 형태 변화에 따라 나누면 '이'는 불변어, '세군'은 가변어에 해당한다. '세군'은 '세다'의 활용형이다.
② 문장에서의 기능에 따라 나누면 '이런'은 독립언, '너무'는 수식언에 해당한다.
③ 문장에서의 기능에 따라 나누면 '바람'은 체언, '세군'은 용언에 해당한다.
④ 문장에서의 의미에 따라 나누면 '너무'는 부사에 해당한다.

> **더 알아두기** '이런'의 품사
> 우리말에는 감탄사 '이런'도 있고, 관형사 '이런'도 있다. 감탄사는 문장에서 독립적으로 쓰이므로 쉼표가 쓰여 다른 단어와 구분되는 '이런'은 감탄사인 경우가 많다. 반면 관형사는 체언 앞에 놓여서 체언을 꾸며 주므로 뒤에 체언이 있는 '이런'은 관형사이다.
> 예 이런, 너에게 이런 일이 생기다니 믿을 수가 없구나.
> 　　감탄사　　　　관형사

02 탭 문장에서 쓰일 때 형태가 변하는지에 따라 나누었다.
〈보기〉에서 '헌, 첫째, 너희, 부모님'은 문장에서 쓰일 때 형태가 변하지 않는다. 하지만 '이다'는 '이고, 이니, 이면' 등으로, '놀다'는 '놀고, 노니, 놀면' 등으로, '푸르다'는 '푸르고, 푸르니, 푸르면' 등으로, '똑똑하다'는 '똑똑하고, 똑똑하니, 똑똑하면' 등으로 문장에서의 쓰임에 따라 형태가 변한다. 문장에서 쓰일 때 형태가 변하는 가변어에는 용언(동사, 형용사)과 조사 '이다'가 있다.

03 탭 ②
〈보기〉의 단어를 문장에서의 기능에 따라 나누면 '셋, 아침, 그분'은 문장에서 주로 움직임이나 상태의 주체가 되거나 움직임의 대상이 되는 체언, '좁다, 뛰다'는 문장에서 주체의 움직임이나 상태 등을 서술하는 역할을 하는 용언, '훨씬, 온갖'은 문장에서 다른 말을 꾸며 주는 역할을 하는 수식언에 해당한다.

| 오답 풀이 |
① '아침'은 체언, '온갖'은 수식언이다.
③ '셋'은 체언, '좁다, 뛰다'는 용언이다.
④ '셋'은 체언, '훨씬, 온갖'은 수식언이다.
⑤ '좁다, 뛰다'는 용언, '온갖'은 수식언이다.

04 탭 ②
'당신'은 대명사, '추억'은 명사, '하나'는 수사로, 모두 체언이다. 체언은 조사와 결합하여 쓰이기도 하고, 홀로 쓰이기도 한다.

| 오답 풀이 |
①, ④ 조사(관계언) ③ 관형사 ⑤ 감탄사(독립언)에 대한 설명이다.

05 답 ⑤

ⓔ '이'는 말하는 이에게 가까이 있거나 말하는 이가 생각하고 있는 대상을 가리킬 때 쓰는 지시 관형사로, 뒤에 오는 체언 '사건'을 꾸며 준다. ⓜ '저'는 말하는 이와 듣는 이로부터 멀리 있는 대상을 가리킬 때 쓰는 지시 관형사로, 뒤에 오는 체언 '안경'을 꾸며 준다.

| 오답 풀이 |
① ㉠과 ㉢은 인칭 대명사이다.
② ㉡은 대명사, ⓔ은 관형사로 품사가 서로 다르다.
③ ㉡은 지시 대명사, ⓜ은 지시 관형사이다.
④ 체언(대명사)인 ㉢은 조사와 결합할 수 있다. 그러나 관형사인 ⓜ은 조사와 결합할 수 없다.

06 답 ②

'두'는 그 수량이 둘임을 나타내는 수 관형사로, 뒤에 오는 체언 '명'을 꾸며 준다. '하나'는 수량을 세는 맨 처음 수를 나타내는 양수사이다. 체언인 수사는 '하나를'에서와 같이 조사와 결합할 수 있다.

07 답 ④

조사는 주로 체언 뒤에 붙어서 그 말과 다른 말의 문법적 관계를 나타내거나, 그 말에 특별한 뜻을 더해 주는 단어이다. 다른 말을 꾸며 주는 역할을 하는 단어는 수식언(관형사, 부사)이다.

| 오답 풀이 |
① ㉠에서 조사 '가', '를'은 체언 '토끼', '여우'에 붙어 쓰였다.
② ㉠에서 '가'는 앞에 오는 체언이 '좋아해'의 주체가 되도록 하고, '를'은 앞에 오는 체언이 '좋아해'의 대상이 되도록 한다.
③ ㉡에서 '도'는 이미 어떤 것이 포함되고 그 위에 더함의 뜻을, '만'은 다른 것으로부터 제한하여 어느 것을 한정함의 뜻을 더해 준다.
⑤ ㉢에 쓰인 조사 '이다'는 문장에서 쓰일 때 '이야'와 같이 형태가 변할 수 있다.

08 답 (1) 잘못된 부분: 조용하자
(2) 잘못된 이유: 형용사는 청유의 뜻을 나타내는 '-자'와 결합할 수 없기 때문이다.
(3) 바르게 고친 것: 조용히 하자

'조용하다'는 사람이나 사물의 성질이나 상태를 나타내는 형용사이다. 형용사는 청유의 뜻을 나타내는 '-자'와 결합할 수 없으므로 '조용하자'는 잘못된 표현이다. 이를 바르게 고치면 '조용히 하자'가 적절하다.

> **더 알아두기** '조용하다'와 '조용히'의 품사
> '조용하다'는 형용사이므로 활용형인 '조용한'도 형용사이다. 하지만 '조용히'는 부사이다.
> ⓔ 그는 "조용한 곳을 좋아하나요?"라고 조용히 말했다.
>   형용사('조용하다'의 활용형)   부사

09 답 (1) 동사: 솟다, 만나다, 앉다, 부르다
(2) 형용사: 곱다, 앳되다

동사는 사람이나 사물의 움직임이나 작용을, 형용사는 사람이나 사물의 성질이나 상태를 나타내는 단어이다. 동사와 형용사를 구별하기 어렵다면 사건이나 행위가 현재 일어남을 나타내는 '-는-/-ㄴ-', 명령의 뜻을 나타내는 '-아라/-어라', 청유의 뜻을 나타내는 '-자'를 결합해 본다. 결합할 수 있으면 동사, 결합할 수 없으면 형용사이다. 기본형으로 바꾸어 쓰라고 했으므로 단어에서 형태가 변하지 않는 부분에 '-다'를 붙인 형태로 써야 한다. '고운'은 '해'의 상태를 나타내는 형용사로, 기본형은 '곱다'이다. '솟아라'는 '해'의 작용을 나타내는 동사로, 기본형은 '솟다'이다. '만나면'은 주체의 움직임을 나타내는 동사로, 기본형은 '만나다'이다. '앉아'는 '꽃', '새', '짐승'의 움직임을 나타내는 동사로, 기본형은 '앉다'이다. '불러'는 주체의 움직임을 나타내는 동사로, 기본형은 '부르다'이다. '앳되고'는 '날'의 상태를 나타내는 형용사로, 기본형은 '앳되다'이다.

10 답 ②

부사는 주로 용언을 꾸며 주지만 다른 부사, 관형사, 체언, 문장 전체를 꾸며 주기도 한다. '세홍이가 너무 헌 옷을 버렸다.'에서 '너무'는 뒤에 오는 관형사 '헌'을 꾸며 주는 부사이다.

| 오답 풀이 |
① '작아서'는 '작다'의 활용형으로, '신발'의 상태를 나타내는 형용사이다.
③ '가장'은 동사 '좋아하니'를 꾸며 주는 부사이다.
④ '설마'는 문장 전체를 꾸며 주는 부사이다.
⑤ 부사 '벌써'가 꾸며 주는 것은 동사 '일어났구나'이다.

11 답 ⑤

빈칸에는 명사, 관형사, 감탄사, 조사, 동사만 사용된 문장이 들어갈 수 있다. '이야, 저 집에서 온갖 식물이 자라는군.'에서 '이야'는 놀람을 나타내는 감탄사, '저'는 '집'을 꾸며 주는 관형사, '집'은 사물의 이름을 나타내는 명사, '에서'는 앞말이 부사어의 자격을 가지도록 하는 조사, '온갖'은 '식물'을 꾸며 주는 관형사, '식물'은 사물의 이름을 나타내는 명사, '이'는 앞말이 주어의 자격을 가지도록 하는 조사, '자라는군'은 사물의 작용을 나타내는 동사이다. 따라서 명사, 관형사, 감탄사, 조사, 동사만 사용되었다.

| 오답 풀이 |
① '여보세요'는 감탄사, '거기, 아무'는 대명사, '도'는 조사, '없다'는 형용사이다. 이 문장에는 과제에서 언급한 명사, 관형사, 동사가 없고, 과제에서 언급하지 않은 대명사, 형용사가 있다.
② '우아'는 감탄사, '저'는 관형사, '산, 금강산'은 명사, '이, 이구나'는 조사, '바로'는 부사이다. 이 문장에는 과제에서 언급한 동사가 없고, 과제에서 언급하지 않은 부사가 있다.
③ '앗'은 감탄사, '그'는 관형사, '아기, 모습'은 명사, '는, 조차'는 조사, '우는'은 동사, '귀여워'는 형용사이다. 이 문장에는 과제에서 언급하지 않은 형용사가 있다.

④ '네'는 감탄사, '열'은 관형사, '명, 학생'은 명사, '의, 이'는 조사, '모두'는 부사, '모였습니다'는 동사이다. 이 문장에는 과제에서 언급하지 않은 부사가 있다.

12 답 ③
'팔아서'는 사람이나 사물의 움직임이나 작용을 나타내는 동사이다. 하지만 '별말이다'는 명사 '별말'에 조사 '이다'가 결합한 것으로, 동사가 아니다.

| 오답 풀이 |
① '춘향'과 '뒤'는 다른 말의 도움 없이 홀로 쓰일 수 있는 자립 명사이다.
② '저'와 '나'는 '춘향'을 대신하여 나타내는 인칭 대명사이다.
④ '만'은 한정 또는 말하는 이가 기대하는 마지막 선의 뜻을, '도'는 더함 또는 감정을 강조하는 뜻을 더해 주는 보조사이다.
⑤ '오냐'는 대답을, '여보'는 부름을 나타내는 감탄사이다.

13 답 ④
㉮에는 문장에서 쓰일 때 형태가 변하지 않고, 문장에서 체언을 꾸며 주는 단어가 들어갈 수 있다. 관형사 또는 일부 부사가 이에 해당하는데, '어느, 무슨'은 관형사이다. ㉯에는 문장에서 쓰일 때 형태가 변하지 않고, 느낌이나 대답을 나타내는 단어가 들어갈 수 있다. 감탄사가 이에 해당하는데, '어머, 아이고'는 느낌을 나타내는 감탄사이다.

| 오답 풀이 |
① '옛, 헌'은 관형사이므로 ㉮에 들어갈 수 있지만, '구름, 이순신'은 명사이므로 ㉯에 들어갈 수 없다. 명사는 문장에서 움직임의 주체나 움직임의 대상이 된다.
② '저희, 너희'는 대명사이므로 ㉮에 들어갈 수 없다. 대명사는 문장에서 움직임의 주체나 움직임의 대상이 된다. '응, 그래'는 감탄사이므로 ㉯에 들어갈 수 있다.
③ '과연, 설마'는 문장 전체를 꾸며 주는 부사이므로 ㉮에 들어갈 수 없다. '여기, 거기'는 대명사이므로 ㉯에 들어갈 수 없다. 대명사는 문장에서 움직임의 주체나 움직임의 대상이 된다.
⑤ '그러나, 그리고'는 앞말과 뒷말 또는 앞 문장과 뒤 문장을 이어 주는 부사이므로 ㉮에 들어갈 수 없다. '둘, 셋'은 수사이므로 ㉯에 들어갈 수 없다. 수사는 문장에서 움직임의 주체나 움직임의 대상이 된다.

14 답 ⑤
우리말 어휘는 고유어, 한자어, 외래어로 나뉜다. 이 중에서 고유어는 본래부터 우리말에 있었거나 우리말에 기초하여 새로 만들어진 말이다. 따라서 고유어에 기초하여 새로 만든 말은 고유어에 포함된다.

| 오답 풀이 |
② 외래어는 외국에서 새로 들어온 사물이나 현상을 나타내 우리말 어휘를 보충한다.
③ 한자는 글자마다 뜻이 있다. 이러한 한자에 기초하여 만들어진 한자어는 의미를 압축적으로 표현할 수 있다.
④ '서운하다, 섭섭하다, 시원섭섭하다'와 같은 고유어는 우리 민족의 정서를 효과적으로 표현한다.

15 답 고유어는 소리, 모양, 색깔을 나타내는 표현이 발달했다.
〈보기〉의 첫 번째에서 고유어는 소리나 모양을 나타내는 표현이 발달했음을 알 수 있고, 두 번째에서 고유어는 색깔을 나타내는 표현이 발달했음을 알 수 있다. 즉 고유어에는 소리, 모양, 색깔을 생생하게 표현할 수 있는 어휘가 많아 어떤 대상을 감각적으로 표현하는 데 효과적이다.

16 답 ㉠: 소문(所聞) ㉡: 대화(對話) ㉢: 설명(說明)
  → 한자어의 특성: 분화된 의미
고유어인 '말'은 문맥에 따라 다양한 한자어로 바꾸어 쓸 수 있다. ㉠의 '말'은 사람들 입에 오르내려 전하여 들리는 말을 뜻하는 '소문(所聞)'으로 바꾸어 쓸 수 있다. ㉡의 '말'은 마주 대하여 이야기를 주고받음을 뜻하는 '대화(對話)'로 바꾸어 쓸 수 있다. ㉢의 '말'은 어떤 일이나 대상의 내용을 상대편이 잘 알 수 있도록 밝혀 말함을 뜻하는 '설명(說明)'으로 바꾸어 쓸 수 있다. 하나의 고유어가 여러 한자어와 대응하는 것으로 보아, 고유어는 의미의 폭이 넓고, 한자어는 분화된 의미를 지니고 있음을 알 수 있다.

17 답 ⑤
제시된 시에는 다음과 같이 고유어에 대응하는 한자어, 외래어가 나타난다.

고유어	한자어, 외래어
달리기	조깅(jogging)
찬물	냉수(冷水)
씻다	샤워(shower)
밥	식사(食事)
달걀	계란(鷄卵)
부치다	프라이(fry)

이렇게 고유어와 한자어, 고유어와 외래어를 대응해 제시하여 각 상황을 표현할 수 있는 고유어가 있음에도 무분별하게 외래어와 한자어를 쓰는 오늘날의 언어 현실을 비판적으로 바라보고 있다.

| 오답 풀이 |
① '조깅'은 외래어이지만, '발목', '땀'은 고유어이다.
② '냉수', '식사'는 한자어이지만, '달걀'은 고유어이다.
③ '달리기', '아침밥'은 고유어이지만, '계란'은 한자어이다.
④ '샤워'는 고유어 '씻다'로, '프라이'는 고유어 '부치다'로 대체할 수 있다.

18 답 ②
'콩지름', '콩길금', '콩기름'은 '콩나물'의 지역 방언이다. 지역 방언은 지역에 따라 달라진 말이므로 같은 지역 사람이 아니면 의미를 이해하기 어렵다. 이 경우에는 의사소통이 원활하게 이루어지지 않을 수도 있으므로 지역 방언은 공용어로 사용하기에 적합하지 않다.

19 답 ⑤

㉠ '비티(BT)'는 출혈 시간(bleeding time)을 의미하고, ㉡ '경막 외 출혈'은 머리뼈 골절을 일으켰을 때 경막의 동맥이나 정맥이 끊어져서 머리뼈와 경막 사이에 피가 나는 증상을 의미한다. 이는 주로 의학 분야의 집단에서 사용하는 사회 방언으로, 일반인은 그 의미를 알기 어렵다. 보호자에게 환자의 상태를 설명해야 하는 상황인 ㉢에서 ㉡과 같은 사회 방언을 사용한다면 보호자는 의사의 말을 이해하기 어려울 것이다. 따라서 ㉢에서는 일상어를 사용하는 것이 적절하다.

| 오답 풀이 |

①, ② ㉠은 주로 의사, 간호사와 같은 의학 분야의 집단에서 사용하는 말로, 직업에 따라 다르게 쓰이는 사회 방언이다.
③ 사회 방언은 같은 사회 방언을 사용하는 집단 안에서는 의사소통의 효율성을 높인다.
④ 의사끼리 대화하는 상황이므로 의사소통의 효율성을 높이기 위해 ㉢에서는 ㉠과 같은 사회 방언을 사용할 것이다.

20 답 ③

표준어인 '감자'는 한 나라에서 정한 공용어로, 모든 사람이 그 의미를 알 수 있으므로 공식적인 상황에서 사용한다. 지역 방언인 '감재'는 그 의미를 알 수 있는 같은 지역 사람끼리, 개인적인 대화를 나누는 상황에서 주로 사용하는데, 표준어로 나타내기 어려운 지역의 정서나 감정을 표현한다. 즉 표준어와 지역 방언은 상호 보완적인 관계에 있다.

| 오답 풀이 |

① 외래어를 무분별하게 사용하면 우리말의 정체성을 위협할 수 있다. 하지만 '빵', '피아노'와 같은 외래어는 외국에서 새로 들어온 사물을 나타내는 말로, 새말을 만들어 내지 않는 이상 고유어로 바꾸어 쓰기 어렵다.
② 문학 작품에서 지역 방언을 사용하면 향토적인 느낌과 현장감을 줄 수 있다.
④ 둘 이상의 음을 이어서 부드럽게 연주하라는 말인 '레가토', 2분의 2박자를 이르는 '알라 브레베'는 음악가들이 사용하는 말로, 직업에 따른 사회 방언이다.
⑤ 공소를 제기할 수 있는 권리인 '공소권', 재판의 기초가 되는 사실관계 및 법률관계를 명확히 하기 위하여 법원이 증거나 방법 따위를 심사하는 행위인 '심리'는 법조인들이 사용하는 말로, 직업에 따른 사회 방언이다.

Ⅱ 문장

01 문장
42쪽

1 (1) 문장　　　(2) 어찌하다　　　(3) 문장 성분
2 (1) X　　　(2) O
3 (1) ㉠　　　(2) ㉢　　　(3) ㉡

2 (1) 마침표, 물음표, 느낌표와 같은 문장 부호는 문장의 끝을 나타낸다.
(2) 문장 성분은 문장 안에서 일정한 문법적 기능을 하는데, 주어는 문장 성분의 하나이다.
3 (1) '달린다'는 경주마의 동작을 나타낸다.
(2) '동물이다'는 사슴이 무엇인지 지정한다.
(3) '새파랗다'는 바닷물의 상태를 나타낸다.

02 주어
43쪽

1 (1) O　　　(2) X
2 (1) 제비꽃이　　　(2) 아버지께서　　　(3) 학교에서
3 (1) ㉡, ㉣　　　(2) ㉢　　　(3) ㉠

1 (2) 주격 조사나 보조사가 생략되고 체언만 나타나 주어가 되기도 한다.
3 (1) ㉡의 주어는 '가방(체언)＋이(주격 조사)'이고, ㉣의 주어는 '할아버지(체언)＋께서(주격 조사)'이다.
(2) ㉢의 주어는 '코끼리(체언)＋만(보조사)'이다.
(3) ㉠의 주어는 '당신(체언)'으로, 조사가 생략된 경우이다.

03 서술어
44쪽

1 (1) 서술어　　　(2) 용언, 체언　　　(3) 성격
2 밝다, 흐른다, 시인이다
3 (1) 흐른다　　　(2) 밝다　　　(3) 시인이다

3 (1) '어찌하다'는 주어의 동작을 풀이하는 서술어이다. 용언 중 동사가 그 자체로 서술어가 된 '흐른다'가 여기에 해당한다.
(2) '어떠하다'는 주어의 상태나 성질을 풀이하는 서술어이다. 용언 중 형용사가 그 자체로 서술어가 된 '밝다'가 여기에 해당한다.
(3) '무엇이다'는 주어가 무엇인지 풀이하는 서술어이다. 체언에 서술격 조사 '이다'가 붙어 서술어가 된 '시인이다'가 여기에 해당한다.

04 목적어와 보어

1 (1) 목적어 (2) 보어
2 (1) X (2) O
3 (1) 아이가 (2) 어른이

2 (1) '너 사탕 좋아하니?'에서 '사탕'은 조사가 생략된 목적어이다.
(2) '나는 구름도 보았습니다.'에서 '구름도'는 체언 '구름'에 보조사 '도'가 붙은 목적어이다.
3 (1) '아이가'는 서술어 '아니다' 앞에서 의미를 보충한다.
(2) '어른이'는 서술어 '되었다' 앞에서 의미를 보충한다.

05 주성분

1 (1) 주성분 (2) 주어, 서술어, 목적어, 보어
2 (1) O (2) X (3) X
3 (1) 주어+서술어 (2) 주어+보어+서술어
(3) 주어+목적어+서술어 (4) 주어+목적어+서술어

2 (2) '내가'는 주어이고 '개구리가'는 보어이므로 문장 성분이 서로 다르다.
(3) '잡았다'는 주어와 목적어가 필요한 서술어이지만, '되었다'는 주어와 보어가 필요한 서술어이다.

06 관형어

1 (1) 체언, 꾸며 주는 (2) 어떤
2 (1) 옛 (2) 그의 (3) 예쁘던, 붉은

2 (2) '그의'는 체언 '그'에 관형격 조사 '의'가 붙은 관형어이다.
(3) '예쁘던'은 용언의 어간 '예쁘-'에 관형사형 어미 '-던'이, '붉은'은 용언의 어간 '붉-'에 관형사형 어미 '-은'이 붙은 관형어이다.

07 부사어

1 (1) X (2) O
2 (1) 뜨겁게, 설마, 용언의 어간 (2) 뜨겁게, 설마, 문장 전체

1 (1) 부사어는 주로 용언을 꾸며 주는 문장 성분이다.
2 (1) '뜨겁게'는 용언의 어간 '뜨겁-'에 부사형 어미 '-게'가 붙어서, '설마'는 부사가 그 자체로 부사어가 되었다.
(2) '뜨겁게'는 용언 '내리쬔다'를 꾸며 주고, '설마'는 뒤 문장 '그런 일이 일어날까?' 전체를 꾸며 준다.

08 부속 성분

1 (1) 부속 성분, 주성분 (2) 관형어, 부사어
2 (1) 저 개는 집에서 잔다.
(2) 그의 고양이는 참 귀여워요.
(3) 맛있는 사과가 여기에 있다.
(4) 작은 자동차가 빨리도 달린다.
3 (1) 부 (2) 부 (3) 관

2 (1) '저'는 체언 '개'를 꾸며 주는 관형어이고, '집에서'는 용언 '잔다'를 꾸며 주는 부사어이다.
(2) '그의'는 체언 '고양이'를 꾸며 주는 관형어이고, '참'은 용언 '귀여워요'를 꾸며 주는 부사어이다.
(3) '맛있는'은 체언 '사과'를 꾸며 주는 관형어이고, '여기에'는 용언 '있다'를 꾸며 주는 부사어이다.
(4) '작은'은 체언 '자동차'를 꾸며 주는 관형어이고, '빨리도'는 용언 '달린다'를 꾸며 주는 부사어이다.
3 (1) '일찍'은 용언 '왔다'를 꾸며 주는 부사어이다. 부사 자체로 부사어가 되었다.
(2) '놀이터에는'은 용언 '갔습니다'를 꾸며 주는 부사어이다. 체언 '놀이터'에 부사격 조사 '에'가 붙어 부사어가 되었다.
(3) '샬롯의'는 체언 '거미줄'을 꾸며 주는 관형어이다. 체언 '샬롯'에 관형격 조사 '의'가 붙어 관형어가 되었다.

09 독립어 | 독립 성분

1 (1) O (2) O (3) X
2 (1) 이야, 으악 (2) 엄마야, 누나야

1 (3) 독립어는 문장에서 다른 문장 성분과 밀접한 관계가 없다. 따라서 생략해도 문장의 의미에 영향을 주지 않는다.
2 (2) '엄마야', '누나야'는 체언 '엄마', '누나'에 호격 조사 '야'가 붙은 독립어이다.

한눈에 보는 개념

❶ 완결 ❷ 주성분 ❸ 목적어 ❹ 보어
❺ 주체 ❻ 풀이 ❼ 되다 ❽ 아니다
❾ 부속 ❿ 부사어 ⓫ 체언 ⓬ 독립

100점 포인트

❶ 주어 ❷ 보어 ❸ 관형어 ❹ 부사어
❺ 관형어 ❻ 부사어

01 ③	02 ②	03 ④	04 ②	05 ③
06 ⑤	07 ④	08 ②, ⑩	09 ⊙: 목적어 ⓛ: 보어	
10 ④	11 ②	12 ④		

13 (1) 용언을 꾸며 줌.: 저에게, 많이 (2) 관형어를 꾸며 줌.: 아주
(3) 부사어를 꾸며 줌.: 정말 (4) 문장 전체를 꾸며 줌.: 아마

14 ⑤	15 ③	16 ③	17 ①
18 ①	19 ⑤	20 ③	21 ②

22 어머, 결국 그는 훌륭한 예술가가 되었구나!
　　독립어 부사어 주어 관형어　　보어　　서술어

01 답 ③

문장은 생각이나 감정을 말과 글로 표현할 때 완결된 내용을 나타내는 가장 작은 단위이다. '나는 책을 읽겠다.'는 생각이나 감정을 완결된 내용으로 표현한 문장으로 볼 수 있다.

| 오답 풀이 |
① 마침표를 사용하여 문장의 끝을 나타내고 있다.
② '나는'은 주어이고, '책을'은 목적어이고, '읽겠다'는 서술어이다. 보어는 나타나고 있지 않다.
④ 문장 구성에 필요한 성분을 갖추고 있다.
⑤ '누가+어찌하다'의 기본 구조를 갖추고 있다.

더 알아두기 서술어의 자릿수

문장 구성에 필요한 성분을 모두 갖추고 있다는 것은 서술어가 필요로 하는 문장 성분을 모두 가지고 있다는 뜻이다. 이때 서술어가 필요로 하는 문장 성분의 개수를 '서술어의 자릿수'라고 한다.
예 • 나는 갔다.: '갔다'는 주어와 부사어, 2개의 문장 성분이 필요한 서술어인데 부사어가 빠져 있다. → 나는 학교에 갔다.
　 • 나는 먹었다.: '먹었다'는 주어와 목적어, 2개의 문장 성분이 필요한 서술어인데 목적어가 빠져 있다. → 나는 밥을 먹었다.

02 답 ②

〈보기〉의 '할아버지께서'와 '강아지도'는 모두 주어이다. 주어는 동작 또는 상태나 성질의 주체가 되는 문장 성분이다. 주어의 동작 또는 상태나 성질 등을 풀이하는 문장 성분은 서술어이다.

03 답 ④

ⓛ '어린이도 사람이다.'의 서술어 '사람이다'는 체언 '사람'에 서술격 조사 '이다'가 붙어 만들어졌다.

| 오답 풀이 |
①, ② ⊙의 서술어 '보았다'는 동사가 그 자체로 서술어가 되어 주어의 동작을 풀이한다. 따라서 '어찌하다'에 해당한다.
③ ⓛ의 서술어는 '사람(체언)+이다(서술격 조사)'이다.
⑤ ⊙의 서술어 '보았다'는 주어와 목적어, 2개의 문장 성분이 필요하고, ⓛ의 서술어 '사람이다'는 주어 1개의 문장 성분이 필요하다.

04 답 ②

'우산이 예쁩니다.'는 주어 '우산이'와 서술어 '예쁩니다'로 이

루어진 문장이다. 형용사 자체로 된 서술어가 '어떠하다'에 해당하는데, '예쁩니다'는 사람이나 사물의 성질이나 상태를 나타내는 형용사이다.

| 오답 풀이 |
① '부사어+서술어'로 이루어진 문장이고, 동사 자체로 된 서술어는 '어찌하다'에 해당한다.
③ '주어+서술어'로 이루어진 문장이지만, 동사 자체로 된 서술어는 '어찌하다'에 해당한다.
④ '주어+서술어'로 이루어진 문장이지만, 체언에 서술격 조사 '이다'가 붙은 서술어는 '무엇이다'에 해당한다.
⑤ '관형어+주어+서술어'로 이루어진 문장이고, 동사 자체로 된 서술어는 '어찌하다'에 해당한다.

05 답 ③

서술어가 나타내는 동작의 대상이 되는 문장 성분은 목적어이다. ⓒ '우산을'은 체언 '우산'에 목적격 조사 '을'이 붙은 목적어이다.

| 오답 풀이 |
① ⊙은 주어로, 조사가 생략되고 체언만 나타났다.
② ⓛ은 서술어로, 용언 자체로 서술어가 되었다.
④ ⓔ은 관형어로, 관형사 자체로 관형어가 되었다.
⑤ ⑩은 보어로, 서술어 '아니야' 앞에서 체언에 보격 조사 '이'가 붙어 보어가 되었다.

06 답 ⑤

'끝냈다'와 '먹었다'는 모두 주어와 목적어가 필요한 서술어이다. 따라서 빈칸에 공통으로 들어갈 수 있는 문장 성분은 목적어이다. 목적어는 서술어가 나타내는 동작의 대상이 되는 문장 성분으로, 문장에서 '누구를/무엇을'에 해당한다.

| 오답 풀이 |
① 관형어에 대한 설명이다.
② 체언에 서술격 조사 '이다'가 붙은 서술어에 대한 설명이다.
③ 동사 자체로 된 서술어에 대한 설명이다.
④ 형용사 자체로 된 서술어에 대한 설명이다.

07 답 ④

'철수는 공을 던졌다.'에서 '철수는'은 주어, '공을'은 목적어, '던졌다'는 서술어이다. 모든 문장에서 반드시 필요한 문장 성분은 '철수는'과 같은 주어와 '던졌다'와 같은 서술어이다. '공을'과 같은 목적어는 서술어의 성격에 따라 문장에서 필요할 수도, 필요하지 않을 수도 있다.

| 오답 풀이 |
① 주성분은 주어, 서술어, 목적어, 보어이다. 〈보기〉의 문장은 주어, 목적어, 서술어로 이루어져 주성분으로만 이루어져 있다.
② 동작의 주체가 되는 문장 성분은 주어이다. 〈보기〉 문장의 주어는 '철수는'이다.
③ 서술어가 나타내는 동작의 대상이 되는 문장 성분은 목적어이다. 〈보기〉 문장의 목적어는 '공을'이다.

⑤ 우리말 문장의 기본 구조는 '누가/무엇이+어찌하다', '누가/무엇이+어떠하다', '누가/무엇이+무엇이다'로 나뉜다. 이는 서술어의 종류에 따라 나눈 것이다. 〈보기〉 문장의 서술어는 '던졌다'이다.

08 답 ㄹ, ㅁ
보어는 서술어 '되다', '아니다' 앞에서 체언에 보격 조사 '이/가'가 붙은 형태이다. ㄹ '오리가'는 서술어 '아니었다' 앞에서 체언 '오리'에 보격 조사 '가'가 붙은 보어이다. ㅁ '백조가'는 서술어 '되었다' 앞에서 체언 '백조'에 보격 조사 '가'가 붙은 보어이다.
| 오답 풀이 |
ㄱ 주어 ㄴ 목적어 ㄷ 주어이다.

09 답 ㉠: 목적어 ㉡: 보어
㉠ '그는 사랑한다.'에서 '그는'은 주어, '사랑한다'는 서술어이다. '사랑한다'는 주어와 목적어가 필요한 서술어이므로 목적어를 추가해야 한다. ㉡ '나는 되었다.'에서 '나는'은 주어, '되었다'는 서술어이다. '되었다'는 주어와 보어가 필요한 서술어이므로 보어를 추가해야 한다.

10 답 ④
'이분이 당신의 이웃이다.'에서 '이분이'는 주어, '당신의'는 관형어, '이웃이다'는 서술어이다. '저분은 당신의 이웃이 아니다.'에서 '저분은'은 주어, '당신의'는 관형어, '이웃이'는 보어, '아니다'는 서술어이다. 두 문장에 목적어는 쓰이지 않았다.
| 오답 풀이 |
① 두 번째 문장의 '저분은'은 체언 '저분'에 보조사 '은'이 붙은 형태의 주어이다.
② 첫 번째 문장의 '이분이'는 체언 '이분'에 주격 조사 '이'가 붙은 형태의 주어이다.
③ 두 번째 문장의 '이웃이'는 서술어 '아니다' 앞에서 체언 '이웃'에 보격 조사 '이'가 붙은 형태의 보어이다.
⑤ 첫 번째 문장의 '이웃이다'는 체언 '이웃'에 서술격 조사 '이다'가 붙은 형태의 서술어이다.

11 답 ②
㉠에서는 관형어 '토끼의'가 꾸밈을 받는 말인 '집' 앞에 놓였다. 이와 달리 ㉡에서는 관형어 '토끼의'가 꾸밈을 받는 말인 '집' 앞에 놓이지 않아 문장의 의미가 제대로 전달되지 않는다.
| 오답 풀이 |
① 관형어는 문장에서 '어떤, 누구의/무엇의'에 해당한다.
③ ㉡과 같이 꾸밈을 받는 말 없이 관형어가 쓰이면 문장의 의미가 제대로 전달되지 않는다.
④ 관형어는 뒤에 오는 체언을 자세하게 꾸며 준다.
⑤ '의'는 관형사형 어미가 아니라 관형격 조사이다.

12 답 ④
'그는 힘없이 밥을 먹었다.'에서 '그는'은 주어, '힘없이'는 부사어, '밥을'은 목적어, '먹었다'는 서술어이다. 제시된 작품에

서 중요한 것은 '힘없이' 먹었다는 것이라고 했으므로 부사어의 중요성을 알려 주는 시라고 할 수 있다.

13 답 (1) 용언을 꾸며 줌.: 저에게, 많이 (2) 관형어를 꾸며 줌.: 아주 (3) 부사어를 꾸며 줌.: 정말 (4) 문장 전체를 꾸며 줌.: 아마
'아마 그때가 여름이었지.'에서 '아마'는 문장 전체를 꾸며 주는 부사어이다. '선생님, 아주 헌 책이 저에게 있습니다.'에서 '아주'는 관형어 '헌'을, '저에게'는 용언 '있습니다'를 꾸며 주는 부사어이다. '할아버지께서 전복을 정말 많이 좋아하세요.'에서 '정말'은 부사어 '많이'를, '많이'는 용언 '좋아하세요'를 꾸며 주는 부사어이다.

14 답 ⑤
'우리 과거의 잘못은 잊고 새로운 사람이 되자.'에서 '우리'는 주어, '과거의'는 관형어, '잘못은'은 목적어, '잊고'는 서술어, '새로운'은 관형어, '사람이'는 보어, '되자'는 서술어이다. 따라서 부사어는 쓰이지 않고 관형어만 쓰인 문장이다.
| 오답 풀이 |
① '작은'은 체언 '풍선'을 꾸며 주는 관형어이고, '나에게'는 용언 '주었다'를 꾸며 주는 부사어이다.
② '어려운'은 체언 '노래'를 꾸며 주는 관형어이고, '잘'은 용언 '부른다'를 꾸며 주는 부사어이다.
③ '더러운'은 체언 '운동화'를 꾸며 주는 관형어이고, '깨끗이'는 용언 '빨았다'를 꾸며 주는 부사어이다.
④ '우는'은 체언 '아이'를 꾸며 주는 관형어이고, '힘들게'는 용언 '업으셨다'를 꾸며 주는 부사어이다.

15 답 ③
'좋은'은 체언 '습관'을 꾸며 주는 관형어이고, '자주'는 용언 '씻어요'를 꾸며 주는 부사어이고, '깨끗하게'는 용언 '씻어요'를 꾸며 주는 부사어이다. 관형어와 부사어는 부속 성분으로, 주로 주성분의 내용을 꾸며 뜻을 더해 준다.
| 오답 풀이 |
① 목적어 ② 서술어 ④ 주성분 ⑤ 독립어에 대한 설명이다.

16 답 ③
'무척 푸르다.'에서 '무척'은 부사어, '푸르다'는 서술어이다. 이 문장은 주어가 없으므로 '산이 무척 푸르다.'와 같이 주어를 추가해야 완전한 문장이 될 수 있다.
| 오답 풀이 |
① '나는'은 주어, '노래를'은 목적어이다. 이 문장은 서술어가 없으므로 '부른다'와 같이 서술어를 추가해야 완전한 문장이 된다.
② '나는'은 주어, '보냈다'는 서술어이다. '보냈다'는 주어, 목적어, 부사어가 필요한 서술어이므로 '친구에게'와 같은 부사어 외에 '편지를'과 같은 목적어를 추가해야 완전한 문장이 된다.
④ '내(나의)'는 관형어, '동생은'은 주어, '좋아한다'는 서술어이다. '좋아한다'는 주어와 목적어가 필요한 서술어이므로 '인형을'과 같은 목적어를 추가해야 완전한 문장이 된다.

⑤ '그는'은 주어, '존경받는'은 관형어, '되었다'는 서술어이다. '되었다'는 주어와 보어가 필요한 서술어이므로 '학자가'와 같은 보어를 추가해야 완전한 문장이 된다.

17 답 ①

㉠ '어린'은 용언의 어간 '어리-'에 관형사형 어미 '-ㄴ'이 붙은 관형어로, 뒤에 오는 체언 '시절'을 꾸며 준다.

| 오답 풀이 |
② ㉡은 서술어 '만났습니다'의 대상이 되는 목적어이다.
③ ㉢은 뒤에 오는 체언 '것'을 꾸며 주는 관형어이다.
④ ㉣은 뒤에 오는 용언 '말했습니다'를 꾸며 주는 부사어이다.
⑤ ㉤은 서술어 '되었습니다' 앞에서 체언 '친구'에 보격 조사 '가'가 붙은 보어이다.

18 답 ①

'심통이 놀부와 같다.'에서 '놀부와'는 체언 '놀부'에 부사격 조사 '와'가 붙은 부사어이다. '원수는 외나무다리에서 만난다.'에서 '외나무다리에서'는 체언 '외나무다리'에 부사격 조사 '에서'가 붙은 부사어이다.

| 오답 풀이 |
② '목마른'은 관형어이고, '호랑이'는 조사가 생략되고 체언만 나타난 주어이다.
③ '바늘이'는 보어이고, '서'는 관형어이다.
④ '벌레를'은 목적어이고, '사람의'는 관형어이다.
⑤ '솟아날'은 관형어이고, '한강에'는 부사어이다.

19 답 ⑤

독립어는 다른 성분과 직접적인 관계를 맺지 않고 독립적으로 쓰이는 문장 성분으로, (ㄹ) 주로 감탄, 부름, 응답 등을 나타낸다. (ㄷ)

| 오답 풀이 |
㉠ 독립어는 감탄사가 그 자체로 독립어가 되거나, 체언에 호격 조사가 붙어 만들어진다.
㉡ 체언에 관형격 조사가 붙으면 관형어가 된다.

20 답 ③

'과연'은 뒤 문장 '그의 말이 사실일까요?' 전체를 꾸며 주는 부사어이다. 나머지 '재석아', '세상에', '네', '우아'는 독립어이다.

| 오답 풀이 |
① '재석아'는 체언 '재석'에 호격 조사 '아'가 붙은 독립어이다.
②, ④, ⑤ '세상에', '네', '우아'는 감탄사 자체로 된 독립어이다.

더 알아두기 '세상에'의 문장 성분

'세상에'는 독립어일 수도 있고, 부사어일 수도 있다. 독립적으로 쓰이면서 뜻밖의 일이 생겼을 때의 놀람을 나타낸다면 독립어이다. 그러나 용언 등을 꾸며 준다면 체언 '세상'에 부사격 조사 '에'가 붙은 부사어이다.
예 세상에, 너도 알았어? 그가 이 세상에 왔어.
　　독립어　　　　　　　　　　　　　부사어

21 답 ②

㉠은 주어와 목적어가 있고 부속 성분이 2개 있는 문장이다. 그리고 보어와 독립어는 없어야 한다. '내가 자네에게 귀한 선물을 주겠네.'에서 '내가'는 주어, '자네에게'는 부사어, '귀한'은 관형어, '선물을'은 목적어, '주겠네'는 서술어이다. 즉 주어와 목적어가 있고, 부사어와 관형어가 1개씩 있어 부속 성분이 2개 있고, 보어와 독립어는 없는 문장이다.

| 오답 풀이 |
① '설마'는 부사어, '소나기가'는 주어, '진짜'는 부사어, '내릴까요'는 서술어이다. 이 문장에는 목적어가 없다.
③ '나뭇잎이'는 주어, '어느새'는 부사어, '새빨간'은 관형어, '단풍이'는 보어, '되었다'는 서술어이다. 이 문장에는 목적어가 없고, 보어가 있다.
④ '윤경이는'은 주어, '신나는'은 관형어, '노래를'은 '목적어', '무척'은 부사어, '자주'는 부사어, '부른다'는 서술어이다. 이 문장에는 부속 성분이 3개 있다.
⑤ '이야'는 독립어, '지훈이가'는 주어, '교실을'은 목적어, '깨끗하게'는 부사어, '청소했구나'는 서술어이다. 이 문장에는 부속 성분이 1개 있고, 독립어가 있다.

22 답 어머, 결국 그는 훌륭한 예술가가 되었구나!
　　　　독립어 부사어 주어　관형어　　　보어　　　서술어

'어머'는 감탄사 자체로 된 독립어이다. '결국'은 부사 자체로 된 부사어로, 문장 전체를 꾸며 준다. '그는'은 체언 '그'에 보조사 '는'이 붙은 주어이다. '훌륭한'은 용언의 어간 '훌륭하-'에 관형사형 어미 '-ㄴ'이 붙은 관형어로, 체언 '예술가'를 꾸며 준다. '예술가가'는 서술어 '되었구나' 앞에서 체언 '예술가'에 보격 조사 '가'가 붙은 보어이다. '되었구나'는 용언 자체로 된 서술어이다.

10 홑문장과 겹문장　　　　56쪽

1 (1) 홑문장　　　(2) 겹문장
2 (1) ㉡, ㉢　　　(2) ㉠, ㉣
3 윤혜는 국어를 잘한다. 준현이는 수학을 잘한다.

2 (1) ㉡ '철희는 순대를 제일 좋아한다.'는 주어('철희는')와 서술어('좋아한다')의 관계가 한 번만 나타난다. ㉢ '할아버지께서 재채기를 하셨다.' 역시 주어('할아버지께서')와 서술어('하셨다')의 관계가 한 번만 나타난다.
(2) ㉠ '가을이 오면 산에 단풍이 든다.'는 '가을이 온다.', '단풍이 든다.'로 주어와 서술어의 관계가 두 번 나타난다. ㉣ '영화가 눈물이 나도록 슬프다.'는 '영화가 슬프다.', '눈물이 난다.'로 역시 주어와 서술어의 관계가 두 번 나타난다.

11 이어진문장

1 (1) O   (2) X
2 (1) ⓛ, ⓑ   (2) ⓐ, ⓐ

1 (2) 종속적으로 이어진문장에서 이어진 앞뒤 문장은 종속적인 의미 관계를 지닌다.
2 (1) '네가 웃는다.'와 '나는 행복하다.'가 '-으면'을 통해 '조건'의 의미 관계로 연결된 종속적으로 이어진문장이다.
(2) '우리 영화관에 가자.'와 '우리 놀이공원에 가자.'가 '-거나'를 통해 '선택'의 의미 관계로 연결된 대등하게 이어진문장이다.

12 안은문장과 안긴문장

1 (1) 안은   (2) 안긴
2 (1) 집에 가자고, 인용절을 가진 안은문장
(2) 눈이 부시게, 부사절을 가진 안은문장

2 (1) 인용 조사 '고'가 붙어 만들어진 인용절 '집에 가자고'를 안은 인용절을 가진 안은문장이다.
(2) 부사형 어미 '-게'가 붙어 만들어진 부사절 '눈이 부시게'를 안은 부사절을 가진 안은문장이다.

한눈에 보는 개념

❶ 주어   ❷ 서술어   ❸ 이어진   ❹ 대조
❺ 목적   ❻ 안은   ❼ 관형어   ❽ 서술어

100점 포인트
❶ 대등하게   ❷ 종속적으로   ❸ 안은문장   ❹ 홑문장

내신 실전 문제

01 ⑤   02 ③   03 ④   04 ②   05 ④
06 ③   07 ④   08 ⑤   09 시온이는 주스를 만들었으나(만들었지만) 채린이는 쿠키를 구웠다.
10 ④   11 ②   12 ⑤   13 ②
14 ⓐ: 한 ⓛ: 두 ⓒ: 명사절   15 ②   16 ⑤
17 ①   18 ④   19 ②   20 ④   21 기상청에서 내일부터 장마가 시작된다고 예보했다.   22 ④

01 답 ⑤
ⓜ '안은문장'은 하나의 홑문장이 다른 홑문장을 하나의 문장 성분처럼 안고 있는 문장이다. 다른 문장 속에 들어가 하나의 문장 성분처럼 쓰이는 문장은 안긴문장이다.

02 답 ③
주어와 서술어의 관계가 한 번만 나타나는 문장은 홑문장이다. '나는 새 운동화를 참 좋아한다.'는 주어('나는')와 서술어('좋아한다')의 관계가 한 번만 나타나는 홑문장이다.

|오답 풀이|
① '봄이 갔다.', '여름이 왔다.'로 주어와 서술어의 관계가 두 번 나타난다.
② '비가 내린다.', '길이 젖었다.'로 주어와 서술어의 관계가 두 번 나타난다.
④ '눈이 그쳤다.', '사람들이 몰려들었다.'로 주어와 서술어의 관계가 두 번 나타난다.
⑤ '그는 믿는다.', '의견이 옳다.'로 주어와 서술어의 관계가 두 번 나타난다.

03 답 ④
'요리사가 모든 접시를 깨끗이 닦았다.'에서 '요리사가'는 주어, '모든'은 관형어, '접시를'은 목적어, '깨끗이'는 부사어, '닦았다'는 서술어이다. 따라서 이 문장은 주어와 서술어의 관계가 한 번만 나타나는 홑문장이다.

04 답 ②
'나는 모든 인간이 평등함을 믿는다.'는 '나는 믿는다.', '인간이 평등하다.'로 주어와 서술어의 관계가 두 번 나타난다. '안개가 걷히면 비행기가 출발합니다.'는 '안개가 걷힙니다.', '비행기가 출발합니다.'로 주어와 서술어의 관계가 두 번 나타난다. '우리는 일출을 보려고 서둘러 바닷가에 갔다.'는 '우리는 본다.', '우리는 갔다.'로 주어와 서술어의 관계가 두 번 나타난다.

|오답 풀이|
① 홑문장에 대한 설명으로, 세 문장 모두 해당하지 않는다.
③ 대등하게 이어진문장에 대한 설명으로, 세 문장 모두 해당하지 않는다.
④ 종속적으로 이어진문장에 대한 설명으로, 두 번째 문장과 세 번째 문장만 해당한다.
⑤ 안은문장에 대한 설명으로, 첫 번째 문장만 해당한다.

더 알아두기 주어의 생략
이어지는 두 홑문장의 주어가 같으면 뒤 문장의 주어를 생략할 수 있다. 즉 '나는 귀엽다.'와 '나는 착하다.' 두 문장은 '나는 귀엽고 착하다.'로 이어질 수 있다. 이렇게 주어가 생략되었다고 해서 주어와 서술어의 관계가 없어지는 것은 아니다. 예 나는 밥을 먹고, (나는) 친구를 만났다.
     주어 ①, ②   서술어 ①   서술어 ②

05 답 ④
ⓛ '개미는 열심히 일했지만 베짱이는 노래만 불렀어요.'는 '개미는 일했어요.', '베짱이는 불렀어요.'로 주어와 서술어의 관계가 두 번 나타나는 겹문장이다. ⓒ '계절이 겨울이 되니 베짱이가 개미를 찾아갔어요.'는 '계절이 되었어요.', '베짱이가 찾아갔어요.'로 주어와 서술어의 관계가 두 번 나타나는 겹문장이다. ⓜ '베짱이가 잘못을 뉘우치니 개미가 그를 보듬었어요.'는 '베짱이가 뉘우쳤어요.', '개미가 보듬었어요.'로 주어와 서술어의 관계가 두 번 나타나는 겹문장이다.

| 오답 풀이 |

㉠ 주어('개미가')와 서술어('살았어요')의 관계가 한 번만 나타나는 홑
문장이다.

㉣ 주어('개미가')와 서술어('주었어요')의 관계가 한 번만 나타나는 홑
문장이다.

06 답 ③

'소나기가 오거나 함박눈이 내리겠다.'는 '소나기가 오겠다.'와
'함박눈이 내리겠다.' 두 홑문장이 '선택'의 의미 관계로 연결된
이어진문장이다. 연결 어미 '-거나'가 사용되었다.

| 오답 풀이 |

① 관형절('우산을 쓴')을 가진 안은문장이다.

② 명사절('음식이 맛있기')을 가진 안은문장이다.

④ 주어('아이들이')와 서술어('탄다')의 관계가 한 번만 나타나는 홑문
장이다.

⑤ 관형절('귀뚜라미가 우는')을 가진 안은문장이다.

07 답 ④

'그가 떠나든지 내가 떠날게.'는 '그가 떠날게.'와 '내가 떠날
게.'가 '선택'의 의미 관계를 나타내는 연결 어미 '-든지'를 통
해 대등하게 이어져 있다.

08 답 ⑤

'동생은 키위를 좋아하고 나는 망고를 좋아한다.'는 '동생은 키
위를 좋아한다.'라는 홑문장과 '나는 망고를 좋아한다.'라는 홑
문장이 대등하게 이어져 있는 문장이다. 이어진 앞뒤 문장이
대등한 의미 관계를 지니고 있으므로 앞뒤 문장의 순서를 바꾸
어도 의미가 달라지지 않는다.

| 오답 풀이 |

① 이어진문장이므로 안긴문장은 가지고 있지 않다.

② '동생은 좋아한다.', '나는 좋아한다.'로 주어와 서술어의 관계가 두
번 나타난다.

③, ④ 두 홑문장이 대등한 의미 관계로 이어져 있다.

09 답 시온이는 주스를 만들었으나(만들었지만) 채린이는 쿠키를
구웠다.

'대조'의 의미 관계를 나타내는 연결 어미에는 '-(으)나', '-지만'
등이 있다. 따라서 〈보기〉의 두 홑문장을 '시온이는 주스를 만들
었으나(만들었지만) 채린이는 쿠키를 구웠다.'로 연결해 대등하
게 이어진문장으로 만들 수 있다.

10 답 ④

㉠ '봄이 왔으니 꽃이 피겠다.'는 '봄이 왔다.'와 '꽃이 피겠다.'
가 '원인'의 의미 관계를 나타내는 연결 어미 '-으니'를 통해 연
결된 종속적으로 이어진문장이다. ㉡ '연주는 눈만 뜨면 책을
읽는다.'는 '연주는 눈만 뜬다.'와 '연주는 책을 읽는다.'가 '조
건'의 의미 관계를 나타내는 연결 어미 '-면'을 통해 연결된 종
속적으로 이어진문장이다.

11 답 ②

〈조건〉을 모두 만족하는 문장은 이어진문장 중에서 종속적으
로 이어진문장이면서 '목적'의 의미 관계로 연결된 문장이다.
'그는 산나물을 캐러 뒷동산에 올라갔다.'는 '그는 산나물을
캤다.'와 '그는 뒷동산에 올라갔다.'가 '목적'의 의미 관계를 나
타내는 연결 어미 '-러'를 통해 연결된 종속적으로 이어진문장
이다.

| 오답 풀이 |

① '원인'의 의미 관계를 나타내는 연결 어미 '-아서'를 통해 연결된 종
속적으로 이어진문장이다.

③ '대조'의 의미 관계를 나타내는 연결 어미 '-지만'을 통해 연결된 대
등하게 이어진문장이다.

④ '조건'의 의미 관계를 나타내는 연결 어미 '-거든'을 통해 연결된 종
속적으로 이어진문장이다.

⑤ '선택'의 의미 관계를 나타내는 연결 어미 '-든지'를 통해 연결된 대
등하게 이어진문장이다.

12 답 ⑤

대등하게 이어진문장인 ㉠과 ㉡은 '너는 양파를 썰거나 마늘을
깔래?', '그들은 바다로 갔고 우리는 산으로 갔다.'와 같이 이어
진 앞뒤 문장의 순서를 바꾸어도 문장의 의미가 달라지지 않는
다. 하지만 종속적으로 이어진문장인 ㉢은 '내가 너에게 바로
연락하면 집에 도착하게.'와 같이 이어진 앞뒤 문장의 순서를
바꾸면 의미가 통하지 않는다.

| 오답 풀이 |

① ㉠과 ㉡은 대등하게 이어진문장이고, ㉢은 종속적으로 이어진문장
이다.

② ㉠은 '선택'의 의미 관계로 연결된 문장이다.

③ ㉡은 연결 어미 '-고'를 통해 연결된 문장이다.

④ ㉢은 이어진 앞뒤 문장의 주어가 '내가'로 같아 연결 어미 뒤에 있는
문장의 주어가 생략되었다.

13 답 ②

'연재는 손을 잘 씻어서 감기에 안 걸렸다.'는 '연재는 손을 잘
씻었다.'와 '연재는 감기에 안 걸렸다.'가 종속적으로 이어진 문
장이다. '성수가 숙제를 하려고 방에 들어갔다.' 역시 '성수가
숙제를 한다.'와 '성수가 방에 들어갔다.'가 종속적으로 이어진
문장이다.

| 오답 풀이 |

① 명사절('그 일을 하기')을 가진 안은문장이다.

③ 인용절('이모의 말이 맞다고')을 가진 안은문장이다.

④ 서술절('인정이 많으시다')을 가진 안은문장이다.

⑤ 관형절('로제 소스가 들어간')을 가진 안은문장이다.

14 답 ㉠: 한 ㉡: 두 ㉢: 명사절

'나는 그것을 기다린다.'는 '나는 기다린다.'로 주어와 서술어의
관계가 한 번만 나타나는 홑문장이다. 반면 '나는 해가 뜨기를
기다린다.'는 '나는 기다린다.', '해가 뜬다.'로 주어와 서술어의

관계가 두 번 나타난다. 명사형 어미 '-기'가 붙어 만들어진 명사절 '해가 뜨기'를 가진 안은문장이다.

15 답 ②
'우리는 태풍이 왔음을 알았다.'는 '태풍이 왔음'이라는 명사절을 가진 안은문장이다. '태풍이 왔다.'에 명사형 어미 '-음'이 결합해 명사절이 되었다.

16 답 ⑤
'우리는 저들의 앨범을 기대한다.'에서 ㉠ '저들의'는 체언 '앨범'을 꾸며 주는 관형어이다. 관형어의 기능을 하는 절은 관형절이므로 관형절을 안은 문장을 찾아야 한다. '나는 독수리가 날아가는 장면을 보았다.'에서 '독수리가 날아가는'은 관형사형 어미 '-는'이 붙어 만들어진 관형절로, 체언 '장면'을 꾸며 주는 기능을 한다.

| 오답 풀이 |
① 서술어의 기능을 하는 서술절 '마음씨가 고왔다'를 안은 문장이다.
② 목적어의 기능을 하는 명사절 '비가 오기'를 안은 문장이다.
③ 부사어의 기능을 하는 부사절 '눈이 부시게'를 안은 문장이다.
④ 인용하는 기능을 하는 인용절 '"제가 발표할게요."라고'를 안은 문장이다.

17 답 ①
'그것은 신데렐라가 잃어버린 구두이다.'는 〈조건〉에 제시된 '신데렐라, 구두, 잃어버리다'를 모두 사용해 만든 안은문장이다. 관형어의 기능을 하는 절은 관형절인데, '신데렐라가 잃어버린'이 체언 '구두'를 꾸며 주는 기능을 하는 관형절이다.

| 오답 풀이 |
② '신데렐라는 구두를 잃어버렸다.'와 '신데렐라는 속상했다.'가 연결된 종속적으로 이어진문장이다.
③ 목적어의 기능을 하는 명사절 '구두를 잃어버렸음'을 안고 있다.
④ '잃어버리다'가 사용되지 않았고, 부사어의 기능을 하는 부사절 '신데렐라가 구두를 찾도록'을 안고 있다.
⑤ '잃어버리다'가 사용되지 않았고, 인용하는 기능을 하는 인용절 '자신이 구두를 찾았다고'를 안고 있다.

18 답 ④
'아이스크림이 이가 시리게 차갑다.'에서 '이가 시리게'는 부사절로, 부사어처럼 쓰이며 용언 '차갑다'를 꾸며 준다.

| 오답 풀이 |
①, ② '이가 시리게'라는 부사절을 가진 안은문장이다.
③ 부사어의 기능을 하는 절을 안고 있다.
⑤ '아이스크림이 차갑다.', '이가 시리다.'로 주어와 서술어의 관계가 두 번 나타난다.

19 답 ②
〈보기〉는 서술절을 가진 안은문장에 대한 설명이다. '해바라기는 키가 크다.'에서 '키가 크다'는 서술절로, 주어의 상태를 풀이하는 서술어의 기능을 한다.

| 오답 풀이 |
① 주어('앞발이')와 서술어('짧다')의 관계가 한 번만 나타나는 홑문장이다.
③ 명사절('고구마가 익기')을 가진 안은문장이다.
④ 관형절('내가 좋아하는')을 가진 안은문장이다.
⑤ 부사절('얼음이 녹도록')을 가진 안은문장이다.

20 답 ④
㉠의 '"유니가 리코더를 연주했어."라고'는 주니의 말을 그대로 직접 인용한 것이고, ㉡의 '유니가 리코더를 연주했다고'는 주니의 말을 인용하는 사람의 표현으로 바꾸어 간접 인용한 것이다.

더 알아두기 직접 인용절과 간접 인용절
- 직접 인용절: 다른 사람의 말이나 글을 그대로 옮기는 것이다. 따옴표를 사용하며, 인용한 말 뒤에 조사 '라고'가 붙는다.
예 승재가 "밥 먹으러 가자"라고 말했다.
- 간접 인용절: 다른 사람의 말이나 글을 인용하는 사람의 표현으로 바꾸어 옮기는 것이다. 인용한 말 뒤에 조사 '고'가 붙는다.
예 승재가 밥 먹으러 가자고 말했다.

21 답 기상청에서 내일부터 장마가 시작된다고 예보했다.
간접 인용하라고 했으므로 인용 조사 '고'를 붙여 인용절을 만들어야 한다. '내일부터 장마가 시작됩니다.'의 표현을 바꾸어 인용 조사 '고'를 붙이면 '내일부터 장마가 시작된다고'로 간접 인용절을 만들 수 있다.

22 답 ④
'고양이는 쥐가 오기를 기다린다.'는 명사형 어미 '-기'가 붙어 만들어진 명사절 '쥐가 오기'를 가진 안은문장이다.

| 오답 풀이 |
① 서술절('목이 길다')을 가진 안은문장이다.
② 부사절('숨이 차게')을 가진 안은문장이다.
③ 관형절('뱀이 벗은')을 가진 안은문장이다.
⑤ 인용절('"나 여기 있어."라고')을 가진 안은문장이다.

실력 완성 문제   64~67쪽

| 01 ⑤ | 02 ⑤ | 03 ⑤ | 04 ② |

05 너도, 어른이, 되었겠지   06 ⑤   07 ②

08 ④   09 ④   10 (1) 주성분: 범수는, 사람이, 아니었군 (2) 부속 성분: 정말, 그 (3) 독립 성분: 아

11 ③   12 ⑤   13 ②   14 ㉠: ⓐ ㉡: ⓑ ㉢: ⓒ

15 ㉠: 종속적으로 ㉡: 원인 ㉢: 종속적으로 ㉣: 목적

16 ④   17 ⑤   18 ①   19 (1) ㉠이 ㉡의 원인이 되어 종속적으로 이어진문장: 눈이 쌓여서(쌓이니) 길이 미끄럽다. (2) ㉡이 ㉠을 관형절로 가진 안은문장: 눈이 쌓인 길이 미끄럽다. 20 ②

01 답 ⑤

문장은 생각이나 감정을 말과 글로 표현할 때 완결된 내용을 나타내는 가장 작은 단위이다. 글의 경우 각 문장의 끝에 마침표, 물음표, 느낌표와 같은 문장 부호를 사용하여 문장의 끝을 나타낸다. 문장을 구성하면서 문장 안에서 일정한 문법적 기능을 하는 부분을 문장 성분이라고 한다.

> **더 알아두기 ｜ 품사와 문장 성분**
>
> '품사'는 단어를 단어 자체가 지닌 성질에 따라 나눈 개념이고, '문장 성분'은 문장의 각 부분을 문장 안에서 하는 기능에 따라 나눈 개념이다. 따라서 단어의 품사와 그 단어의 문장 성분이 항상 짝을 이루지는 않는다. 예를 들어 '노랗다'의 품사는 형용사이다. 하지만 '노랗다'의 문장 성분은 문장에 따라 서술어도, 부사어도, 관형어도 될 수 있다.
>
> 예 • 개나리가 노랗다.
>   　　품사: 형용사, 문장 성분: 서술어
>
> • 귤이 노랗게 익었다.
>   　　품사: 형용사, 문장 성분: 부사어
>
> • 아이가 노란 우산을 썼다.
>   　　품사: 형용사, 문장 성분: 관형어

02 답 ⑤

ⓒ '어찌하다'는 주어의 동작을 풀이하는 서술어로, 동사 자체로 된 서술어이고, ⓒ '어떠하다'는 주어의 상태나 성질을 풀이하는 서술어로, 형용사 자체로 된 서술어이다. ⓔ '무엇이다'는 주어가 무엇인지 풀이하는 서술어로, 체언에 서술격 조사 '이다'가 붙어 된 서술어이다.

| 오답 풀이 |
① 서술어는 문장을 이루는 데 기본적으로 필요한 주성분에 해당한다.
② 서술어의 성격에 따라 필요한 문장 성분의 개수가 달라진다.
③ '하늘이 무척 푸르다.'의 서술어 '푸르다'는 형용사 자체로 된 서술어로, 주어의 상태나 성질을 풀이한다. 즉 '어떠하다'에 해당하는 서술어이다.
④ '가수가 노래를 부른다.'의 서술어 '부른다'는 동사 자체로 된 서술어로, 주어의 동작을 풀이한다. 즉 '어찌하다'에 해당하는 서술어이다.

03 답 ⑤

'나는 너에게 가려고 배를 만들었다.'에서 '나는'은 주어, '너에게'는 부사어, '가려고'는 서술어, '배를'은 목적어, '만들었다'는 서술어이다. 밑줄 친 '배를'은 목적어로, 목적어는 서술어가 나타내는 동작의 대상이 되는 성분이고,(ⓜ) 문장을 이루는 데 기본적으로 필요한 주성분에 해당한다.(ⓒ)

| 오답 풀이 |
ⓐ 독립어 ⓒ 주어 ⓔ 부속 성분에 대한 설명이다.

04 답 ②

ⓐ의 두 문장은 '영희야, (너는) 밥 먹었니?', '네, (저는) 밥 먹었어요.'와 같이 주어가 생략되어 있지만 의미가 통한다. 이를 바탕으로 맥락을 통해 주어를 알 수 있어 의미가 통할 경우에는 주어를 생략할 수도 있음을 설명할 수 있다.

| 오답 풀이 |
① 목적어가 필요하지 않은 서술어가 쓰이면 문장에 목적어가 없을 수도 있다. 하지만 ⓐ의 두 문장에는 모두 목적어 '밥'이 있다.
③ ⓒ의 두 문장 모두 주어는 '소희는' 한 개이다.
④ 체언에 주격 조사가 붙어 주어가 될 수 있다. 하지만 ⓒ의 두 문장에서 주어인 '소희는'은 체언 '소희'에 보조사 '는'이 붙어 주어가 되었다.
⑤ 체언에 서술격 조사가 붙어 서술어가 될 수 있다. 하지만 ⓔ의 문장에서 서술어인 '시원하다'는 형용사 자체로 서술어가 되었고, '좋아한다'는 동사 자체로 서술어가 되었다.

05 답 너도, 어른이, 되었겠지

주성분에 해당하는 문장 성분은 주어, 서술어, 목적어, 보어이다. '민정아, 드디어 너도 멋진 어른이 되었겠지?'에서 '민정아'는 독립어, '드디어'는 부사어, '너도'는 주어, '멋진'은 관형어, '어른이'는 보어, '되었겠지'는 서술어이다. 따라서 주성분에 해당하는 부분은 주어인 '너도', 보어인 '어른이', 서술어인 '되었겠지'이다.

06 답 ⑤

'심청은 아버지를 다시 만나서 행복하게 살았다.'에 쓰인 부사어는 '다시', '행복하게'이다. '다시'는 부사가 그 자체로 부사어가 된 것이므로 ⓐ에 해당한다. '행복하게'는 용언의 어간 '행복하–'에 부사형 어미 '–게'가 붙어 만들어진 부사어이므로 ⓒ에 해당한다.

| 오답 풀이 |
① '함께'는 부사가 그 자체로 부사어가 된 것으로, '살았다'를 꾸며 준다.
② '율도국에'는 체언 '율도국'에 부사격 조사 '에'가 붙어 만들어진 부사어로, '데려갔다'를 꾸며 준다.
③ '가지런하게'는 용언의 어간 '가지런하–'에 부사형 어미 '–게'가 붙어 만들어진 부사어로, '썰었다'를 꾸며 준다.
④ '결국'은 부사가 그 자체로 부사어가 된 것으로, 문장 전체를 꾸며 준다. '선비에게는'은 체언 '선비'에 부사격 조사 '에게'가 붙어 만들어진 부사어로, '갚았다'를 꾸며 준다.

07 답 ②

'우체국에서 성실한 자원봉사자를 모집합니다.'에서 '우체국에서'는 체언에 주격 조사 '에서'가 붙은 주어, '성실한'은 용언의 어간에 관형사형 어미 '–ㄴ'이 붙은 관형어, '자원봉사자를'은 체언에 목적격 조사 '를'이 붙은 목적어, '모집합니다'는 동사 자체로 된 서술어이다. 부사어는 쓰이지 않았다.

> **더 알아두기 ｜ 주격 조사 '에서'와 부사격 조사 '에서'**
>
> • 주격 조사 '에서': 주로 단체를 나타내는 명사 뒤에 붙어 앞말이 주어임을 나타낸다.
>
> • 부사격 조사 '에서': 앞말이 행동이 이루어지는 장소, 출발점, 어떤 일의 출처, 비교의 기준점임을 의미하며 앞말이 부사어임을 나타낸다.
>
> 예 우리 학교에서 우승했다. 우리 학교가 대회에서 우승했다.
>   　　　 <u>주어</u>　　　　　　　　　　　　 <u>부사어</u>

08 답 ④

'이곳에 물거품의 형체가 남았구나.'에서 '물거품의'는 뒤에 오는 체언 '형체'를 꾸며 주는 관형어이다. 관형어는 반드시 체언 앞에 놓여 체언을 꾸며 준다.

|오답 풀이|
① '물거품과'는 용언 '같다'를 꾸며 주는 부사어이다.
② '물거품이'와 같은 주어는 서술어의 성격과 관계없이 모든 문장에서 반드시 필요한 성분이다.
③ '물거품을'은 목적어로, 문장에서 '무엇을'에 해당한다.
⑤ '물거품이'는 보어로, 주어와 서술어만으로는 불완전한 문장의 의미를 보충한다.

09 답 ④

'거머리는 절대로 유해한 벌레가 아니다.'에서 '거머리는'은 체언에 보조사 '는'이 붙은 주어, '절대로'는 부사 자체로 된 부사어, '유해한'은 용언의 어간에 관형사형 어미 '-ㄴ'이 붙은 관형어, '벌레가'는 서술어 '아니다' 앞에서 체언에 보격 조사 '가'가 붙은 보어, '아니다'는 형용사 자체로 된 서술어이다.

|오답 풀이|
① '얘들아'는 독립어, '큰'은 관형어, '공원에서'는 부사어, '놀아라'는 서술어이다. 주어는 생략되어 있다.
② '판다는'은 주어, '주로'는 부사어, '대나무를'은 목적어, '먹는다'는 서술어이다.
③ '버터는'은 주어, '빵을'은 목적어, '무척'은 부사어, '부드럽게'는 부사어, '만든다'는 서술어이다.
⑤ '나는'은 주어, '착한'은 관형어, '아람이를'은 목적어, '친구에게'는 부사어, '소개했다'는 서술어이다.

10 답 (1) 주성분: 범수는, 사람이, 아니었군
      (2) 부속 성분: 정말, 그 (3) 독립 성분: 아

주성분에 해당하는 문장 성분은 주어, 서술어, 목적어, 보어이고, 부속 성분에 해당하는 문장 성분은 관형어, 부사어이고, 독립 성분에 해당하는 문장 성분은 독립어이다. '아, 범수는 정말 그 사람이 아니었군.'에서 '아'는 독립어, '범수는'은 주어, '정말'은 부사어, '그'는 관형어, '사람이'는 보어, '아니었군'은 서술어이다. 따라서 독립어인 '아'는 독립 성분, 주어 '범수는', 보어 '사람이', 서술어 '아니었군'은 주성분, 부사어 '정말'과 관형어 '그'는 부속 성분이다.

11 답 ③

홑문장은 주어와 서술어의 관계가 한 번만 나타나는 문장이다.(지민) 겹문장은 홑문장이 결합하는 방식에 따라 이어진문장과 안은문장으로 나뉜다.(정국) 이어진문장은 둘 이상의 홑문장이 나란히 이어져 이루어진 문장이다. 다른 문장 속에 들어가 하나의 문장 성분처럼 쓰이는 문장은 안긴문장이다.(태형)

12 답 ⑤

'수정처럼 맑은 시냇물이 졸졸 흐른다.'는 '수정처럼 맑은'이라는 관형절을 가진 안은문장으로, '시냇물이 맑다.', '시냇물이 흐른다.'로 주어와 서술어의 관계가 두 번 나타난다. '나는 나무가 잘 자라도록 거름을 주었다.'는 '나무가 잘 자라도록'이라는 부사절을 가진 안은문장으로, '나는 주었다.', '나무가 자란다.'로 주어와 서술어의 관계가 두 번 나타난다.

|오답 풀이|
① '코끼리는 코가 길다.'는 '코가 길다'라는 서술절을 가진 안은문장으로, 주어와 서술어의 관계가 두 번 나타난다. 하지만 '소년은 남자가 되었다.'는 '주어+보어+서술어'로 이루어진 홑문장으로, 주어와 서술어의 관계가 한 번만 나타난다.
② '동생은 중학생이 아니다.'는 '주어+보어+서술어'로 이루어진 홑문장으로, 주어와 서술어의 관계가 한 번만 나타난다. 하지만 '동생은 친구가 우승하게 도왔다.'는 '친구가 우승하게'라는 부사절을 가진 안은문장으로, 주어와 서술어의 관계가 두 번 나타난다.
③ '내일은 내가 좋아하는 토요일이다.'는 '내가 좋아하는'이라는 관형절을 가진 안은문장으로, 주어와 서술어의 관계가 두 번 나타난다. '날씨가 더워서 얼음이 다 녹겠어요.'는 '날씨가 더워요.'와 '얼음이 다 녹겠어요.'가 연결된 종속적으로 이어진문장으로, 주어와 서술어의 관계가 두 번 나타난다. 하지만 안은문장이 아니므로 답이 될 수 없다.
④ '모든 부모는 자식을 끔찍이 사랑한다.'는 '관형어+주어+목적어+부사어+서술어'로 이루어진 홑문장으로, 주어와 서술어의 관계가 한 번만 나타난다. 하지만 '그는 내가 빵을 매우 좋아함을 모른다.'는 '내가 빵을 매우 좋아함'이라는 명사절을 가진 안은문장으로, 주어와 서술어의 관계가 두 번 나타난다.

13 답 ②

㉠ '제비꽃이 정말 예쁘다.'는 주어('제비꽃이')와 서술어('예쁘다')의 관계가 한 번만 나타나는 홑문장이고, ㉡ '그것은 내가 읽던 책이다.'는 '그것은 책이다.', '내가 읽는다.'로 주어와 서술어의 관계가 두 번 나타나는 겹문장이다. '모든 사람이 너를 참 그리워한다.'에서 '모든'은 관형어, '사람이'는 주어, '너를'은 목적어, '참'은 부사어, '그리워한다'는 서술어이다. 따라서 주어('사람이')와 서술어('그리워한다')의 관계가 한 번만 나타나는 홑문장이다.

|오답 풀이|
① '가을이 온다.', '단풍이 든다.'로 주어와 서술어의 관계가 두 번 나타나는 겹문장이다.
③ '나는 기다렸다.', '벌레가 사라진다.'로 주어와 서술어의 관계가 두 번 나타나는 겹문장이다.
④ '어머니께서 말씀하셨다.', '공기가 맑다.'로 주어와 서술어의 관계가 두 번 나타나는 겹문장이다.
⑤ '우리는 비켰다.', '아이들이 지나간다.'로 주어와 서술어의 관계가 두 번 나타나는 겹문장이다.

14 답 ㉠: ⓐ ㉡: ⓑ ㉢: ⓒ

㉠에는 주어와 서술어의 관계가 두 번 이상 나타나는 겹문장이 아닌 문장이 들어가야 하므로 홑문장이 들어가야 한다. ⓐ '한 나무꾼이 혼자 살았다.'는 '관형어+주어+부사어+서술어'로 이

루어진 홑문장이다. ⓛ에는 겹문장 중 이어진문장이 아닌 문장이 들어가야 하므로 안은문장이 들어가야 한다. ⓑ '나무꾼은 선녀가 입던 옷을 돌려주었다.'는 '선녀가 입던'이라는 관형절을 가진 안은문장이다. ⓒ에는 겹문장 중 이어진문장 중에서도 대등하게 이어진문장이 들어가야 한다. ⓒ '선녀는 훌쩍 떠나고 나무꾼은 홀로 남았다.'는 '선녀는 훌쩍 떠났다.'와 '나무꾼은 홀로 남았다.'가 대등한 의미 관계로 연결된 대등하게 이어진문장이다.

15 답 ㉠: 종속적으로 ㉡: 원인 ㉢: 종속적으로 ㉣: 목적

'바람이 부니 꽃잎이 떨어지네.'는 '바람이 부네.'와 '꽃잎이 떨어지네.' 두 홑문장이 '원인'의 의미 관계를 나타내는 연결 어미 '-니'를 통해 연결된 종속적으로 이어진문장이다. '네가 오려고 봄이 먼저 왔구나.'는 '네가 왔구나.'와 '봄이 먼저 왔구나.' 두 홑문장이 '목적'의 의미 관계를 나타내는 연결 어미 '-려고'를 통해 연결된 종속적으로 이어진문장이다.

16 답 ④

'아버지는 자애로우시며 어머니는 현명하시다.'는 '아버지는 자애로우시다.'와 '어머니는 현명하시다.' 두 홑문장이 '나열'의 의미 관계를 나타내는 연결 어미 '-며'를 통해 연결된 대등하게 이어진문장이다. 나머지 네 문장은 모두 종속적으로 이어진문장이다.

| 오답 풀이 |

① '나는 오늘 계속 뛰었다.'와 '나는 피곤하다.'가 '원인'의 의미 관계를 나타내는 연결 어미 '-어서'를 통해 연결된 종속적으로 이어진문장이다.

② '저는 점심을 먹습니다.'와 '저는 급식실에 갑니다.'가 '목적'의 의미 관계를 나타내는 연결 어미 '-으러'를 통해 연결된 종속적으로 이어진문장이다.

③ '날씨가 좋습니다.'와 '제가 당신을 찾아가겠습니다.'가 '조건'의 의미 관계를 나타내는 연결 어미 '-으면'을 통해 연결된 종속적으로 이어진문장이다.

⑤ '내가 내일도 늦게 일어난다.'와 '네가 나를 깨워.'가 '조건'의 의미 관계를 나타내는 연결 어미 '-거든'을 통해 연결된 종속적으로 이어진문장이다.

17 답 ⑤

㉤ '마녀는 우리가 숨은 미로에 다가왔다.'에서 '우리가 숨은'은 관형사형 어미 '-은'이 붙어 만들어진 관형절로, 뒤에 오는 체언 '미로'를 꾸며 주는 관형어의 기능을 한다.

| 오답 풀이 |

① ㉠에서 서술절 '동작이 재빠르다'는 서술어의 기능을 한다.

② ㉡에서 명사절 '그가 범인임'은 목적어의 기능을 한다.

③ ㉢에서 '"내가 할게."라고'는 철수의 말을 그대로 옮긴 직접 인용절이다.

④ ㉣에서 부사절 '배꼽이 빠지도록'은 부사형 어미 '-도록'이 붙어 만들어졌다.

18 답 ①

'하마는 입이 크다.'는 '입이 크다'라는 서술절을 가진 안은문장이다. 전체 문장의 주어는 '하마는'이고 서술절의 주어는 '입이'이다.

| 오답 풀이 |

② '관형어+주어+부사어+서술어'로 이루어진 홑문장이다.

③ '재주가 많게'는 부사형 어미 '-게'가 붙어 만들어진 부사절이다.

④ '나는 털이 하얀 사자를 보았다.'는 '털이 하얀'이라는 관형절을 가진 안은문장이다. '털이 하얀'은 체언 '사자'를 꾸며 주는 관형어의 기능을 한다. '이것은 어제 먹은 반찬이다.'는 '어제 먹은'이라는 관형절을 가진 안은문장이다. '어제 먹은'은 체언 '반찬'을 꾸며 주는 관형어의 기능을 한다. 따라서 모두 체언을 꾸며 주는 관형어의 기능을 하는 절을 안고 있다.

⑤ '준휘가 "수희는 귤을 좋아하니?"라고 말했다.'를 '준휘가 수희는 귤을 좋아하냐고 말했다.'로 바꾼 것은 직접 인용절을 간접 인용절로 바꾼 것이다.

19 답 (1) ㉠이 ㉡의 원인이 되어 종속적으로 이어진문장: 눈이 쌓여서(쌓이니) 길이 미끄럽다.
　　　(2) ㉡이 ㉠을 관형절로 가진 안은문장: 눈이 쌓인 길이 미끄럽다.

(1) ㉠ '눈이 쌓인다.'가 ㉡ '길이 미끄럽다.'의 원인이 되어야 하므로 '눈이 쌓인다.'에 '원인'의 의미 관계를 나타내는 연결 어미 '-아서/-어서' 또는 '-(으)니'를 붙인다. 그 후 '길이 미끄럽다.'와 연결하면 '눈이 쌓여서(쌓이니) 길이 미끄럽다.'라는 종속적으로 이어진문장을 만들 수 있다.

(2) ㉠ '눈이 쌓인다.'가 관형절이 되어야 하므로 관형사형 어미 '-ㄴ'을 붙여 '눈이 쌓인'이라는 관형절을 만든다. '길이 미끄럽다.'가 '눈이 쌓인'이라는 관형절을 안으면 '눈이 쌓인 길이 미끄럽다.'라는 관형절을 가진 안은문장을 만들 수 있다.

20 답 ②

문제 (1) '그는 네가 웃기를 바란다.'는 명사절을 가진 안은문장으로, 명사형 어미 '-기'가 쓰였다. 연결 어미는 이어진문장에 쓰인다.(→ 틀리므로 아래로 한 칸 이동)

문제 (2) '너는 책을 읽거나 잠을 자라.'는 대등하게 이어진문장으로, '너는 잠을 자거나 책을 읽어라.'와 같이 이어진 앞뒤 문장의 순서를 바꾸어도 문장의 의미가 달라지지 않는다.(→ 맞으므로 오른쪽으로 한 칸 이동)

문제 (3) '비가 오면 옷이 젖는다.'는 '비가 온다.'와 '옷이 젖는다.'가 '조건'의 의미 관계를 나타내는 연결 어미 '-면'을 통해 연결된 종속적으로 이어진문장이다.(→ 틀리므로 아래로 한 칸 이동)

문제 (4) '나는 여우이고 오빠는 곰이다.'는 '나는 여우이다.'와 '오빠는 곰이다.'가 '나열'의 의미 관계를 나타내는 연결 어미 '-고'를 통해 연결된 대등하게 이어진문장이다.(→ 틀리므로 아래로 한 칸 이동)

Ⅲ 음운

01 음운의 개념과 종류

1 (1) 음운 (2) 길이
2 (1) ㅏ, ㅗ (2) ㄷ, ㄸ
3 (1) ㄷ+ㅏ+ㅇ+ㄱ+ㅡ+ㄴ (6개)
　 (2) ㄱ+ㅗ+ㅣ+ㄴ+ㄷ+ㅗ+ㄹ (7개)

1 (2) 소리의 길이가 길고 짧음에 따라 말의 뜻이 구별되는 경우가 있으므로 소리의 길이 역시 음운의 역할을 한다.
2 (1) '살'과 '솔'은 가운뎃소리가 'ㅏ'와 'ㅗ'로 달라 뜻이 구별된다.
　 (2) '달'과 '딸'은 첫소리가 'ㄷ'과 'ㄸ'으로 달라 뜻이 구별된다.
3 (2) '고인돌'에서 '인'의 첫소리에 있는 'ㅇ'은 소릿값이 없으므로 음운이 아니다.

02 모음의 분류

1 (1) X (2) O
2 (1) 단 (2) 이중 (3) 단
3 (1) 여우 (2) 유치원

1 (1) 모음은 발음할 때 입술 모양이나 혀의 위치가 달라지는지에 따라 단모음과 이중 모음으로 나뉜다.
2 (3) '귀'에 쓰인 모음 'ㅟ'는 이중 모음으로 발음할 수도 있지만 원칙적으로 단모음이다.
3 (1) 'ㅓ'에서 'ㅓ'로 이어 소리 내는 것처럼 혀의 위치가 달라지는 모음은 'ㅕ'이다.
　 (2) 'ㅜ'에서 'ㅓ'로 이어 소리 내는 것처럼 입술 모양과 혀의 위치가 달라지는 모음은 'ㅝ'이다.

03 단모음의 분류 ①: 혀의 최고점의 위치

1 (1) 최고점 (2) 앞쪽 (3) 후설
2 (1) 앞쪽 (2) 뒤쪽
3 (1) ㉠ (2) ㉡ (3) ㉠ (4) ㉡ (5) ㉡

3 (1) '세대'에 쓰인 모음 'ㅔ'와 'ㅐ'는 전설 모음이다.
　 (2) '가구'에 쓰인 모음 'ㅏ'와 'ㅜ'는 후설 모음이다.
　 (3) '시위'에 쓰인 모음 'ㅣ'와 'ㅟ'는 전설 모음이다.
　 (4) '고무줄'에 쓰인 모음 'ㅗ'와 'ㅜ'는 후설 모음이다.
　 (5) '고등어'에 쓰인 모음 'ㅗ', 'ㅡ', 'ㅓ'는 후설 모음이다.

04 단모음의 분류 ②: 혀의 높이

1 (1) O (2) X
2 (1) ㅔ (2) ㅏ
3 (1) 구름, 귀신 (2) 꽃, 동네 (3) 아빠

1 (2) 고모음 → 중모음 → 저모음으로 갈수록 발음할 때 혀의 높이가 낮아진다.
2 (1) 'ㅔ', 'ㅐ' 중 발음할 때 혀의 높이가 더 높은 모음은 중모음인 'ㅔ'이다. 'ㅐ'는 저모음이다.
　 (2) 'ㅣ', 'ㅓ', 'ㅏ' 중 발음할 때 입이 가장 크게 벌어지는 모음은 저모음인 'ㅏ'이다.

05 단모음의 분류 ③: 입술 모양

1 (1) 입술 모양 (2) 둥글게 (3) 평순
2 위, 외롭게, 날고
3 (1) O (2) X (3) O

2 '위'의 'ㅟ', '외롭게'의 'ㅚ', 'ㅗ', '날고'의 'ㅗ'가 원순 모음이다.
3 (2) '벌'의 'ㅓ'는 평순 모음이다.

06 단모음 체계

1 (1) X (2) O (3) X
2 (1) ㅗ, ㅜ, ㅟ, ㅡ, ㅣ (2) ㅟ, ㅣ (3) ㅜ, ㅟ, ㅡ, ㅣ
　 (4) ㅡ, ㅣ (5) ㅣ (6) ㅗ
3 (1) ㉢ (2) ㉡ (3) ㉠ (4) ㉣

1 (1) 혀의 최고점의 위치, 혀의 높이, 입술 모양에 따라 나눌 수 있는 것은 단모음이다.
　 (3) 단모음을 고모음, 중모음, 저모음으로 나누는 기준은 혀의 높이이다.
3 (1) 전설 모음, 저모음, 평순 모음에 해당하는 모음은 'ㅐ'이다.
　 (2) 전설 모음, 중모음, 원순 모음에 해당하는 모음은 'ㅚ'이다.
　 (3) 후설 모음, 고모음, 원순 모음에 해당하는 모음은 'ㅜ'이다.
　 (4) 후설 모음, 저모음, 평순 모음에 해당하는 모음은 'ㅏ'이다.

한눈에 보는 개념

❶ 뜻 ❷ 모음 ❸ 전설 ❹ 입술
❺ ㅜ ❻ 중 ❼ ㅐ ❽ 이중

100점 포인트
❶ 3 ❷ 6 ❸ 2 ❹ 3

내신 실전 문제

01 ⑤	02 ③	03 이유	04 ③	05 ③
06 ⑤	07 ⑤	08 ②	09 ⑤	10 ①
11 입술 모양		12 ①	13 ④	
14 ㉠: 중간으로 ㉡: 보통으로				
15 ③	16 ④	17 ④		

01 답 ⑤

음운은 말의 뜻을 구별해 주는 소리의 가장 작은 단위이다. 홀로 쓰일 수 있는 말의 가장 작은 단위는 단어이다.

02 답 ③

㉠ '달'과 ㉡ '발'은 첫소리가 'ㄷ'과 'ㅂ'으로 달라 말의 뜻이 구별된다. ㉠ '달'과 ㉢ '돌'은 가운뎃소리가 'ㅏ'와 'ㅗ'로 달라 말의 뜻이 구별된다.

| 오답 풀이 |

① ㉠과 ㉡의 뜻을 구별해 주는 음운은 자음 'ㄷ'과 'ㅂ'이다.
② 발음하는 사람이 다르다고 해서 말의 뜻이 달라지지는 않는다.
④ ㉠~㉢의 끝소리는 모두 'ㄹ'로, 이로 인해 뜻이 구별되지는 않는다.
⑤ ㉠과 ㉡은 첫소리 자음만 서로 다르지만 말의 뜻이 구별되고, ㉠과 ㉢은 모음만 서로 다르지만 말의 뜻이 구별된다.

03 답 이유

첫소리의 'ㅇ'은 음운이 아니라, 첫소리에 다른 자음이 실현되지 않았을 때 그 자리가 비어 있음을 나타내기 위해 표기한 문자이다. 따라서 '이유'는 모음 'ㅣ'와 'ㅠ'로만 이루어진 단어이다.

> **더 알아두기 모음과 자음의 특징**
>
> 모음은 홀로 소리 날 수 있지만, 자음은 반드시 모음과 결합해야 소리 날 수 있다. 그래서 모음을 '홀'로 날 수 있는 소리, 즉 '홀소리'라고 하고, 자음을 다른 소리에 '닿'아야만 나는 소리, 즉 '닿소리'라고 한다.
> ⓔ 우유: 모음 'ㅜ', 'ㅠ'가 각각 홀로 소리 난다.
> 구두: 자음 'ㄱ', 'ㄷ'이 모음 'ㅜ'와 결합해 소리 난다.

04 답 ③

〈보기〉는 음운의 종류 중 자음에 대한 설명이다. 우리말의 자음은 'ㄱ, ㄲ, ㄴ, ㄷ, ㄸ, ㄹ, ㅁ, ㅂ, ㅃ, ㅅ, ㅆ, ㅇ, ㅈ, ㅉ, ㅊ, ㅋ, ㅌ, ㅍ, ㅎ' 19개이다.

05 답 ③

'하늘'을 음운으로 나누면 'ㅎ, ㅏ, ㄴ, ㅡ, ㄹ' 5개이고, '지우개'를 음운으로 나누면 'ㅈ, ㅣ, ㅜ, ㄱ, ㅐ' 5개이다.

| 오답 풀이 |

① '음치'는 'ㅡ, ㅁ, ㅊ, ㅣ' 4개의 음운, '친구'는 'ㅊ, ㅣ, ㄴ, ㄱ, ㅜ' 5개의 음운으로 이루어져 있다.
② '바위'는 'ㅂ, ㅏ, ㅟ' 3개의 음운, '상자'는 'ㅅ, ㅏ, ㅇ, ㅈ, ㅏ' 5개의 음운으로 이루어져 있다.

④ '행동'은 'ㅎ, ㅐ, ㅇ, ㄷ, ㅗ, ㅇ' 6개의 음운, '손수레'는 'ㅅ, ㅗ, ㄴ, ㅅ, ㅜ, ㄹ, ㅔ' 7개의 음운으로 이루어져 있다.
⑤ '가림막'은 'ㄱ, ㅏ, ㄹ, ㅣ, ㅁ, ㅁ, ㅏ, ㄱ' 8개의 음운, '자전거'는 'ㅈ, ㅏ, ㅈ, ㅓ, ㄴ, ㄱ, ㅓ' 7개의 음운으로 이루어져 있다.

06 답 ⑤

㉠ '밤[밤]'은 해가 져서 어두워진 때부터 다음 날 해가 떠서 밝아지기 전까지의 동안을 뜻하고, ㉡ '밤[밤ː]'은 밤나무의 열매를 뜻한다. 즉 ㉠과 ㉡은 소리의 길이에 따라 말의 뜻이 구별되므로 소리의 길이가 음운의 역할을 한다.

| 오답 풀이 |

① ㉠은 'ㅂ, ㅏ, ㅁ' 3개의 음운으로 이루어져 있다.
② 'ː' 표시가 있는 ㉡을 ㉠보다 길게 발음해야 한다.
③ 우리말에서는 억양에 따라 뜻이 구별되지 않는다.
④ ㉠과 ㉡에 쓰인 자음은 차이가 없다. ㉠과 ㉡은 자음의 차이가 아니라 소리의 길이로 구별할 수 있다.

> **더 알아두기 음운의 종류**
>
> 음운은 분절 음운과 비분절 음운으로 나뉜다.
> • 분절 음운: 다른 소리와 잘 나누어지면서 말의 뜻을 구별해 주는 것
> – 모음, 자음
> • 비분절 음운: 다른 소리와 나누어지지 않지만 말의 뜻을 구별해 주는 것
> – 소리의 길이, 소리의 높낮이, 소리의 세기(우리말의 표준어에서는 비분절 음운 중 소리의 길이만을 음운으로 본다.)

07 답 ⑤

단모음은 혀의 높이에 따라 고모음, 중모음, 저모음으로 나뉜다. 단모음을 전설 모음과 후설 모음으로 나누는 기준은 혀의 최고점의 위치이다.

| 오답 풀이 |

① 모음은 발음할 때 공기의 흐름이 방해를 받지 않고 나는 소리이다.
② 우리말의 모음에는 단모음 10개(ㅏ, ㅐ, ㅓ, ㅔ, ㅗ, ㅚ, ㅜ, ㅟ, ㅡ, ㅣ), 이중 모음 11개(ㅑ, ㅒ, ㅕ, ㅖ, ㅘ, ㅙ, ㅛ, ㅝ, ㅞ, ㅠ, ㅢ)가 있다.
③ 'ㅚ'는 원칙적으로 단모음에 해당하지만 이중 모음으로 발음하는 것도 허용한다.
④ 단모음인 'ㅏ'는 발음할 때 입술 모양이나 혀의 위치가 고정되어 움직이지 않는다.

08 답 ②

㉠ '발음할 때 입술 모양이나 혀의 위치가 달라지는 모음'은 이중 모음으로, 'ㅑ, ㅒ, ㅕ, ㅖ, ㅘ, ㅙ, ㅛ, ㅝ, ㅞ, ㅠ, ㅢ'가 이에 해당한다. 'ㅟ'는 이중 모음으로 발음하는 것도 허용하지만 원칙적으로 단모음이다.

09 답 ⑤

㉠ 'ㅏ, ㅓ, ㅜ'는 단모음이고, ㉡ 'ㅕ, ㅘ, ㅝ'는 이중 모음이다. 단모음인 ㉠은 발음할 때 입술 모양이나 혀의 위치가 고정되어 움직이지 않지만, 이중 모음인 ㉡은 발음할 때 입술 모양이나 혀의 위치가 달라진다.

① 이중 모음인 ⓒ은 두 개의 모음을 이어 소리 내는 것과 비슷하다.

② ㉠은 혀의 최고점의 위치가 뒤쪽에 있을 때 발음되는 후설 모음이다. ⓒ은 발음할 때 혀의 위치가 달라진다.

③ 단모음인 ㉠이 이중 모음인 ⓒ보다 발음하기 어렵다고 볼 수는 없다.

④ ㉠ 중 'ㅏ'는 저모음, 'ㅓ'는 중모음, 'ㅜ'는 고모음으로, 혀의 높이가 모두 다르다. ⓒ은 발음할 때 혀의 위치가 달라진다.

10 답 ①

'ㅣ'에서 'ㅔ'로 이어 소리 내는 것과 같이 혀의 위치가 달라지는 모음은 'ㅖ'이다.

11 답 입술 모양

'ㅣ, ㅔ, ㅐ, ㅡ, ㅓ, ㅏ'는 입술을 둥글게 오므리지 않고 발음하는 평순 모음이고, 'ㅟ, ㅚ, ㅜ, ㅗ'는 입술을 둥글게 오므려 발음하는 원순 모음이다. 단모음을 평순 모음과 원순 모음으로 나누는 기준은 입술 모양이다.

12 답 ①

㉠ '신세대'에 쓰인 모음 'ㅣ, ㅔ, ㅐ'는 전설 모음이면서 평순 모음이라는 공통점이 있지만 'ㅣ'는 고모음, 'ㅔ'는 중모음, 'ㅐ'는 저모음이라는 차이점이 있다. '신세대'를 발음하면 고모음('ㅣ') → 중모음('ㅔ') → 저모음('ㅐ') 순으로 발음하게 되므로 입이 점점 크게 벌어지고 혀의 높이가 점점 낮아진다.

| 오답 풀이 |

② ㉠에 쓰인 모음 'ㅣ, ㅔ, ㅐ'는 모두 단모음이다.

③ ㉠에 쓰인 모음 'ㅣ, ㅔ, ㅐ'는 모두 전설 모음이다.

④ ⓒ은 고모음 → 중모음 → 저모음 순으로 발음하게 되므로 혀의 높이가 점점 낮아진다.

⑤ ⓒ에 쓰인 모음 'ㅡ, ㅓ, ㅏ'는 모두 후설 모음이다.

더 알아두기 혀의 높이와 입이 벌어지는 정도

혀의 높이는 입이 벌어지는 정도와 밀접한 관련이 있다. 혀의 높이가 낮아진다는 것은 혀가 입천장에서 멀어진다는 것인데, 입이 크게 벌어질수록 혀가 입천장에서 멀어진다. 그래서 입이 가장 크게 벌어지는 저모음을 '개(열다 개開)모음', 입이 가장 작게 벌어지는 고모음을 '폐(닫다 폐閉)모음', 중모음은 '반개모음'이라고도 부른다.

13 답 ④

제시된 동요에 쓰인 모음은 'ㅗ, ㅣ, ㅐ, ㅔ, ㅞ, ㅓ, ㅏ, ㅡ, ㅜ, ㅖ, ㅕ'이다. 이 중 'ㅣ, ㅐ, ㅔ'는 전설 모음이다.

14 답 ㉠: 중간으로 ⓒ: 보통으로

'ㅓ'와 'ㅔ'는 평순 모음이면서 중모음이라는 공통점이 있다. 따라서 입술을 둥글게 오므리지 않고, 혀의 높이를 중간으로 하고 입을 보통으로 벌려 발음한다.

15 답 ③

혀의 최고점의 위치가 앞쪽에 있을 때 발음되는 모음은 전설

모음이고, 혀의 높이를 높여 발음하는 모음은 고모음이고, 입술을 둥글게 오므려 발음하는 모음은 원순 모음이다. 전설 모음이면서 고모음이고 원순 모음인 모음은 'ㅟ'이다.

| 오답 풀이 |

① 'ㅣ'는 전설 모음, 고모음, 평순 모음이다.

② 'ㅚ'는 전설 모음, 중모음, 원순 모음이다.

④ 'ㅐ'는 전설 모음, 저모음, 평순 모음이다.

⑤ 'ㅜ'는 후설 모음, 고모음, 원순 모음이다.

16 답 ④

질문의 대답에 해당하는 모음은 단모음이면서 평순 모음이고 후설 모음이면서 저모음인 모음이므로 'ㅏ'이다.

17 답 ④

발음할 때 혀의 높이가, 고모음과 저모음의 중간인 모음은 중모음이다. ⓒ '회'에 쓰인 모음 'ㅚ'와 ㉣ '소'에 쓰인 모음 'ㅗ'는 중모음에 해당한다.

| 오답 풀이 |

① 발음할 때 입술 모양이나 혀의 위치가 달라지는 모음은 이중 모음이다. ㉠에 쓰인 모음 'ㅐ'와 ⓒ에 쓰인 모음 'ㅏ'는 모두 단모음이다.

② 혀의 높이를 낮춰 발음하는 모음은 저모음이다. ㉠에 쓰인 모음 'ㅐ'는 저모음이지만, ㉣에 쓰인 모음 'ㅗ'는 중모음이다.

③ 입술을 둥글게 오므려 발음하는 모음은 원순 모음이다. ㉤에 쓰인 모음 'ㅜ'는 원순 모음이지만, ㉠에 쓰인 모음 'ㅐ'는 평순 모음이다.

⑤ 혀의 최고점의 위치가 앞쪽에 있을 때 발음되는 모음은 전설 모음이다. ㉣에 쓰인 모음 'ㅗ'는 후설 모음이다.

07 자음의 분류 ①: 소리 나는 위치   80쪽

1 (1) 입술, 센입천장   (2) 잇몸   (3) 목청

2 (1) ○   (2) ✕

3 (1) ㅂ, ㅁ, ㅃ   (2) ㅌ, ㄴ, ㄹ   (3) ㅈ

   (4) ㄱ, ㅋ, ㅇ   (5) ㅎ

2 (1) 'ㄲ'과 'ㅇ'은 여린입천장과 혀의 뒷부분 사이에서 소리 나는 여린입천장소리이다.

(2) '도시'에 쓰인 자음 'ㄷ'과 'ㅅ'은 윗잇몸과 혀끝이 닿아서 소리 나는 잇몸소리이다.

08 자음의 분류 ②: 소리 내는 방법   81쪽

1 (1) 방법 (2) 파열음 (3) 비음

2 (1) ⓐ   (2) ⓔ   (3) ⓐ   (4) ⓐ

   (5) ⓒ   (6) ⓑ   (7) ⓓ

09 자음의 분류 ③: 소리의 세기

1 (1) 세기 (2) 된소리 (3) 거세게
2 밥, 김, 소시지
3 (1) O   (2) X   (3) X

2 '밥'에 쓰인 'ㅂ', '김'에 쓰인 'ㄱ', '소시지'에 쓰인 'ㅅ', 'ㅈ'이 예사소리이다.
3 (1) '감감-깜깜-캄캄'은 'ㄱ-ㄲ-ㅋ' 소리의 세기 차이 때문에 단어의 느낌이 달라진다.
(2) 거센소리가 쓰인 '촐랑촐랑'은 '졸랑졸랑'보다 세고 거친 느낌을 준다. 강하고 단단한 느낌을 주는 단어는 된소리가 쓰인 '쫄랑쫄랑'이다.
(3) 숨이 거세게 나오는 소리인 거센소리가 쓰인 '캄캄'과 '촐랑촐랑'을 발음할 때 숨이 거세게 나온다.

10 자음 체계

1 (1) O   (2) X   (3) O
2 (1) ©   (2) ⓑ   (3) ⓓ   (4) ⓐ
3 (1) ㅌ: 잇몸소리, 파열음, 거센소리 / ㄹ: 잇몸소리, 유음
(2) ㅃ: 입술소리, 파열음, 된소리 / ㅁ: 입술소리, 비음

1 (2) 입술소리와 여린입천장소리는 소리 나는 위치가 다르다.

한눈에 보는 개념

❶ 위치   ❷ 잇몸   ❸ ㄸ   ❹ 마찰음
❺ ㅎ   ❻ ㅊ   ❼ ㄴ   ❽ 유음

100점 포인트
❶ ㄱ   ❷ ㅍ   ❸ ㄲ

내신 실전 문제

01 ②	02 ⓐ: 여린입천장소리 ⓑ: 소리 내는 방법			
03 ②	04 ②	05 ④	06 ⑤	07 ①
08 ②	09 ④	10 ③	11 ②	
12 ㅃ, ㄸ, ㄲ, ㅆ, ㅉ		13 ②	14 강하고 단단한	
15 ⑤	16 ②	17 ①	18 ②	

01 🔳 ②
자음은 공기의 흐름이 방해를 받는 방법에 따라 소릿값이 정해져 파열음, 마찰음, 파찰음, 비음, 유음으로 나뉜다.

| 오답 풀이 |
① 발음할 때 공기의 흐름이 목 안이나 입안에서 방해를 받는다.
③ 소리의 세기에 따라 예사소리, 된소리, 거센소리로 나뉜다.
④ 우리말 자음이 19개인 것은 맞지만, 이 중 예사소리는 'ㅂ, ㄷ, ㄱ, ㅅ, ㅈ' 5개, 된소리는 'ㅃ, ㄸ, ㄲ, ㅆ, ㅉ' 5개, 거센소리는 'ㅍ, ㅌ, ㅋ, ㅊ' 4개이다.
⑤ 공기의 흐름이 방해를 받는 위치, 즉 소리 나는 위치에 따라 입술소리, 잇몸소리, 센입천장소리, 여린입천장소리, 목청소리로 나뉜다.

02 🔳 ⓐ: 여린입천장소리 ⓑ: 소리 내는 방법
자음은 공기의 흐름이 방해를 받는 위치에서 소리가 나는데, 소리 나는 위치에 따라 입술소리, 잇몸소리, 센입천장소리, 여린입천장소리, 목청소리로 나뉜다. 또한 자음은 소리 내는 방법에 따라 공기의 흐름이 방해를 받아 소릿값이 정해지는데, 소리 내는 방법에 따라 파열음, 마찰음, 파찰음, 비음, 유음으로 나뉜다.

03 🔳 ②
센입천장과 혓바닥 사이에서 나는 소리는 센입천장소리이며 'ㅈ, ㅉ, ㅊ'이 이에 해당한다.

04 🔳 ②
자음을 소리 나는 위치에 따라 입술소리, 잇몸소리, 센입천장소리, 여린입천장소리, 목청소리로 나누면 잇몸소리인 자음의 개수가 가장 많다. 잇몸소리 'ㄷ, ㄸ, ㅌ, ㅅ, ㅆ, ㄴ, ㄹ'은 윗잇몸과 혀끝이 닿아서 나는 소리이므로 ⓑ 위치에서 소리 난다.

05 🔳 ④
ⓐ는 두 입술 사이로, 이 위치에서 소리 나는 자음은 입술소리인 'ㅂ, ㅃ, ㅍ, ㅁ'이다.

| 오답 풀이 |
① 'ㅍ'은 입술소리이지만, 'ㅌ'은 잇몸소리이다.
② 'ㅂ'은 입술소리이지만, 'ㅅ'은 잇몸소리이다.
③ 'ㅈ'은 센입천장소리이고, 'ㅆ'은 잇몸소리이다.
⑤ 'ㄸ'은 잇몸소리이고, 'ㅎ'은 목청소리이다.

06 🔳 ⑤
ⓓ는 여린입천장과 혀의 뒷부분 사이이다. 이 위치에서 소리 나는 자음은 여린입천장소리인 'ㄱ, ㄲ, ㅋ, ㅇ'이다.

| 오답 풀이 |
① 'ㄱ'은 여린입천장소리이지만, 'ㅎ'은 목청소리이다.
② 'ㄲ'은 여린입천장소리이지만, 'ㄸ'과 'ㅅ'은 잇몸소리이고, 'ㅂ'은 입술소리이다.
③ 'ㅋ'은 여린입천장소리이지만, 'ㅍ'은 입술소리이다.
④ 'ㄱ'과 'ㅇ'은 여린입천장소리이지만, 'ㅂ'은 입술소리이다.

07 🔳 ①
파열음은 공기의 흐름을 막았다가 터뜨리면서 내는 소리이다.

| 오답 풀이 |

② 입안의 통로를 막고 코로 공기를 내보내면서 내는 소리는 비음이다.

③ 공기의 흐름을 막았다가 서서히 터뜨리면서 마찰을 일으켜 내는 소리는 파찰음이다.

④ 공기 통로를 좁히고 좁은 틈 사이로 공기를 내보내어 마찰을 일으키면서 내는 소리는 마찰음이다.

⑤ 혀끝을 잇몸에 가볍게 대었다가 떼거나, 혀끝을 윗잇몸에 댄 채 공기를 그 양옆으로 흘려보내면서 내는 소리는 유음이다.

08 답 ②

〈보기〉의 단어에 쓰인 자음은 'ㅁ, ㄴ'으로, 모두 입안의 통로를 막고 코로 공기를 내보내면서 내는 소리인 비음이다.

| 오답 풀이 |

① 마찰음 ③ 거센소리 ④ 모음 ⑤ 파열음에 대한 설명이다.

09 답 ④

혀끝을 윗잇몸에 댄 채 공기를 그 양옆으로 흘려보내면서 내는 소리는 유음 중 끝소리에 쓰인 'ㄹ'이다.

10 답 ③

'ㅍ'은 공기의 흐름을 막았다가 터뜨리면서 내는 소리인 파열음이다. 혀끝을 잇몸에 대었다가 떼면서 내는 소리는 유음 중 첫소리에 쓰인 'ㄹ'이다.

11 답 ②

'ㅅ'은 잇몸소리로, 'ㄷ, ㄸ, ㅌ, ㅆ, ㄴ, ㄹ'과 소리 나는 위치가 같다. 또한 'ㅅ'은 마찰음으로, 'ㅆ, ㅎ'과 소리 내는 방법이 같다.

12 답 ㅃ, ㄸ, ㄲ, ㅆ, ㅉ

된소리는 성대 근육이 긴장된 상태에서 숨이 거의 없이 나오는 소리이다. 우리말에서 된소리는 'ㅃ, ㄸ, ㄲ, ㅆ, ㅉ' 5개이다.

13 답 ②

예사소리인 'ㄱ'은 부드럽고 약한 느낌을 주는 소리이다. 세고 거친 느낌을 주는 소리는 거센소리인 'ㅋ'이다.

14 답 강하고 단단한

〈보기〉의 ⓐ에는 'ㅈ'이, ⓑ에는 'ㅉ'이 쓰였다. 둘은 소리 나는 위치로 보면 센입천장소리에 해당하고, 소리 내는 방법으로 보면 파찰음에 해당한다는 공통점이 있다. 그러나 'ㅈ'은 예사소리로 부드럽고 약한 느낌을 주는 소리이고, 'ㅉ'은 된소리로 강하고 단단한 느낌을 주는 소리이다.

15 답 ⑤

'ㅃ'은 입술소리이면서 파열음이고, 'ㅌ'은 잇몸소리이면서 파열음이다. 즉 'ㅃ'과 'ㅌ'은 공기의 흐름을 막았다가 터뜨리면서 내는 소리인 파열음이다.

| 오답 풀이 |

① 'ㄹ'과 'ㅌ'은 윗잇몸과 혀끝 사이에서, 'ㅁ'과 'ㅃ'은 두 입술 사이에서 공기의 흐름이 방해를 받아 소리 난다.

② 'ㄹ'과 'ㅁ'은 소리의 세기에 따라 나누지 않는다.

③ 'ㄹ'은 혀끝을 잇몸에 가볍게 대었다가 떼거나, 혀끝을 윗잇몸에 댄 채 공기를 그 양옆으로 흘려보내면서 소리 내는 유음이고, 'ㅃ'은 공기의 흐름을 막았다가 터뜨리면서 소리 내는 파열음이다.

④ 'ㅁ'은 두 입술 사이에서 소리 나는 입술소리이고, 'ㅌ'은 윗잇몸과 혀끝이 닿아서 소리 나는 잇몸소리이다.

16 답 ②

자음 중 비음은 'ㅁ, ㄴ, ㅇ' 3개이다.(ⓐ) 'ㄲ'과 'ㄸ'은 모두 공기의 흐름을 막았다가 터뜨리면서 소리 내는 파열음이다.(ⓒ)

| 오답 풀이 |

ⓑ 'ㅇ'은 여린입천장과 혀의 뒷부분 사이에서 소리 나는 여린입천장소리이고, 'ㅍ'은 두 입술 사이에서 소리 나는 입술소리이다.

ⓓ 소리의 세기에 따라 예사소리 'ㅅ'과 된소리 'ㅆ'이 짝을 이룬다. 'ㅊ'은 'ㅈ-ㅉ-ㅊ'으로 짝을 이루는 거센소리이다.

17 답 ①

제시된 동요에 쓰인 자음은 'ㄱ, ㅁ, ㅅ, ㄹ, ㅎ, ㄴ, ㅈ, ㅂ, ㅆ, ㅃ, ㄸ, ㅇ, ㄷ'이다. 이 중 'ㅁ, ㄴ, ㅇ'이 비음이다. 'ㄹ'은 유음에 해당한다.

18 답 ②

센입천장과 혓바닥 사이에서 나는 소리는 센입천장소리이고, 공기의 흐름을 막았다가 서서히 터뜨리면서 마찰을 일으켜 내는 소리는 파찰음이고, 숨이 거세게 나오는 소리는 거센소리이다. 센입천장소리이면서 파찰음이고 거센소리인 자음은 'ㅊ'이다.

실력 완성 문제   88~91쪽

01 ③	02 말의 뜻을 구별	03 ②	04 ③
05 ⊙: 혀의 최고점의 위치 ⓒ: 전설 모음 ⓒ: 후설 모음		
06 ⊙: 낮아지고 ⓒ: 크게 벌어진다.	07 ③	08 ②
09 ③	10 ③	11 ④	12 ③	13 ④
14 ②	15 ③	16 ③	17 ①	
18 ⊙: 윗잇몸과 혀끝 ⓒ: 잇몸소리	19 ②	20 ②

01 답 ③

음운은 말의 뜻을 구별해 주는 소리의 가장 작은 단위이므로 더 이상 쪼갤 수 없다.(승우) 음운은 발음할 때 공기의 흐름이 방해를 받는지에 따라 방해를 받지 않고 나는 소리인 모음, 방해를 받으며 나는 소리인 자음으로 나뉜다.(희정) 소리의 길이가 길고 짧음에 따라 말의 뜻이 구별되는 경우가 있으므로 소리의 길이 역시 음운의 역할을 한다.(민준)

| 오답 풀이 |
- 나윤: 자음 역시 말의 뜻을 구별해 주는 음운이다.
- 슬기: 모음은 홀로 발음될 수 있고, 자음은 항상 모음과 결합해야만 발음될 수 있다.

02 답 말의 뜻을 구별
'구슬'과 '구실'은 두 번째 음절의 가운뎃소리가 'ㅡ'와 'ㅣ'로 달라 말의 뜻이 구별된다. 이렇게 말의 뜻을 구별해 주는 소리의 가장 작은 단위가 음운이다.

03 답 ②
'손[손]'은 같은 단어가 여러 가지 뜻을 지니고 있는 예이다. 소리의 길이에 따라 뜻이 구별되지는 않는다.

| 오답 풀이 |
① '벌[벌:]'은 벌목의 곤충 가운데 개미류를 제외한 곤충을 통틀어 이르는 말이고, '벌[벌]'은 잘못하거나 죄를 지은 사람에게 주는 고통을 뜻한다.
③ '눈[눈]'은 빛의 자극을 받아 물체를 볼 수 있는 감각 기관을 뜻하고, '눈[눈:]'은 대기 중의 수증기가 찬 기운을 만나 얼어서 땅 위로 떨어지는 얼음의 결정체를 뜻한다.
④ '밤[밤]'은 해가 져서 어두워진 때부터 다음 날 해가 떠서 밝아지기 전까지의 동안을 뜻하고, '밤[밤:]'은 밤나무의 열매를 뜻한다.
⑤ '말[말]'은 말과의 포유류를 뜻하고, '말[말:]'은 사람의 생각이나 느낌 따위를 표현하고 전달하는 데 쓰는 음성 기호를 뜻한다.

04 답 ③
각 단어를 음운으로 나누면 '청포도'는 'ㅊ, ㅓ, ㅇ, ㅍ, ㅗ, ㄷ, ㅗ' 7개, '전설'은 'ㅈ, ㅓ, ㄴ, ㅅ, ㅓ, ㄹ' 6개, '알알이'는 'ㅏ, ㄹ, ㅏ, ㄹ, ㅣ' 5개, '손님'은 'ㅅ, ㅗ, ㄴ, ㄴ, ㅣ, ㅁ' 6개, '은쟁반'은 'ㅡ, ㄴ, ㅈ, ㅐ, ㅇ, ㅂ, ㅏ, ㄴ' 8개이다. 따라서 음운의 개수가 가장 적은 것은 '알알이'이다.

05 답 ㉠: 혀의 최고점의 위치 ㉡: 전설 모음 ㉢: 후설 모음
단모음은 혀의 최고점의 위치에 따라 전설 모음과 후설 모음으로 나뉜다. ⓐ 'ㅣ, ㅔ, ㅐ, ㅟ, ㅚ'는 입천장의 중간점을 기준으로 혀의 최고점의 위치가 앞쪽에 있을 때 발음되는 전설 모음이고, ⓑ 'ㅡ, ㅓ, ㅏ, ㅜ, ㅗ'는 입천장의 중간점을 기준으로 혀의 최고점의 위치가 뒤쪽에 있을 때 발음되는 후설 모음이다.

06 답 ㉠: 낮아지고 ㉡: 크게 벌어진다.
고모음에서 저모음으로 갈수록 혀의 높이가 낮아지고 입이 크게 벌어진다. 따라서 고모음 'ㅡ'를 발음한 후 저모음 'ㅏ'를 발음하면 높았던 혀의 높이가 낮아지고 입이 크게 벌어진다.

07 답 ③
빈칸에 들어갈 단어는 단모음만 쓰이고, 쓰인 모음이 모두 원순 모음이어야 한다. '위로'에 쓰인 모음 'ㅟ'와 'ㅗ'는 모두 단모음이면서 원순 모음이다.

| 오답 풀이 |
① 'ㅘ'는 이중 모음이다.
② 'ㅜ'와 'ㅐ' 모두 단모음이지만, 'ㅐ'는 평순 모음이다.
④ 'ㅕ'는 이중 모음이고, 'ㅔ'는 평순 모음이다.
⑤ 'ㅠ'는 이중 모음이고, 'ㅣ'는 평순 모음이다.

08 답 ②
혀의 최고점의 위치가 뒤쪽에 있을 때 발음되는 모음은 후설 모음이고, 입을 보통으로 벌리고 혀의 높이를 중간으로 하여 발음하는 모음은 중모음이고, 입술을 둥글게 오므리지 않고 발음하는 모음은 평순 모음이다. 후설 모음이면서 중모음이고 평순 모음인 모음은 'ㅓ'이다.

09 답 ③
여린입천장과 혀의 뒷부분 사이에서 나는 소리인 여린입천장소리에는 'ㄱ, ㄲ, ㅋ, ㅇ'이 있다. 'ㄴ'은 잇몸소리이다.

10 답 ③
된소리가 쓰인 '딴딴하다'는 예사소리가 쓰인 '단단하다'보다 성대 근육이 긴장된 상태에서 발음된다.

11 답 ④
'ㅎ'은 소리 나는 위치로 보면 목청소리이고 소리 내는 방법으로 보면 마찰음이다.(ⓑ) 'ㄹ'은 소리의 세기가 대립하는 짝이 없어 예사소리, 된소리, 거센소리로 나누지 않는다.(ⓓ)

| 오답 풀이 |
ⓐ 'ㄷ'은 공기의 흐름을 막았다가 터뜨리면서 소리 내는 파열음이고, 'ㅈ'은 공기의 흐름을 막았다가 서서히 터뜨리면서 마찰을 일으켜 소리 내는 파찰음이다.
ⓒ 'ㅆ'은 잇몸소리이면서 마찰음이다.

12 답 ③
두 입술 사이에서 소리 나는 입술소리이면서, 공기의 흐름을 막았다가 터뜨리면서 소리 내는 파열음이고, 숨이 거세게 나오는 거센소리인 자음은 'ㅍ'이다.

13 답 ④
'ㅂ'은 공기의 흐름을 막았다가 터뜨리면서 내는 소리인 파열음이다.

14 답 ②
첫소리는 여린입천장소리이면서 된소리인 'ㄲ'이고, 가운뎃소리는 후설 모음이면서 고모음이고 원순 모음인 'ㅜ'이고, 끝소리는 잇몸소리이면서 유음인 'ㄹ'인 단어는 '꿀'이다.

15 답 ③
'토끼가 뛰어.'를 음운으로 나누면 'ㅌ+ㅗ+ㄲ+ㅣ+ㄱ+ㅏ+ㄸ+ㅟ+ㅓ'이다. 이 중 원순 모음은 'ㅗ, ㅟ' 2개이다.

| 오답 풀이 |

① 문장에 쓰인 자음 'ㅌ, ㄲ, ㄱ, ㄸ'은 모두 파열음이다.

② 전설 모음은 'ㅣ, ㅟ' 2개가 쓰였다.

④ 숨이 거세게 나오는 거센소리인 'ㅌ'이 쓰였다.

⑤ 발음할 때 혀의 높이가 낮은 저모음은 'ㅏ' 1개가 쓰였다.

16 답 ③

강하고 단단한 느낌을 주는 소리는 된소리로, '뿌리'에는 된소리 'ㅃ'이 쓰였다.

| 오답 풀이 |

① '괴물'에는 비음 'ㅁ'이 쓰였으나, '바로'에는 비음이 쓰이지 않았다.

② 각 단어를 음운으로 나누면 '바로'는 'ㅂ, ㅏ, ㄹ, ㅗ' 4개, '괴물'은 'ㄱ, ㅚ, ㅁ, ㅜ, ㄹ' 5개, '뿌리'는 'ㅃ, ㅜ, ㄹ, ㅣ' 4개, '후기'는 'ㅎ, ㅜ, ㄱ, ㅣ' 4개, '이름'은 'ㅣ, ㄹ, ㅡ, ㅁ' 4개이다. 따라서 '괴물'의 음운 개수가 가장 많다.

④ '후기'에 쓰인 'ㅣ'는 전설 모음이지만, 'ㅜ'는 후설 모음이다.

⑤ '후기'에 쓰인 자음은 목청소리 'ㅎ'과 여린입천장소리 'ㄱ'이다. '이름'에 쓰인 자음은 잇몸소리 'ㄹ'과 입술소리 'ㅁ'이다. 따라서 두 단어에 쓰인 자음은 모두 다른 위치에서 소리 난다.

17 답 ①

ⓐ '말'에 쓰인 모음 'ㅏ'와 ⓒ '새'에 쓰인 모음 'ㅐ'는 모두 혀의 높이를 낮춰 발음하는 저모음이다.

| 오답 풀이 |

② ⓑ에 쓰인 모음 'ㅓ'는 평순 모음이다.

③ ⓓ에 쓰인 모음 'ㅟ'는 전설 모음이지만, ⓑ에 쓰인 모음 'ㅓ'는 후설 모음이다.

④ 모음은 발음할 때 공기의 흐름이 방해를 받지 않고 나는 소리이다.

⑤ ⓓ에 쓰인 모음 'ㅟ'는 단모음이다.

18 답 ㄱ: 윗잇몸과 혀끝 ㄴ: 잇몸소리

자음을 소리 나는 위치에 따라 나누면 'ㄹ, ㄴ, ㅅ'은 잇몸소리에 해당한다. 잇몸소리는 윗잇몸과 혀끝이 닿아서 나는 소리이다.

19 답 ②

'아'와 같이 모음 카드 한 개로도 단어를 만들 수 있다. 또한 '나', '안'과 같이 자음 카드와 모음 카드, 두 개의 카드로 단어를 만들 수도 있다.

20 답 ②

첫 번째 카드는 잇몸소리이면서 비음인 자음이고, 두 번째 카드는 전설 모음이어야 한다. 제시된 음운 카드 중 잇몸소리이면서 비음인 자음은 'ㄴ'이고, 전설 모음은 'ㅐ'이다.

| 오답 풀이 |

① 'ㅏ'는 후설 모음이다.

③ 'ㅌ'은 잇몸소리이지만 파열음이다.

④ 'ㅌ'은 잇몸소리이지만 파열음이고, 'ㅗ'는 후설 모음이다.

⑤ 'ㄹ'은 잇몸소리이지만 유음이고, 'ㅏ'는 후설 모음이다.

Ⅳ 발음과 표기

01 모음의 발음
94쪽

1 (1) ㅓ (2) ㅔ (3) ㅢ, ㅣ

2 (1) 실례 (2) 연계/연게

(3) 계이름/게이름 (4) 다져서

(5) 마처서 (6) 살쪄서

3 (1) 의/이 (2) 의/에 (3) 의 (4) 의/이

2 (1) '례'의 'ㅖ'는 [ㅖ]로 발음한다.

(2), (3) '예, 례' 이외의 'ㅖ'는 [ㅖ]로 발음하는 것이 원칙이나, [ㅔ]로 발음하는 것도 허용한다.

(4) '다져서'는 '다지다'의 활용형이다. 용언의 활용형에 나타나는 '져'는 [저]로 발음한다.

(5) '마쳐서'는 '마치다'의 활용형이다. 용언의 활용형에 나타나는 '쳐'는 [처]로 발음한다.

(6) '살쪄서'는 '살찌다'의 활용형이다. 용언의 활용형에 나타나는 '쪄'는 [쩌]로 발음한다.

3 (1) 단어의 제일 앞이 아닌 '의'는 [ㅢ]로 발음하는 것이 원칙이나, [ㅣ]로 발음하는 것도 허용한다.

(2) 조사 '의'는 [ㅢ]로 발음하는 것이 원칙이나, [ㅔ]로 발음하는 것도 허용한다.

(3) '의'로 시작하는 단어의 '의'는 [ㅢ]로만 발음한다.

(4) 단어의 제일 앞이 아닌 '의'는 [ㅢ]로 발음하는 것이 원칙이나, [ㅣ]로 발음하는 것도 허용한다.

02 홑받침과 쌍받침의 발음
95쪽

1 (1) O (2) X

2 (1) ⓐ (2) ⓒ (3) ⓑ

3 (1) 꼳, 꼬츨 (2) 녁, 녀케야

1 (2) 홑받침 뒤에 모음으로 시작된 조사가 오면 받침을 제 소릿값대로 조사의 첫소리에서 발음한다.

2 (1) '팥'과 '빛'의 받침은 모두 [ㄷ]으로 발음한다.

(2) '숲'과 '밥'의 받침은 모두 [ㅂ]으로 발음한다.

(3) '밖'과 '먹'의 받침은 모두 [ㄱ]으로 발음한다.

3 (1) '꽃'의 받침 'ㅊ'은 단어 끝에서 대표음 [ㄷ]으로 바꾸어 발음한다. 다만 모음으로 시작된 조사 '을' 앞에서는 제 소릿값대로 뒷말의 첫소리로 옮겨 발음한다.

(2) '녘'의 받침 'ㅋ'은 단어 끝에서 대표음 [ㄱ]으로 바꾸어 발음한다. 다만 모음으로 시작된 조사 '에야' 앞에서는 제 소릿값대로 뒷말의 첫소리로 옮겨 발음한다.

03 겹받침의 발음
96쪽

1 (1) 앞 (2) 뒤
2 (1) 할꼬 (2) 말낌따 (3) 밥:짜 (4) 읍끼도
3 (1) O (2) X

3 (2) 모음으로 시작된 어미 앞에서는 겹받침 중 뒤엣것을 뒷말의 첫소리로 옮겨 발음하므로 '삶아'는 [살마]로 발음한다.

04 'ㅎ' 받침의 발음
97쪽

1 (1) ㄹ (2) ㄷ (3) ㄴ (4) ㄱ
2 (1) O (2) X
3 (1) 싸아라 (2) 올타고 (3) 노차 (4) 안쏘
  (5) 달코 (6) 논네

2 (1) '닳는'과 '찛는'에서 'ㅎ' 받침은 [ㄴ]으로 바꾸어 발음한다.
  (2) '낳아'에서 'ㅎ' 받침은 발음하지 않고, '쌓고'에서 'ㅎ' 받침은 'ㄱ'과 합쳐서 [ㅋ]으로 발음한다.
3 (1) 받침 'ㅎ' 뒤에 '-아라'와 같이 모음으로 시작된 어미가 오면 'ㅎ'을 발음하지 않는다.
  (2), (5) 받침 'ㄶ' 뒤에 'ㄷ', 'ㄱ'이 오면 'ㄶ'에서 'ㄹ'은 남고, 'ㅎ'을 'ㄷ', 'ㄱ'과 합쳐서 [ㅌ], [ㅋ]으로 발음한다.
  (3) 받침 'ㅎ' 뒤에 'ㅈ'이 오면 'ㅎ'+'ㅈ' → [ㅊ]으로 발음한다.
  (4) 받침 'ㅀ' 뒤에 'ㅅ'이 오면 'ㅀ'의 'ㅎ'을 발음하지 않고, 'ㅅ'을 [ㅆ]으로 발음한다.
  (6) 받침 'ㅎ' 뒤에 'ㄴ'이 오면 'ㅎ'을 [ㄴ]으로 바꾸어 발음한다.

한눈에 보는 개념
98쪽

❶ 저, 쩌, 처 ❷ ㅔ ❸ ㅣ ❹ ㄱ, ㄷ, ㅂ
❺ 앞 ❻ 뒤 ❼ ㅋ, ㅌ, ㅊ

100점 포인트
❶ 여프로 ❷ 여벌굴

내신 실전 문제
99~101쪽

01 ③	02 ②	03 ①	04 ①	05 ㄱ, ㄴ, ㄷ, ㄹ, ㅁ, ㅂ, ㅇ
06 ④	07 ④			
08 그드른 기레서 우더르늘 만나써	09 ③	10 ①		
11 ②	12 ①	13 ③	14 모음으로 시작된 조사	
15 ③	16 ⑤	17 ①		
18 ㉠: 괜찬쏘 ㉡: 괜찬타고				

01 답 ③
'예, 례' 이외의 'ㅖ'만 [ㅔ]로 발음하는 것도 허용한다. 따라서 '차례'는 [차례]로 발음해야 한다.

| 오답 풀이 |
① 용언 '찌다'의 활용형인 '쪄서'에 나타나는 '쪄'는 [쩌]로 발음한다.
② '예, 례' 이외의 'ㅖ'는 [ㅔ]로도 발음할 수 있다.
④ 용언 '다치다'의 활용형인 '다쳐서'에 나타나는 '쳐'는 [처]로 발음한다.
⑤ 용언 '가지다'의 활용형인 '가져도'에 나타나는 '져'는 [저]로 발음한다.

02 답 ②
'의'로 시작하는 단어의 '의'는 [ㅢ]로만 발음한다. 따라서 '의사'의 '의'는 [ㅢ]로만 발음해야 한다.

| 오답 풀이 |
①, ⑤ 조사 '의'는 [ㅢ] 또는 [ㅔ]로 발음한다.
③, ④ 단어의 제일 앞이 아닌 '의'는 [ㅢ] 또는 [ㅣ]로 발음한다.

03 답 ①
'의'로 시작하는 단어의 '의'는 [ㅢ]로만 발음하고, 자음을 첫소리로 가지고 있는 'ㅢ'는 [ㅣ]로만 발음한다. 따라서 ㉠ '의자'의 'ㅢ'만 [ㅢ]로 발음하고, 나머지의 'ㅢ'는 [ㅣ]로 발음한다.

04 답 ①
자음 앞에서 받침 'ㄷ, ㅌ, ㅅ, ㅆ, ㅈ, ㅊ'은 모두 대표음 [ㄷ]으로 발음한다. '맏[맏]', '맡[맏]', '맛[맏]', '맞[맏]'으로 발음되므로 공통된 받침 발음은 [ㄷ]이다.

05 답 ㄱ, ㄴ, ㄷ, ㄹ, ㅁ, ㅂ, ㅇ
우리말에서 받침소리로는 'ㄱ, ㄴ, ㄷ, ㄹ, ㅁ, ㅂ, ㅇ' 7개의 자음만 발음된다. 그 외의 받침은 이 7개의 자음에 속하는 [ㄱ, ㄷ, ㅂ] 중 하나로 바뀌어 발음된다.

06 답 ④
홑받침 뒤에 이어지는 말이 ㉡ '잎 위'의 '위', ㉣ '잎 아래'의 '아래'와 같이 모음으로 시작되면서 구체적인 대상, 동작, 상태를 표시하는 말이라면 받침을 대표음으로 바꾸어 뒷말의 첫소리에서 발음한다. 따라서 '잎'의 받침 'ㅍ'을 대표음 [ㅂ]으로 바꾸어 [이뷔], [이바래]로 발음한다.

| 오답 풀이 |
㉠ 홑받침 뒤에 '이'와 같이 모음으로 시작된 조사가 오면 받침을 제 소릿값대로 뒷말의 첫소리로 옮겨 [이피]로 발음한다.
㉢ '을'은 모음으로 시작된 조사이므로 받침을 제 소릿값대로 뒷말의 첫소리로 옮겨 [이플]로 발음한다.

07 답 ④
'겉옷[거돋]'에서 받침 'ㅌ'은 모음으로 시작되면서 구체적인 대상을 표시하는 말인 '옷' 앞에 있으므로 받침 'ㅌ'을 대표음 [ㄷ]으로 바꾸어 뒷말의 첫소리에서 발음한다. 반면에 '겉에[거테]'

에서 받침 'ㅌ'은 모음으로 시작된 조사 '에' 앞에 있으므로 받침 'ㅌ'을 제 소릿값대로 뒷말의 첫소리에서 발음한다.

| 오답 풀이 |

① 받침 'ㅌ'은 단어 끝에서 대표음 [ㄷ]으로 바꾸어 발음한다.
② 받침 'ㅌ'은 모음으로 시작된 말 중 구체적인 대상, 동작, 상태를 표시하는 말 앞에서만 대표음 [ㄷ]으로 바꾸어 발음한다.
③ 받침 'ㅌ'은 자음 앞에서 대표음 [ㄷ]으로 바꾸어 발음한다. 하지만 '겉옷', '겉에'에서 받침 'ㅌ'은 자음으로 시작된 말 앞에 놓여 있지 않다.
⑤ 받침 'ㅌ'은 모음으로 시작되면서 실질적인 의미가 있는 말 앞에서 대표음 [ㄷ]으로 바꾸어 뒷말의 첫소리에서 발음한다.

08 답 그드른 기레서 우더르늘 만나써
'그들은', '길에서'의 받침 'ㄹ', '웃어른을'의 받침 'ㄴ'은 모음으로 시작된 조사 '은', '에서', '을' 앞에 있으므로 제 소릿값대로 뒷말의 첫소리에서 발음한다. '웃어른'의 받침 'ㅅ'은 모음으로 시작되면서 구체적인 대상을 표시하는 말인 '어른' 앞에 있으므로 대표음 [ㄷ]으로 바꾸어 뒷말의 첫소리에서 발음한다. '만났어'의 받침 'ㅆ'은 모음으로 시작된 어미 '-어' 앞에 있으므로 제 소릿값대로 뒷말의 첫소리에서 발음한다.

09 답 ③
자음 앞에서 겹받침 'ㄿ'은 뒤 자음인 'ㅍ'이 대표음 [ㅂ]으로 바뀌어 발음된다. 따라서 '읊다'의 '읊'은 [읍]으로 발음한다.

10 답 ①
'맑던'에서 겹받침 'ㄺ'은 자음 앞에 있으므로 [ㄱ]으로 발음한다. 따라서 '맑던'의 '맑'은 [막]으로 발음한다.

| 오답 풀이 |

②, ③ 겹받침 'ㄺ'이 용언의 어간 끝이면서 'ㄱ' 앞이므로 [ㄹ]로 발음한다. 따라서 '맑고[말꼬]', '맑겠지만[말껟찌만]'으로 발음한다.
④, ⑤ 겹받침 'ㄺ'이 자음 앞이므로 [ㄱ]으로 발음한다. 따라서 '맑다가[막따가]', '맑지[막찌]'로 발음한다.

11 답 ②
'읽고'에서 겹받침 'ㄺ'은 용언의 어간 '읽-'의 끝이면서 '-고'의 'ㄱ' 앞이므로 [ㄹ]로 발음한다. 따라서 [일꼬]로 발음한다.

| 오답 풀이 |

①, ③, ⑤ 겹받침 'ㄺ'이 모음으로 시작된 어미나 조사 앞이므로 겹받침 중 뒤엣것을 뒷말의 첫소리로 옮겨 발음한다. 따라서 '붉은[불근]', '묽으니[물그니]', '닭이[달기]'로 발음한다.
④ '흙'은 용언의 어간이 아니다. 자음 앞에서 겹받침 'ㄺ'은 [ㄱ]으로 발음하므로 '흙과[흑꽈]'로 발음한다.

12 답 ①
단어 끝 또는 자음 앞에서 겹받침 'ㄼ'은 [ㄹ]로 발음하지만, 예외적으로 '자음 앞의 '밟-', 넓죽하다[넙쭈카다], 넓둥글다[넙뚱글다]'에서는 'ㄼ'을 [ㅂ]으로 발음한다. 따라서 '밟'의 'ㄼ'은 [ㅂ]으로 발음하고, 나머지의 'ㄼ'은 [ㄹ]로 발음한다.

13 답 ③
'넓죽하다'에서 겹받침 'ㄼ'은 [ㅂ]으로 발음한다. 자음 앞인 '값'의 겹받침 'ㅄ'도 [ㅂ]으로 발음한다.

| 오답 풀이 |

① 자음 앞에서 겹받침 'ㄾ'은 [ㄹ]로 발음한다.
② 자음 앞에서 겹받침 'ㄼ'은 [ㄹ]로 발음한다.
④ 자음 앞에서 겹받침 'ㄵ'은 [ㄴ]으로 발음한다.
⑤ 자음 앞에서 겹받침 'ㄳ'은 [ㄱ]으로 발음한다.

14 답 모음으로 시작된 조사
겹받침 'ㄻ'은 단어 끝에서 겹받침을 이루는 두 개의 자음 중 뒤 자음인 [ㅁ]으로 발음한다. 따라서 '삶[삼:]'과 같이 발음한다. 그러나 모음으로 시작된 조사 '이' 앞에서는 겹받침 중 뒤엣것을 뒷말의 첫소리로 옮겨 발음한다. 따라서 '삶이[살:미]'와 같이 발음한다.

15 답 ③
받침 'ㅎ' 뒤에 'ㅈ'이 오면 'ㅎ'을 'ㅈ'과 합쳐서 [ㅊ]으로 발음한다. 따라서 '쌓자'는 [싸차]로 발음해야 한다.

| 오답 풀이 |

①, ⑤ 받침 'ㅎ' 뒤에 'ㄱ', 'ㄷ'이 오면 'ㅎ'을 'ㄱ', 'ㄷ'과 합쳐서 [ㅋ], [ㅌ]으로 발음한다.
② 받침 'ㅎ' 뒤에 모음으로 시작된 어미가 오면 'ㅎ'을 발음하지 않는다.
④ 받침 'ㅎ' 뒤에 'ㄴ'이 오면 'ㅎ'을 [ㄴ]으로 바꾸어 발음한다.

16 답 ⑤
받침 'ㅎ' 뒤에 'ㄴ'이 오면 'ㅎ'을 [ㄴ]으로 바꾸어 발음한다. 따라서 ⑩ '좋니'는 [존:니]로 발음해야 한다.

| 오답 풀이 |

① 받침 'ㅎ' 뒤에 모음으로 시작된 어미가 오면 'ㅎ'을 발음하지 않는다.
②, ③ 받침 'ㅎ' 뒤에 'ㄷ', 'ㄱ'이 오면 'ㅎ'을 'ㄷ', 'ㄱ'과 합쳐서 [ㅌ], [ㅋ]으로 발음한다.
④ 받침 'ㅎ' 뒤에 'ㅅ'이 오면 'ㅎ'을 발음하지 않고, 'ㅅ'을 [ㅆ]으로 발음한다.

17 답 ①
㉠ '좋아요'는 받침 'ㅎ' 뒤에 모음으로 시작된 어미 '-아요'가 결합되는 경우이다. 따라서 'ㅎ'을 발음하지 않고 [조:아요]로 발음한다.

18 답 ㉠: 괜찬쏘 ㉡: 괜찬타고
받침 'ㄶ' 뒤에 'ㅅ'이 오면 'ㄶ'에서 'ㄴ'은 남고, 'ㅎ'은 발음하지 않으며, 'ㅅ'을 [ㅆ]으로 발음한다. 따라서 ㉠ '괜찮소'는 [괜찬쏘]로 발음한다. 받침 'ㄶ' 뒤에 'ㄷ'이 오면 'ㄶ'에서 'ㄴ'은 남고, 'ㅎ'을 'ㄷ'과 합쳐서 [ㅌ]으로 발음한다. 따라서 ㉡ '괜찮다고'는 [괜찬타고]로 발음한다.

05 올바른 표기

1 (1) 어떡해   (2) 돼   (3) 반드시
2 (1) ○   (2) ✕
3 (1) 낳는 → 낫는   (2) 않 → 안

2 (2) '웬지'는 '왠지'의 잘못된 표기이다. '왜 그런지 모르게, 뚜렷한 이유도 없이'라는 의미의 단어는 '왠지'로 적는다.
3 (1) '병이나 상처 따위가 고쳐져 본래대로 되다.'의 의미를 나타내는 단어는 '낫다'이므로 '낫는'으로 표기한다.
   (2) '아니'로 풀어 쓸 수 있으므로 '안'으로 표기한다.

내신 실전 문제

01 ⑤   02 ②   03 ④   04 되 → 돼
05 ③   06 ③

01 답 ⑤
'비누의 거품이 잘 나지 아니해.'이므로 '않'으로 표기한다. 나머지는 '아니'로 풀어 쓸 수 있으므로 '안'으로 표기한다.

> **더 알아두기** '안'과 '않'
> '안'은 부사이고, '않'은 '않다'의 어간이므로 '않'이 부사로 쓰이지 않는다. 또한 부사 '안'은 용언 앞에 놓여 용언을 꾸며 주고, 어간 '않-'은 어미 앞에 온다. 그리고 '안'은 대부분 뒷말과 띄어 쓰고, '않'은 항상 뒷말과 붙여 쓴다. ⓓ 내일은 안 덥다. 내일은 덥지 않다.

02 답 ②
'어찌 된 일'을 뜻하는 단어는 '웬일'이다. '왠'은 '왠지' 외에는 사용하지 않는다.

03 답 ④
이번 경기에서 '틀림없이 꼭' 이길 것이라는 의미이므로 '반드시'로 표기해야 한다.

04 답 되 → 돼
'되'는 '되다'의 어간으로, 홀로 쓰이지 않는다. '되-'에 '-어'가 결합한 '되어'가 줄어든 '돼'로 표기한다.

05 답 ③
'돼'는 '되어'가 줄어든 말이므로 '-어'가 붙을 필요가 없다. '되어' 또는 '돼'로 쓰는 것이 적절하다.

| 오답 풀이 |
① '어찌 된, 어떠한'을 뜻하므로 '웬'이 올바른 표기이다.
② '아니'로 풀어 쓸 수 있으므로 '안'이 올바른 표기이다.
④ '매진되었어'가 줄어든 말이므로 '매진됐어'가 올바른 표기이다.
⑤ '어떻해'로 표기하는 경우는 없다. '어떻게'는 '어찌'의 의미이다.

06 답 ③
'나아서'와 '낳아서'는 모두 [나아서]로 발음되어 잘못 표기하는 경우가 많다. 하지만 '병이나 상처 따위가 고쳐져 본래대로 되다.'를 의미하는 '낫다'는 '나아서'로 활용한다.(민선) '만들다'의 어간 '만들-'에 명사 기능을 하게 하는 어미 '-ㅁ'이 결합하면 '만듦'이 된다.(소은)

| 오답 풀이 |
• 민아: '어떻게 해'가 줄어들면 '어떡해'가 되므로 '이렇게 늦게 오면 어떡해.'가 올바른 표기이다.

실력 완성 문제

01 ③   02 ④   03 우리의, 우리에   04 ③
05 ③   06 ②   07 ⓐ: 비지 ⓑ: 비즐
08 ⓐ: ㅍ ⓑ: 모음으로 시작된 조사 ⓒ: 제 소릿값
09 ③   10 ③   11 ③   12 ①   13 넙
14 ①   15 ④   16 ⓐ: ㅎ ⓑ: ㄱ, ㄷ, ㅈ ⓒ: ㅋ, ㅌ, ㅊ
17 (1) 살다: 삶 (2) 울다: 욺 (3) 얼다: 얾 (4) 갈다: 갊 (5) 머물다: 머묾   18 ⑤   19 ⑤   20 ①

01 답 ③
'ㅖ'는 [ㅖ]로 발음하는 것이 원칙이나, '예, 례' 이외의 'ㅖ'는 [ㅔ]로 발음하는 것도 허용한다. 따라서 '계곡'은 [계곡]이나 [게곡]으로 발음할 수 있다.

| 오답 풀이 |
① 용언의 활용형에 나타나는 '저, 쪄, 쳐'는 [저, 쩌, 처]로 발음하므로 [다저], [쩌], [부처]만 올바른 발음이다.
② 용언의 활용형에 나타나는 모음 'ㅕ'를 모두 [ㅓ]로 발음하는 것은 아니고, '저, 쪄, 쳐'의 'ㅕ'만 [ㅓ]로 발음한다.
④ '예, 례'의 'ㅖ'는 [ㅖ]로만 발음하므로 [예절], [차례]가 올바른 발음이다.
⑤ 용언의 활용형에 나타나는 '저, 쪄, 쳐'의 'ㅕ'와 '예, 례' 이외의 'ㅖ'만 단모음으로 발음한다.

02 답 ④
'의'로 시작하는 단어의 '의'는 [ㅢ]로만 발음한다. 따라서 '의심'의 'ㅢ'를 [ㅣ]로 발음하는 것은 올바르지 않다.

| 오답 풀이 |
①, ②, ⑤ 자음을 첫소리로 가지고 있는 'ㅢ'는 [ㅣ]로만 발음한다. 따라서 '희망[히망]', '무늬[무니]', '띄어쓰기[띠어쓰기/띠여쓰기]'로 발음한다.
③ 단어의 제일 앞이 아닌 '의'는 [ㅢ]로 발음하는 것이 원칙이나, [ㅣ]로 발음하는 것도 허용한다. 따라서 '자의[자의/자이]'로 발음한다.

03 답 우리의, 우리에
조사 '의'는 [ㅢ]로 발음하는 것이 원칙이나, [ㅔ]로 발음하는 것도 허용하므로 '우리의'는 [우리의] 또는 [우리에]로 발음한다.

04 답 ③

'곧'의 받침 'ㄷ'은 단어 끝에서 제 소릿값대로 [ㄷ]으로 발음하므로 표기 '곧'과 발음 [곧]이 일치한다.

| 오답 풀이 |
① 단어 끝이므로 받침 'ㅅ'을 대표음 [ㄷ]으로 바꾸어 [옫]으로 발음한다.
② 단어 끝이므로 받침 'ㅋ'을 대표음 [ㄱ]으로 바꾸어 [녁]으로 발음한다.
④ 단어 끝이므로 받침 'ㄲ'을 대표음 [ㄱ]으로 바꾸어 [박]으로 발음한다.
⑤ 단어 끝이므로 받침 'ㅈ'을 대표음 [ㄷ]으로 바꾸어 [낟]으로 발음한다.

05 답 ③

'집'과 '짚'은 모두 [집]으로 발음한다. 즉 단어 끝에서 받침 'ㅂ'과 'ㅍ'은 모두 대표음 [ㅂ]으로 발음한다.

06 답 ②

'산'의 받침 'ㄴ'은 단어 끝에서 제 소릿값대로 [ㄴ]으로 발음한다. 나머지는 '났[낟]', '밭[받]', '맛[맏]', '굳[굳]'과 같이 단어 끝 또는 자음 앞에서 받침을 모두 [ㄷ]으로 발음한다.

07 답 ⓐ: 비지 ⓑ: 비즐

〈보기〉에서는 다희가 '빚이', '빚을'을 [비시], [비슬]로 잘못 발음하여 승훈이가 혼란스러워하고 있다. 모음으로 시작된 조사 앞에서는 홑받침을 제 소릿값대로 뒷말의 첫소리로 옮겨 발음한다. 따라서 '빚이', '빚을'은 [비지], [비즐]로 발음해야 한다.

08 답 ⓐ: ㅍ ⓑ: 모음으로 시작된 조사 ⓒ: 제 소릿값

홑받침 'ㅍ'이 모음으로 시작된 조사 '이'와 결합되는 경우에는, 받침을 제 소릿값대로 뒷말의 첫소리로 옮겨 발음한다. 따라서 '무릎이'는 [무르피]로 발음해야 한다.

09 답 ③

'닭아'에서 받침 'ㄲ'은 모음으로 시작된 어미 '-아'와 결합하므로 제 소릿값대로 뒷말의 첫소리로 옮겨 발음한다. 따라서 [다까]로 발음한다.

| 오답 풀이 |
① '맛없다'는 받침 'ㅅ'이 구체적인 상태를 표시하는 말인 '없다'와 결합하므로 'ㅅ'을 대표음 [ㄷ]으로 바꾸어 [마덥따]로 발음한다.
② '꽃 위'는 받침 'ㅊ'이 구체적인 대상을 표시하는 말인 '위'와 결합하므로 'ㅊ'을 대표음 [ㄷ]으로 바꾸어 [꼳뒤]로 발음한다.
④ '부엌 안'은 받침 'ㅋ'이 구체적인 대상을 표시하는 말인 '안'과 결합하므로 'ㅋ'을 대표음 [ㄱ]으로 바꾸어 [부어간]으로 발음한다.
⑤ '낱알'은 받침 'ㅌ'이 구체적인 대상을 표시하는 말인 '알'과 결합하므로 'ㅌ'을 대표음 [ㄷ]으로 바꾸어 [나ː달]로 발음한다.

더 알아두기 '맛있다'의 발음
'맛있다' 역시 받침 'ㅅ'이 구체적인 상태를 표시하는 말인 '있다'와 결합하므로 [마딛따]로 발음해야 한다. 하지만 현실 발음에서 [마싣따]가 많이 나타나 이 또한 표준 발음으로 인정하고 있다. 이와 유사한 예로 '멋있다' 역시 [머딛따]와 [머싣따] 모두 표준 발음으로 인정하고 있다.

10 답 ③

겹받침 'ㄹㄱ'은 용언의 어간 끝이면서 'ㄱ' 앞인 경우 외에는 단어 끝 또는 자음 앞에서 [ㄱ]으로 발음한다. 따라서 '맑다'의 'ㄹㄱ'은 뒤 자음인 [ㄱ]으로 발음한다. 겹받침 'ㄹㅂ'은 단어 끝 또는 자음 앞에서 주로 [ㄹ]로 발음하지만 '자음 앞의 '밟-', 넓죽하다, 넓둥글다'에서는 [ㅂ]으로 발음한다. 따라서 '밟다'의 'ㄹㅂ'은 뒤 자음인 [ㅂ]으로 발음한다. 즉 '맑다[막따]'와 '밟다[밥ː따]'는 겹받침을 이루는 두 개의 자음 중 뒤 자음으로 발음하는 겹받침을 포함하고 있다.

| 오답 풀이 |
'값[갑]', '몫[목]', '외곬[외골/웨골]', '핥다[할따]', '넓다[널따]'로 발음하므로 겹받침을 이루는 두 개의 자음 중 앞 자음으로 발음하는 겹받침을 포함하고 있다.

11 답 ③

단어 끝 또는 자음 앞에서 겹받침 'ㅄ'은 [ㅂ]으로, 'ㄹㅁ'은 [ㅁ]으로, 'ㄴㅈ'은 [ㄴ]으로, 'ㄴㄱ'은 [ㄱ]으로 발음한다. 따라서 ⓐ '없다[업ː따]', ⓑ '젊고[점ː꼬]', ⓒ '앉게[안께]', ⓓ '넋과[넉꽈]로 발음한다.

12 답 ①

겹받침 'ㄹㄱ'은 단어 끝 또는 자음 앞에서 [ㄱ]으로 발음하지만, 용언의 어간 끝이면서 'ㄱ' 앞인 경우에는 [ㄹ]로 발음한다. 따라서 용언의 어간 끝이면서 'ㄱ' 앞에 있는 ⓐ '굵'의 'ㄹㄱ'은 [ㄹ]로 발음하고, 자음 앞에 있는 나머지 'ㄹㄱ'은 [ㄱ]으로 발음한다.

13 답 넙

단어 끝 또는 자음 앞에서 겹받침 'ㄹㅂ'은 주로 [ㄹ]로 발음하지만 '넓둥글다'에서는 [ㅂ]으로 발음한다.

14 답 ①

단어 끝 또는 자음 앞에서 겹받침 'ㄹㄱ'은 [ㄱ]으로 발음하므로 '읽다가'는 [익따가]로 발음한다.

| 오답 풀이 |
②, ③, ④ 모음으로 시작된 조사나 어미 등의 앞에서는 겹받침 중 뒤엣것을 뒷말의 첫소리로 옮겨 발음한다. 따라서 '닭았대[달맏따]', '흙에서[흘게서]', '짧은[짤븐]'으로 발음한다.
⑤ 겹받침 'ㄹㅂ'은 '자음 앞의 '밟-', 넓죽하다, 넓둥글다' 외에는 단어 끝 또는 자음 앞에서 [ㄹ]로 발음하므로 '떫대[떨ː따]'로 발음한다.

15 답 ④

ㄹ '놓는[논는], 쌓네[싼네]'를 보면, 받침 'ㅎ' 뒤에 'ㄴ'이 올 경우 'ㅎ'을 [ㄴ]으로 바꾸어 발음한다.

16 답 ⓐ: ㅎ ⓑ: ㄱ, ㄷ, ㅈ ⓒ: ㅋ, ㅌ, ㅊ

㉠ '놓고[노코], 좋던[조ː턴], 쌓지[싸치]'의 받침 'ㅎ', ㉡ '많고[만ː코], 끓던[끌턴], 뚫지[뚤치]'에서 받침 'ㄴㅎ', 'ㄹㅎ'의 'ㅎ'은 뒷말의 첫소리 'ㄱ, ㄷ, ㅈ'과 합쳐서 [ㅋ, ㅌ, ㅊ]으로 발음한다.

17 탑 (1) 살다: 삶 (2) 울다: 욺 (3) 얼다: 얾 (4) 갈다: 갊
(5) 머물다: 머묾

'살다, 울다, 얼다, 갈다, 머물다'의 어간은 '살-, 울-, 얼-, 갈-, 머물-'이다. 이렇게 'ㄹ'로 끝나는 어간에, 명사 기능을 하게 하는 어미 '-ㅁ'이 결합하면 '삶, 욺, 얾, 갊, 머묾'과 같이 표기한다.

18 탑 ⑤

'그는 하기 싫은 일은 절대로 안 해.'에서 '안'은 용언 '해'를 꾸며 주는 부사이면서, '아니'로 바꾸어 쓸 수 있으므로 '안'이 올바른 표기이다.

| 오답 풀이 |

① '않'은 용언 '먹었다'를 꾸며 주면서 '아니'로 바꾸어 쓸 수 있으므로 '안'이 적절하다.
② '안아'를 '아니해'로 바꾸어 쓸 수 있으므로 '않아'가 적절하다.
③ '안는다'를 '아니한다'로 바꾸어 쓸 수 있으므로 '않는다'가 적절하다.
④ '안겠어'를 '아니하겠어'로 바꾸어 쓸 수 있으므로 '않겠어'가 적절하다.

19 탑 ⑤

'돼'는 어간 '되-'에 어미 '-어'가 붙은 '되어'가 줄어든 말이므로 '되어'로 풀어 쓸 수 있으면 '돼'로 적는다. '선생님, 화장실에 다녀와도 되어요?'로 풀어 쓸 수 있으므로 '돼요'로 표기하는 것이 적절하다.

| 오답 풀이 |

① '배 속의 아이, 새끼, 알을 몸 밖으로 내놓다.'의 의미이므로 '낳다'가 올바른 표기이다.
② '왜 그런지 모르게, 뚜렷한 이유도 없이'라는 의미를 나타내는 단어는 '왠지'가 올바른 표기이다.
③ '어떻게 해'가 줄어든 말이므로 '어떡해'가 올바른 표기이다.
④ '틀림없이 꼭'의 의미이므로 '반드시'가 올바른 표기이다.

> **더 알아두기** '되요'와 '돼요'
>
> 용언의 어간 뒤에 어미 없이 바로 보조사가 붙을 수 없다. 따라서 '되다'의 어간 '되-'에 보조사 '요'가 붙을 수 없으므로 '되요'는 틀린 표기이다. 어간 '되-'에 어미 '-어'가 붙은 '되어'가 '돼'로 줄어들고, 여기에 보조사 '요'가 붙은 '돼요'가 올바른 표기이다.

20 탑 ①

㉠ '반드시'와 ㉡ '반듯이'는 [반드시]로 발음한다. ㉢ '나을'은 '낫다'의 활용형으로, 어간 '낫-'에 모음으로 시작된 어미가 결합하면서 'ㅅ'이 탈락하였다. '나을'은 [나을]로 발음한다. ㉣ '낳을'은 받침 'ㅎ' 뒤에 모음으로 시작된 어미가 연결되므로 'ㅎ'을 발음하지 않는다. 따라서 [나을]로 발음한다.

Ⅴ 언어와 국어

01 언어의 본질 110쪽

1 (1) 필연적 (2) 창조성
2 (1) 사회성 (2) 역사성

2 (1) 언어는 그 언어를 사용하는 사람들 사이의 사회적 약속이므로 개인이 마음대로 바꾸어 부르면 의사소통이 원활하게 이루어지지 않는다. 이는 언어의 사회성과 관련 있다.
(2) '어여쁘다'의 의미가 옛날에는 '불쌍하다.'였으나 지금은 '예쁘다.'로 변한 것은, 시간이 흐르면서 의미나 말소리가 변하기도 하는 언어의 역사성과 관련 있다.

내신 실전 문제 111~112쪽

01 ⑤	02 ①	03 ⑤	04 ⑤	05 ⑤
06 ②	07 의미나 말소리가 변하기도 함.			
08 ①	09 언어의 창조성	10 ③		

01 탑 ⑤

언어의 사회성은 언어는 그 언어를 사용하는 사람들 사이의 사회적 약속이므로 개인이 마음대로 바꿀 수 없다는 것이다.

| 오답 풀이 |

①, ④ 역사성 ② 자의성 ③ 창조성에 대한 설명이다.

02 탑 ①

〈보기〉와 같이 같은 의미를 나타내는 말소리가 언어마다 다른 것은 언어의 의미와 말소리가 필연적으로 결합한 것이 아니라 우연히 그렇게 맺어진 것이라는 언어의 자의성을 보여 준다.

03 탑 ⑤

〈보기〉는 같은 의미를 나타내는 말소리가 언어마다 다르다는 점을 이야기하고 있다. 이는 언어의 의미와 말소리가 필연적으로 결합한 것이 아니라 우연히 그렇게 맺어진 것이라는 언어의 자의성과 관련 있다.

| 오답 풀이 |

① 사회성 ②, ③ 역사성 ④ 창조성과 관련 있다.

04 탑 ⑤

어떠한 의미를 특정한 말소리로 나타내자고 사회적으로 약속한 뒤에는 그것을 개인이 마음대로 바꿀 수 없다. 즉 언어는 그 언어를 사용하는 사람들 사이의 사회적 약속이므로 개인이 마음대로 바꿀 수 없다. 이러한 특성을 언어의 사회성이라고 한다.

05 답 ⑤

제시된 글에서 '그'는 사물의 이름을 마음대로 바꾸어 부르고 있다. 그 결과 사람들과 의사소통할 수 없게 되었다. 언어는 그 언어를 사용하는 사람들 사이의 사회적 약속이므로 이를 개인이 함부로 바꾸거나 어기면 의사소통에 어려움을 겪을 수 있다.

06 답 ②

〈보기〉는 어떠한 대상을 '산[산]' 또는 '바다[바다]'라고 나타내기로 약속한 사회에서는 그 약속을 어기면 안 된다는 내용이다. 이는 언어는 그 언어를 사용하는 사람들 사이의 사회적 약속이므로 개인이 마음대로 바꿀 수 없다는 언어의 사회성과 관련 있다.

07 답 의미나 말소리가 변하기도 함.

'영감'이 '벼슬아치'를 의미했으나 '나이가 많아 중년이 지난 남자'를 의미하게 된 것은 언어의 의미가 변한 예이고, 오늘날 '강'이라고 부르는 대상을 예전에는 '가람'이라고 불렀다는 것은 언어의 말소리가 변한 예이다. 이를 통해 시간이 흐르면서 의미나 말소리가 변하기도 하는 언어의 역사성을 알 수 있다.

08 답 ①

예전에는 없던 '스마트폰', '내비게이션'이라는 말이 생긴 것은 시간이 흐르면서 없던 말이 생기기도 하는 언어의 역사성을 보여 주는 예이다.

| 오답 풀이 |
② 창조성 ③, ⑤ 자의성 ④ 사회성을 보여 주는 예이다.

09 답 언어의 창조성

이미 알고 있는 단어를 결합해 무수히 많은 문장을 만들 수 있는 것은 언어의 창조성과 관련 있다.

10 답 ③

단어를 결합해 많은 문장을 만들 수 있는 것은 언어의 창조성과 관련 있다.(ⓛ) 또한 이미 알고 있는 음식 이름의 단어를 결합해 새로운 음식을 이르는 단어를 만들 수 있는 것도 언어의 창조성과 관련 있다.(ⓒ)

| 오답 풀이 |
ⓐ 사회성 ⓔ 자의성과 관련 있다.

02 담화

113쪽

1 (1) 담화   (2) 말하는 이   (3) 상황
2 (1) ⓛ   (2) ⓐ   (3) ⓒ

2 (3) 우리나라에는 상대방의 권유를 한 번쯤 거절하는 것이 예의라고 여기는 문화가 있다. 이러한 사회·문화적 맥락을 고려하면 한 번 더 권하는 것이 적절하다.

| 01 ③ | 02 듣는 이 | 03 ⑤ | 04 ⑤ | 05 ④ |
| 06 ④ | 07 사회·문화적 맥락 | 08 ⑤ | 09 ② | |

01 답 ③

담화는 같은 표현이라도 맥락에 따라 의미가 달라질 수 있으므로 맥락을 고려하여 의미를 파악해야 한다.

| 오답 풀이 |
② 담화는 맥락 속에서 말하는 이가 듣는 이에게 말을 통해 내용을 전달하는 것이다.
④ 시간과 장소는 상황 맥락에 포함된다.
⑤ 공동체의 가치와 신념, 사고방식, 언어 습관 등의 사회·문화적 맥락은 담화에 영향을 미치는 맥락 중 하나이다.

02 답 듣는 이

담화는 말하는 이, 듣는 이, 내용, 맥락으로 구성된다. 이 중 듣는 이는 내용을 듣고 그 의미를 해석하여 이해하는 사람이다.

03 답 ⑤

〈보기〉의 담화는 담화가 이루어지는 시간과 장소, 말하는 이와 듣는 이 등 구체적인 상황 맥락이 제시되지 않아 의미를 파악하기 어렵다. 따라서 담화의 의미를 이해할 때 상황 맥락을 고려해야 함을 알 수 있게 해 준다.

04 답 ⑤

〈보기〉에서 민준이는 약속 시간에 늦은 준성이를 나무라려는 의도로 "지금 몇 시야?"라고 말했으나 준성이는 이러한 맥락을 파악하지 못하고 실제 시간을 대답하고 있다.

> **더 알아두기** 직접 표현과 간접 표현
>
> 말하는 이는 자신의 의도를 직접 드러낼 수도 있지만 간접적으로 표현할 수도 있다. 창문을 열어 달라는 의도를 "창문을 열어 주세요."라고 직접 표현할 수도 있지만, "여기 너무 덥지 않나요?"라고 간접적으로 표현할 수도 있는 것이다. 따라서 말의 의미를 파악할 때는 맥락을 고려해야 한다.

05 답 ④

신발 가게에서 상인과 손님이 대화하는 상황이라는 것과 손님의 대답을 고려할 때 (나)에서 "괜찮으세요?"는 상인이 손님에게 신발이 마음에 드는지를 묻는 것이다.

| 오답 풀이 |
①, ② (가)에서 의사가 환자에게 말한 "괜찮으세요?"는 상처가 아프지 않은지, 상처에 문제가 없는지를 묻는 의미이다.

06 답 ④

(가)에서 의사는 상처가 아프지 않은지, 상처에 문제가 없는지를 묻고 있다. 따라서 환자의 대답으로는 "조금 따갑지만 많이 아프지 않습니다."가 적절하다.

07 답 사회·문화적 맥락

담화가 이루어지는 특정 사회나 문화의 배경과 관련된 맥락은 사회·문화적 맥락이다.

08 답 ⑤

담화가 이루어지는 사회·문화적 배경과 관련된 사회·문화적 맥락은 담화에 영향을 미친다. 따라서 사회·문화적 맥락을 이해하면 담화의 의미를 정확하게 해석할 수 있다.

| 오답 풀이 |

① 담화의 의미는 단어의 사전적 의미 외에 맥락에 따라 달라질 수 있다.
②, ④ 담화의 구체적인 상황과 관련되고, 시간과 장소, 말하는 이의 의도와 목적이 드러나는 것은 상황 맥락이다.
③ 사회·문화적 맥락에 따라 말하는 이가 달라지지는 않는다.

09 답 ②

〈보기〉에서 마이클은 친척이 아니더라도 친근감 있게 상대방을 부를 때 '이모'라는 표현을 사용하기도 하는 사회·문화적 맥락을 이해하지 못하고 있다. 따라서 마이클의 이해를 돕기 위해서는 '이모'의 사전적 의미가 아니라 언어 문화를 설명해야 한다.

03 자음 글자의 창제 원리   116쪽

1 (1) 상형 (2) 가획자
2 (1) O (2) X

2 (2) 'ㄱ'에 획을 더한 'ㅋ', 'ㅂ'에 획을 더한 'ㅍ'은 각각 'ㄱ', 'ㅂ'보다 소리가 세다. 하지만 이체자인 'ㄹ'은 'ㄴ'에 획을 더하여 만들었지만 소리가 세지지는 않는다.

04 모음 글자의 창제 원리   117쪽

1 (1) O (2) X
2 (1) 땅 (2) ㅠ
3 합성의 원리

1 (2) 기본자 'ㅡ'와 'ㅣ'에 'ㆍ'를 한 번 합하여 초출자를 만들었다.
3 초출자 'ㅗ, ㅜ, ㅏ, ㅓ'와 재출자 'ㅛ, ㅠ, ㅑ, ㅕ'는 기본자를 합하는 합성의 원리로 만들었다.

한눈에 보는 개념   118쪽

❶ ㄴ   ❷ 입   ❸ ㅈ   ❹ 목구멍
❺ 재출자   ❻ 하늘   ❼ ㅡ   ❽ 사람

100점 포인트
❶ 상형   ❷ 가획   ❸ 병서

내신 실전 문제   119~121쪽

01 ③	02 발음 기관	03 ⑤	04 ③
05 ③	06 ㆁ, ㄹ, ㅿ	07 ③	08 ①
09 ①	10 합성의 원리	11 ②	12 ①
13 ④	14 ② 15 ③	16 ④	17 ⑤

01 답 ③

자음 글자는 상형의 원리로 기본자 5자를 만들고, 소리가 세짐에 따라 기본자에 획을 더하는 가획의 원리로 가획자를 만들었다.

| 오답 풀이 |

① 상형의 원리로 기본 'ㄱ, ㄴ, ㅁ, ㅅ, ㅇ' 5자를 만들었다.
② 합성의 원리로 만든 것은 모음 글자의 초출자와 재출자이다.
④ 소리의 세기를 반영하여 만든 것은 가획자이다.
⑤ 기본자를 합하는 합성의 원리로 만든 것은 모음 글자의 초출자와 재출자이다. 'ㅋ, ㅌ'은 가획의 원리로 만들었다.

02 답 발음 기관

자음 글자의 기본자 'ㄱ, ㄴ, ㅁ, ㅅ, ㅇ'은 각각 발음 기관의 모양을 본뜨는 상형의 원리에 따라 만들었다. 'ㄱ'은 혀뿌리가 목구멍을 막는 모양, 'ㄴ'은 혀끝이 윗잇몸에 닿는 모양, 'ㅁ'은 입의 모양, 'ㅅ'은 이의 모양, 'ㅇ'은 목구멍의 둥글게 생긴 모양을 본떠 만들었다.

03 답 ⑤

자음 글자의 기본자 'ㄱ, ㄴ, ㅁ, ㅅ, ㅇ' 중 혀끝이 윗잇몸에 닿는 모양을 본뜬 글자는 'ㄴ'이다.

04 답 ③

소리가 세짐에 따라 'ㅁ'에 획을 더하여 'ㅂ'을 만들었다. 이렇게 소리가 세짐에 따라 획을 더하는 가획의 원리로 'ㅂ'에 획을 더하여 만든 글자는 'ㅍ'이다.

05 답 ③

'ㆆ'에 획을 더하여 'ㅎ'을 만들었다. 소리가 세짐에 따라 획을 더했으므로 'ㆆ'은 'ㆆ'에 획을 더한 'ㅎ'에 비해 소리가 약하다.

| 오답 풀이 |

① 'ㅅ'은 이의 모양을 본떠 만든 기본자이다.
② 'ㅈ'은 'ㅅ'에 획을 더하여 만든 가획자이다.
④ 'ㄷ'은 'ㄷ'에 획을 더한 'ㅌ'에 비해 소리가 약하다.
⑤ 'ㅋ'은 'ㄱ'에 획을 더하여 만든 가획자이다.

06 답 ㆁ, ㄹ, ㅿ

'ㆁ, ㄹ, ㅿ'은 각각 'ㅇ, ㄴ, ㅅ'에 획을 더하여 만들었지만 소리가 세지지는 않는 예외적인 글자이다. 소리의 세기와 상관없이 획을 더하여 모양을 달리한 글자이므로 '이체자'라고 한다.

07 답 ③

'ㄲ, ㄸ, ㅃ, ㅆ, ㅉ'은 병서의 방법에 따라 자음 글자를 가로로 나란히 붙여 쓴 글자이다.

> **더 알아두기** 병서와 연서
>
> 병서와 연서는 자음 글자를 합쳐 쓰는 것으로, 한글 창제 당시 만든 자음 글자 17자를 활용하여 더 많은 소리를 표현하기 위해 사용한 방법이다.
> - 병서: 나란히 쓰기. 둘 이상의 같거나 다른 자음 글자를 가로로 나란히 붙여 쓰는 방법 예 ㄲ, ㄸ, ㅃ, ㅆ, ㅉ, ㅺ, ㅼ, ㅳ
> - 연서: 이어 쓰기. 두 개의 자음 글자를 세로로 이어서 쓰는 방법 예 ㅱ, ㅸ, ㆄ, ㅹ

08 답 ①

하늘·땅·사람, 즉 천지인을 본떠서 모음 글자의 기본자를 만들었다는 것은 물체의 모양을 본떠서 글자를 만드는 상형의 원리와 관련 있다.

09 답 ①

모음 글자의 기본자 'ㆍ, ㅡ, ㅣ'는 하늘, 땅, 사람의 모양을 본떠 만들었다. 'ㆍ'는 하늘의 둥근 모양을, 'ㅡ'는 땅의 평평한 모양을, 'ㅣ'는 사람이 서 있는 모양을 본떠 만들었다.

10 답 합성의 원리

제시된 글에서 'ㅡ'와 'ㅣ'에 'ㆍ'를 한 번 합하여 초출자를 만들고, 초출자에 'ㆍ'를 한 번 더 합하여 재출자를 만들었다고 하였다. 이것은 글자를 합하여 다른 글자를 만드는 합성의 원리와 관련 있다.

11 답 ②

초출자는 'ㅡ'와 'ㅣ'에 'ㆍ'를 한 번 합하여 만든 것이다. 따라서 'ㅣ'에 'ㆍ'를 합한 'ㅏ'(ⓐ)와 'ㅡ'에 'ㆍ'를 합한 'ㅜ'(ⓒ)가 초출자이다. 재출자는 초출자에 'ㆍ'를 한 번 더 합하여 만든 것이다. 따라서 초출자 'ㅗ'에 'ㆍ'를 합한 'ㅛ'(ⓑ)와 초출자 'ㅓ'에 'ㆍ'를 합한 'ㅕ'(ⓓ)가 재출자이다.

12 답 ①

초출자는 'ㅗ, ㅜ, ㅏ, ㅓ' 4개이다. '청소'에 쓰인 모음 글자 'ㅓ, ㅗ'는 모두 초출자이다.

| 오답 풀이 |

② 초출자 'ㅓ'와 재출자 'ㅑ'가 쓰였다.
③ 초출자 'ㅓ'와 기본자 'ㅡ'가 쓰였다.
④ 재출자 'ㅠ'와 초출자 'ㅓ'가 쓰였다.
⑤ 기본자 'ㅣ'와 초출자 'ㅓ'가 쓰였다.

13 답 ④

'ㅗ, ㅑ'는 모두 기본자를 합하는 합성의 원리로 만든 모음 글자이다. 초출자 'ㅗ'는 기본자 'ㅡ'에 기본자 'ㆍ'를 합하여 만들었고, 재출자 'ㅑ'는 초출자 'ㅏ'에 기본자 'ㆍ'를 합하여 만들었다.

14 답 ②

'ㅌ'은 기본자 'ㄴ'에 획을 두 번 더하여 만든 가획자이다.(ⓐ) 'ㅣ'는 사람이 서 있는 모양을 본떠 만든 기본자이다.(ⓒ)

| 오답 풀이 |

ⓑ: 'ㅃ'은 'ㅂ'을 가로로 나란히 붙여 쓴 병서자이다.
ⓓ: 'ㅠ'는 초출자 'ㅜ'에 기본자 'ㆍ'를 합하여 만든 재출자이다.

15 답 ③

'ㅎ'은 소리가 세짐에 따라 획을 더하는 가획의 원리로 만든 글자이다. 자음 글자의 기본자인 'ㄱ'과 'ㅇ', 모음 글자의 기본자인 'ㅡ'와 'ㆍ'는 상형의 원리로 만든 글자이다.

16 답 ④

입의 모양을 본떠 만든 자음 글자는 'ㅁ'이다. 'ㅡ'에 'ㆍ'를 한 번 합하여 만든 모음 글자는 'ㅗ'와 'ㅜ'이다. '뭄'은 첫소리와 끝소리 자리에 'ㅁ'이 있고, 가운뎃소리 자리에 'ㅗ'가 있다.

17 답 ⑤

한글 창제 당시에는 17자의 자음 글자와 11자의 모음 글자, 총 28글자가 만들어졌다. 이 중 'ㆁ, ㆆ, ㅿ, ㆍ'는 사라져 오늘날 국어에서는 쓰이지 않는다.

실력 완성 문제

122~125쪽

01 ③　　**02** ⑤　　**03** ②　　**04** 언어의 역사성
05 단어를 결합해 무수히 많은 문장을 만들 수도 있다.
06 ②　　**07** ⑤　　**08** ④　　**09** 사회·문화적
10 ③　　**11** ①　　**12** ③
13 ㅁ(획 추가 2회)+ㅣ+ㅅ(획 추가 1회)+ㅏ
14 ④　　**15** ②　　**16** ②　　**17** ①

01 답 ③

인간은 이미 알고 있는 언어를 바탕으로 새로운 단어를 만들 수도 있고, 단어를 결합해 무수히 많은 문장을 만들 수도 있다. 이를 언어의 창조성이라고 한다. 언어는 시간이 흐르면서 쓰이던 말이 쓰이지 않게 되어 사라지거나, 없던 말이 생기거나, 의미나 말소리가 변하기도 한다. 이를 언어의 역사성이라고 한다. 언어의 의미와 말소리는 필연적으로 결합한 것이 아니라 우연히 그렇게 맺어진 것이다. 이를 언어의 자의성이라고 한다. 언어는 그 언어를 사용하는 사람들 사이의 사회적 약속이므로 개인이 마음대로 바꿀 수 없다. 이를 언어의 사회성이라고 한다.

02 답 ⑤

같은 의미를 나타내는 말소리가 언어마다 '나비[나비]', 'butterfly [버터플라이]'로 다른 것은 언어의 의미와 말소리가 필연적으로 결합한 것이 아님을 나타낸다. 따라서 언어의 자의성을 보여 주는 예라고 할 수 있다.

| 오답 풀이 |

①, ④ 역사성 ② 사회성 ③ 창조성을 보여 주는 예이다.

03 답 ②

'개'라는 말이 '꼬리를 흔들며 왈왈 짖는 동물'을 뜻한다는 것은 반, 학교, 마을, 주, 나라 모든 사람들의 약속에 의해 정해진 것이다. 이것은 언어가 그 언어를 사용하는 사람들 사이의 사회적 약속이라는 언어의 사회성과 관련 있다.

04 답 언어의 역사성

〈보기〉에서 진수가 『세종어제훈민정음』을 이해하지 못한 이유는 '어리다', '어여쁘다'라는 말이 현재와 다른 의미로 쓰였기 때문이다. '어리다'의 의미가 '어리석다.'에서 '나이가 적다.'로 변하고, '어여쁘다'의 의미가 '가련하다. 불쌍하다.'에서 '예쁘다.'로 변한 것은 시간이 흐르면서 의미가 변하기도 하는 언어의 역사성과 관련 있다.

더 알아두기 세종어제훈민정음

세종 대왕이 쓴 글로, 한글을 창제한 까닭을 다음과 같이 밝히고 있다.
• 우리말이 중국과 달라서 한자로는 우리말을 제대로 표현할 수 없어서
• 글자를 모르는 백성을 불쌍하게 생각해서
• 글자를 모르는 백성이 글자로 자신의 생각을 표현하게 하기 위해서
• 누구나 쉽게 익혀서 편하게 쓸 수 있는 글자를 만들고 싶어서

05 답 단어를 결합해 무수히 많은 문장을 만들 수도 있다.

〈보기〉와 같이 단어를 결합해 여러 문장을 만드는 것은 언어의 창조성과 관련 있다. 언어의 창조성은 인간이 이미 알고 있는 언어를 바탕으로 새로운 단어를 만들 수도 있고, 단어를 결합해 무수히 많은 문장을 만들 수도 있다는 특성이다.

06 답 ②

'버스 정류장'이라는 상황 맥락으로 볼 때 ㉠ '양심을 지켜 주세요.'는 자리를 양보해 달라는 의미로 보기 어렵다.

07 답 ⑤

서희가 윤지에게 한 말인 "어떻게 왔어?"는 윤지가 갑자기 집에 찾아온 용건을 확인하려는 것으로, "무슨 일로 왔어?"라는 의미이다.

08 답 ④

윤지는 책을 잃어버린 것을 나무라려는 서희의 의도를 파악하지 못했고 이 때문에 서희의 기분이 상했다. 즉 말의 의도를 파악하지 못한 채 대화하면 상대방과 갈등이 생길 수 있다.

| 오답 풀이 |

①, ②, ⑤ 적절한 내용이지만 제시된 담화에 대한 반응이라고 볼 수 없다.
③ 말하는 이와 듣는 이가 같더라도 맥락에 따라 말의 의미가 달라질 수 있다.

09 답 사회 · 문화적

우리나라에서는 뜨거운 탕에 들어갔을 때의 느낌을 "시원하다."라고 표현하는 언어 습관이 있다. 공동체의 언어 습관은 사회 · 문화적 맥락에 해당한다.

10 답 ③

획을 더한다는 것은 소리가 세진다는 것을 의미한다고 하였다. 'ㅇ'에 획을 더하여 'ㆆ, ㅎ'을 만들었으므로 'ㅇ → ㆆ → ㅎ'으로 소리가 세진다. 따라서 'ㅎ'은 'ㅇ', 'ㆆ'보다 센 소리가 난다.

11 답 ①

혀뿌리가 목구멍을 막는 모양을 본뜬 기본자 'ㄱ'에 획을 하나 더한 자음 글자는 'ㅋ'이다. 혀끝이 윗잇몸에 닿는 모양을 본뜬 기본자 'ㄴ'에 획을 하나 더한 자음 글자는 'ㄷ'이다. 'ㅋ'과 'ㄷ'이 모두 쓰인 단어는 '카드'이다.

12 답 ③

ⓐ에 들어갈 창제 원리는 상형이다. 모음 글자의 기본자 역시 상형의 원리로 만들었다.

| 오답 풀이 |

① 가획의 원리 ② 이체자 ④ 합성의 원리 ⑤ 병서에 대한 설명이다.

13 답 ㅁ(획 추가 2회)+ㅣ+ㅅ(획 추가 1회)+ㅏ

가획의 원리가 적용된 자판에서는 자판에 제시된 글자에 획 추가를 하여 다른 글자를 입력한다. '피자'를 입력하려면 'ㅁ → ㅂ → ㅍ'과 'ㅅ → ㅈ'으로 획 추가를 해야 한다.

14 답 ④

〈보기〉는 이체자에 대한 설명이다. 자음 글자 중 이체자는 'ㆁ, ㄹ, ㅿ' 3개이다.

15 답 ②

'ㆍ, ㅡ, ㅣ'는 상형의 원리로 만든 기본자이고, 'ㅗ, ㅜ, ㅏ, ㅓ, ㅛ, ㅠ, ㅑ, ㅕ'는 합성의 원리로 만든 초출자와 재출자이다.

16 답 ②

'ㅜ'에 'ㆍ'를 합하여 만든 모음 글자는 'ㅠ'이다. 'ㅠ'가 쓰인 단어는 '휴가'이다.

17 답 ①

하늘, 땅, 사람의 모양을 본떠 모음 글자의 기본자를 만든 원리는 상형이다.

쪽지 시험

1회
128쪽

01 X　　**02** O　　**03** O　　**04** 명사
05 대명사, 수사　　**06** ⓒ　　**07** ⓗ　　**08** ⓔ
09 ⓐ　　**10** ⓜ　　**11** ⓐ　　**12** ⓛ

01 홀로 쓰일 수 없지만 홀로 쓰일 수 있는 말에 붙어 쉽게 떨어지는 말인 조사도 단어이다.
04 밑줄 친 '첫째'는 여러 형제자매 가운데서 제일 손위인 사람을 나타내므로 수사가 아니라 명사이다.
05 자유롭게 다른 말의 꾸밈을 받을 수 있는 명사에 비해, 대명사와 수사는 다른 말의 꾸밈을 받는 데 제약이 있다.

2회
129쪽

01 어떠한　　**02** 조사　　**03** 체언, 용언　　**04** 수식언
05 결코 그것은 우연이 아니었다.　　**06** 한 명
07 저 가방, 쏙 들어
08 ⓐ　　**09** ⓜ　　**10** ⓛ　　**11** ⓔ　　**12** ⓒ

05 '결코'는 문장 전체를 꾸며 주는 부사이다.
06 '한'은 체언 '명'을 꾸며 주는 관형사이다.
07 '저'는 체언 '가방'을 꾸며 주는 관형사이고, '쏙'은 용언 '들어'를 꾸며 주는 부사이다.

3회
130쪽

01 불변어　　　　**02** 있으며, 자유롭다
03 변하지 않는다　　**04** 없으며, 체언
05 접속 조사　　　　**06** 보조사　　**07** 느낌　　**08** O
09 O　　**10** X　　**11** X

06 '부터'는 앞말이 어떤 일이나 상태 따위에 관련된 범위의 시작임을 나타내는 보조사이고, '까지'는 앞말이 어떤 일이나 상태 따위에 관련된 범위의 끝임을 나타내는 보조사이다. 둘은 문장에서 보통 짝을 이루어 함께 쓰인다.
10 '아니'는 대답을 나타내는 감탄사로, 독립언에 해당한다. 하지만 '영호야'는 명사 '영호'에 조사 '야'가 결합한 것으로, 독립언에 해당하지 않는다.
11 두 단어를 같은 자격으로 이어 주는 조사는 접속 조사이다. '는'은 앞말이 다른 것과 대조됨 또는 앞말이 문장에서 화제

4회
131쪽

01 형　　**02** 동　　**03** 형
04 서술　　**05** 활용　　**06** 어간, 어미
07 동그란 눈에 까맣고 작은 코.
　　형용사　　　형용사 형용사
08 봄이 오면 산에 들에 진달래 피네.
　　동사　　　　　　　　　　동사
09 깊은 산속 옹달샘 누가 와서 먹나요?
　　형용사　　　　　　　동사 동사
10 후후 불면 구멍이 뚫리는 커다란 솜사탕.
　　동사　　　　　동사　　　형용사
11 자리에서 일어나서 제일 먼저 이를 닦자.
　　　　　　동사　　　　　　　　동사

06 동사 '가다'는 '가니, 가고, 가는데'와 같이 활용을 한다. 이때 '가-'와 같이 변하지 않는 부분을 '어간'이라고 하고, '-니', '-고', '-는데'와 같이 변하는 부분을 '어미'라고 한다.

5회
132쪽

01 명사, 대명사, 수사, 관형사, 부사, 감탄사
02 명사, 대명사, 수사
03 사랑하는, 없는, 아닙니다
04 가, 을, 은, 이, 이
05 ⓗ, ⓒ　　**06** ⓐ, ⓓ　　**07** ⓒ, ⓓ
08 ⓜ, ⓑ　　**09** ⓞ, ⓔ　　**10** ⓩ, ⓔ
11 ⓛ, ⓐ　　**12** ⓐ, ⓓ　　**13** ⓔ, ⓑ

03 형태가 변하는 단어에는 용언(동사, 형용사), 조사 '이다'가 있다. '사랑하는'은 동사이고 '없는, 아닙니다'는 형용사이다.
04 문장에서 단어들의 문법적 관계를 나타내는 역할을 하는 단어는 관계언으로, 조사가 이에 해당한다.

6회
133쪽

01 O　　**02** X　　**03** O　　**04** O　　**05** ⓒ
06 ⓐ　　**07** ⓛ　　**08** 세대　　**09** 직업
10 사회 방언　　　　**11** 지역 방언

02 고유어는 대개 하나의 단어가 지닌 의미의 폭이 넓다. 따라서 하나의 단어가 여러 의미로 쓰이는 경우가 많다.
05 '감상(感想)'은 마음속에서 일어나는 느낌이나 생각을 뜻하는 한자어이다.

임을 나타내는 보조사이고, '이야'는 '이다'의 활용형으로, 앞말이 문장에서 서술어의 자격을 가지도록 하는 격 조사이다.

06 '기운(氣運)'은 어떤 일이 벌어지려고 하는 분위기를 뜻하는 한자어이다.

07 '예감(豫感)'은 어떤 일이 일어나기 전에 암시적으로 또는 본능적으로 미리 느낌을 뜻하는 한자어이다.

7회

> **01** 주어   **02** 서술어   **03** 서술어
> **04** 목적어, 보어   **05** 시인이다
> **06** 사과만   **07** 개구리가   **08** 동생은
> **09** 영희가 웃는다.(그녀가 웃는다.)
> **10** 영희가 그녀를 보았다.(그녀가 영희를 보았다.)
> **11** 영희가 그녀가 아니다.(그녀가 영희가 아니다.)

05 '나의'는 관형어, '꿈은'은 주어, '시인이다'는 서술어이다.

06 '소희는'은 주어, '사과만'은 목적어, '좋아한다'는 서술어이다.

07 '올챙이가'는 주어, '개구리가'는 보어, '되었다'는 서술어이다.

08 '동생은'은 주어, '초등학생이'는 보어, '아니다'는 서술어이다.

09 주어는 체언에 주격 조사 '이/가'가 붙어 될 수 있다. 〈보기〉에 있는 체언은 '영희'와 '그녀'뿐이므로, '영희가'와 '그녀가'가 주어가 될 수 있다. 서술어는 용언 자체로 될 수 있다. 〈보기〉에 있는 용언 '웃는다', '아니다', '보았다' 중 주어만 필요한 서술어는 '웃는다'이다.

10 목적어가 사용되려면 서술어가 주어와 목적어를 필요로 해야 한다. 이에 해당하는 서술어는 '보았다'이다. 체언에 목적격 조사 '을/를'이 붙어 목적어가 될 수 있으므로 '영희를'과 '그녀를'이 목적어가 될 수 있다.

11 보어가 사용되려면 서술어는 '아니다'이어야 한다. 체언에 보격 조사 '이/가'가 붙어 보어가 될 수 있으므로 '영희가'와 '그녀가'가 보어가 될 수 있다.

8회

> **01** 관형어   **02** 부사어   **03** 관형어   **04** 부사어
> **05** 없으며, 가능하다   **06** ⓒ, ⓓ   **07** ⓛ, ⓑ
> **08** ⓐ, ⓑ   **09** 2   **10** 3   **11** 2

06 '은재야'는 체언 '은재'에 호격 조사 '야'가 붙은 독립어이다.

07 '빨갛게'는 용언의 어간 '빨갛–'에 부사형 어미 '–게'가 붙은 부사어이다.

08 '작은'은 용언의 어간 '작–'에 관형사형 어미 '–은'이 붙은 관형어이다.

09 관형어 '저'와 부사어 '늑대와'가 쓰였다.

10 관형어 '힘든', 부사어 '매우'와 '느리게'가 쓰였다.

11 독립어 '어머나'와 '얘'가 쓰였다.

9회

> **01** X   **02** O   **03** O   **04** X   **05** 이어진문장
> **06** 안은문장   **07** 홑문장 **08** ⓛ   **09** ⓒ
> **10** ⓛ   **11** ⓓ

01 이어진문장은 주어와 서술어의 관계가 두 번 이상 나타나는 겹문장이다.

04 안긴문장은 절의 형태로 다른 문장 속에 들어가 문장 성분처럼 쓰이는데, 절에는 주어와 서술어의 관계가 나타난다.

05 '까마귀가 날면 배가 떨어진다.'는 '까마귀가 난다.'와 '배가 떨어진다.'가 연결된 이어진문장이다.

06 '봉선화가 핀 마당이 아름답다.'는 '봉선화가 핀'을 안고 있는 안은문장이다.

07 '할머니의 고향은 여기가 아니다.'는 '관형어+주어+보어+서술어'로 이루어진 홑문장이다.

08 '봄이 왔다.'와 '꽃이 피겠다.'가 '원인'의 의미 관계로 연결된 종속적으로 이어진문장이다.

09 '아무도 모르게'라는 부사절을 가진 안은문장이다.

10 '유림이는 책을 읽는다.'와 '유림이는 공부를 한다.'가 '선택'의 의미 관계로 연결된 대등하게 이어진문장이다.

11 '밖에 누가 왔냐고'라는 인용절을 가진 안은문장이다.

10회

> **01** 뜻   **02** 모음, 자음   **03** 길이
> **04** 엄마, 시장, 참외   **05** 뭐, 약과
> **06** 대용량, 우유   **07** 휘파람   **08** 새해
> **09** 소고기   **10** 너구리

06 '대용량'의 'ㅐ'는 단모음, 'ㅛ', 'ㅑ'는 이중 모음이다. '우유'의 'ㅜ'는 단모음, 'ㅠ'는 이중 모음이다.

07 전설 모음이면서, 고모음이고, 원순 모음인 모음은 'ㅟ'이다.

08 전설 모음이면서, 저모음이고, 평순 모음인 모음은 'ㅐ'이다.

09 후설 모음이면서, 중모음이고, 원순 모음인 모음은 'ㅗ'이다.

10 후설 모음이면서, 중모음이고, 평순 모음인 모음은 'ㅓ'이다.

11회

> **01** 소리 나는 위치   **02** 소리 내는 방법
> **03** 소리의 세기   **04** 입술소리, 비음
> **05** 센입천장소리, 파찰음, 거센소리
> **06** 입술소리, 파열음, 예사소리
> **07** 목청소리, 마찰음
> **08** ⓑ   **09** ⓒ   **10** ⓐ

04 비음 'ㅁ'은 예사소리, 된소리, 거센소리로 나누지 않는다.

07 'ㅎ'은 마찰음이지만 예외적으로 예사소리, 된소리, 거센소리로 나누지 않는다.

08 잇몸소리, 마찰음, 된소리인 자음은 'ㅆ'이다.

09 센입천장소리, 파찰음, 예사소리인 자음은 'ㅈ'이다.

10 여린입천장소리, 파열음, 거센소리인 자음은 'ㅋ'이다.

12회
139쪽

01 ○	**02** X	**03** X	**04** ○	**05** ○
06 예	**07** 띠	**08** 말꼬	**09** 목씨다	**10** ⓑ
11 ⓒ	**12** ⓐ			

02 '예, 례' 이외의 'ㅖ'는 [ㅔ]로 발음하는 것도 허용하므로 [기계] 또는 [기게]로 발음한다.

03 '낚시'의 받침 'ㄲ'은 대표음 [ㄱ]으로 바꾸어 발음하고, '낚으니'의 받침 'ㄲ'은 제 소릿값대로 뒷말의 첫소리로 옮겨 발음한다.

04 '넓다'의 받침 'ㄼ'은 [ㄹ]로 발음하고, '넓둥글다'의 받침 'ㄼ'은 [ㅂ]으로 발음한다.

06 '예, 례'의 'ㅖ'는 [ㅖ]로만 발음한다.

07 자음을 첫소리로 가지고 있는 'ㅢ'는 [ㅣ]로만 발음한다.

08 용언의 어간 끝이면서 'ㄱ' 앞인 'ㄺ'은 [ㄹ]로 발음한다.

09 모음으로 시작된 조사 앞에서는 겹받침 중 뒤엣것을 뒷말의 첫소리로 옮겨 발음하는데 'ㅅ'이 뒷말의 첫소리로 옮겨 갈 경우에는 [ㅆ]으로 발음한다.

10 '만'의 받침 'ㄴ'과 '쌓'의 받침 'ㅎ'은 모두 [ㄴ]으로 발음한다.

11 '멋'의 받침 'ㅅ'과 '멎'의 받침 'ㅈ'은 모두 [ㄷ]으로 발음한다.

12 '밟'의 받침 'ㄼ'과 '값'의 받침 'ㅄ'은 모두 [ㅂ]으로 발음한다.

13회
140쪽

01 만듦	**02** 어떡해	**03** 되 → 돼
04 않 → 안	**05** 왠 → 웬	
06 돼지 → 되지, 안아 → 않아		**07** 웬지 → 왠지
08 안고 → 않고	**09** ⓛ	**10** ⓔ	**11** ⓒ
12 ⓖ		

03 '되다'의 어간 '되-'만 쓰는 것은 '먹다'의 어간 '먹-'만 써서 '주희가 밥을 먹.'이라고 하는 것과 같다. 따라서 어간 '되-'에 어미 '-어'를 붙인 '되어'가 줄어든 '돼'로 표기한다. 문장의 끝에서는 '되어'보다 '돼'의 형태가 주로 쓰여 '되어'로 풀어 쓸 수 없다고 생각할 수 있지만 문법적으로는 바른 표현이다.

04 '아니'로 풀어 쓸 수 있으므로 '안'으로 표기한다.

05 '어찌 된, 어떠한'을 뜻하는 말은 '웬'으로 표기한다.

06 '되어지'로 풀어 쓸 수 없다. '되다'의 어간 '되-'에 어미 '-지'가 결합한 것이므로 '되지'로 표기한다. '아니해'로 풀어 쓸 수 있으므로 '않아'로 표기한다.

07 '왜인지'가 줄어든 말은 '왠지'로 표기한다.

08 '아니하고'로 풀어 쓸 수 있으므로 '않고'로 표기한다.

14회
141쪽

01 ○	**02** X	**03** ○	**04** ○	**05** ⓒ
06 ⓔ	**07** ⓒ	**08** ⓒ	**09** ⓛ	**10** ⓖ
11 ⓖ				

02 언어의 의미와 말소리는 필연적으로 결합한 것이 아니라 우연히 그렇게 맺어진 것이지만, 그렇게 관계를 짓기로 사회적으로 약속한 것이므로 개인이 바꾸어 사용하면 안 된다.

10 의미가 서로 다른데 말소리가 같다는 것은 의미와 말소리의 관계가 필연적이지 않다는 것이므로 자의성과 관련 있다.

15회
142쪽

01 생각	**02** 내용	**03** 상황 맥락		
04 배경	**05** X	**06** ○	**07** X	**08** ⓒ
09 ⓛ	**10** ⓖ			

05 담화는 맥락에 따라 다르게 해석될 수 있다. 따라서 담화의 맥락을 고려하여 듣고 말해야 원활하게 의사소통할 수 있다.

07 사회·문화적 맥락뿐만 아니라 상황 맥락도 담화의 의미에 영향을 미친다.

16회
143쪽

01 ㅅ	**02** ㅂ	**03** ·	**04** ㅏ	**05** ㅠ
06 ⓐ	**07** ⓑ	**08** ⓐ	**09** ⓒ	**10** ㆁ, ㄹ, ㅿ
11 ㅗ, ㅜ, ㅓ				

10 소리의 세기와 상관없이 획을 더하여 모양을 달리한 글자는 이체자이다.

11 'ㅡ'와 'ㅣ'에 '·'를 한 번 합하여 만든 글자는 초출자이다.

체크! 필수 문법 개념

• 이해한 개념은 ☐에 표시하고, 헷갈리는 개념은 다시 공부하세요.

I 단어

☐ **품사**　단어를 일정한 기준에 따라 나누어 공통된 성질을 가진 것끼리 묶은 갈래

☐ **단어**　홀로 쓰일 수 있는 말 또는 홀로 쓰일 수 있는 말에 붙어 쉽게 떨어지는 말

☐ **불변어**　형태가 변하지 않는 단어

☐ **가변어**　형태가 변하는 단어

☐ **명사**　사람이나 사물 등의 이름을 나타내는 단어

☐ **구체 명사**　구체적인 대상의 이름을 나타내는 명사

☐ **추상 명사**　추상적인 대상의 이름을 나타내는 명사

☐ **고유 명사**　특정하거나 유일한 대상의 이름을 나타내는 명사

☐ **보통 명사**　같은 특성을 지닌 대상에 두루 쓰이는 명사

☐ **자립 명사**　다른 말의 도움 없이 홀로 쓰일 수 있는 명사

☐ **의존 명사**　앞말의 꾸밈을 받아야만 쓰일 수 있는 명사

☐ **대명사**　사람, 사물이나 장소의 이름을 대신하여 나타내는 단어

☐ **인칭 대명사**　사람의 이름을 대신하여 나타내는 대명사

☐ **지시 대명사**　사물이나 장소의 이름을 대신하여 나타내는 대명사

☐ **수사**　사람이나 사물 등의 수량이나 순서를 나타내는 단어

☐ **양수사**　수량을 나타내는 수사

☐ **서수사**　순서를 나타내는 수사

☐ **체언**　문장에서 주로 움직임이나 상태의 주체가 되거나 움직임의 대상이 되어 문장의 몸체 역할을 하는 단어

☐ **관형사**　체언 앞에 놓여서 ' 어떠한(어떤)'의 방식으로 체언을 꾸며 주는 단어

☐ **성상 관형사**　대상의 성질이나 상태를 나타내는 관형사

☐ **지시 관형사**　특정한 대상을 가리키는 관형사

☐ **수 관형사**　수량이나 순서를 나타내는 관형사

☐ **부사**　주로 용언 앞에 놓여서 '어떻게'의 방식으로 용언을 꾸며 주는 단어(다른 부사, 관형사, 체언, 문장 전체를 꾸며 주기도 함.)

☐ **성분 부사**　문장의 한 부분을 꾸며 주는 부사

☐ **문장 부사**　문장 전체를 꾸며 주는 부사

☐ **성상 부사**　대상의 모양, 상태, 정도를 꾸며 주는 부사

☐ **지시 부사**　장소나 시간, 앞에 나온 사실 등을 가리키는 부사

☐ **부정 부사**　용언 앞에 놓여서 그 용언의 내용을 부정하는 부사

☐ **양태 부사**　말하는 이의 심리적 태도를 나타내는 부사

☐ **접속 부사**　앞말과 뒷말, 앞 문장과 뒤 문장을 이어 주는 부사

☐ **수식언**　문장에서 다른 말을 꾸며 주는 역할을 하는 단어

☐ **감탄사**　말하는 사람의 놀람, 느낌, 부름이나 대답 등을 나타내는 단어

☐ **독립언**　문장에서 다른 단어들에 얽매이지 않고 독립적으로 쓰이는 단어

☐ **조사**　주로 체언 뒤에 붙어서 그 말과 다른 말의 문법적 관계를 나타내거나, 그 말에 특별한 뜻을 더해 주는 단어

☐ **격 조사**　앞에 오는 말이 문장에서 일정한 자격을 가지도록 하는 조사

☐ **보조사**　앞에 오는 말에 특별한 뜻을 더해 주는 조사

☐ **접속 조사**　두 단어를 같은 자격으로 이어 주는 조사

☐ **관계언**　문장에서 단어들의 문법적 관계를 나타내는 역할을 하는 단어

☐ **동사**　사람이나 사물의 움직임이나 작용을 나타내는 단어

☐ **자동사**　동사가 나타내는 움직임이나 작용이 주체에만 미치는 동사

☐ **타동사**　동사가 나타내는 움직임이나 작용이 주체가 아닌 다른 대상에도 미치는 동사

☐ **형용사**　사람이나 사물의 성질이나 상태를 나타내는 단어

☐ **성상 형용사**	성질이나 상태를 나타내는 형용사	☐ **독립어**	다른 성분과 직접적인 관계를 맺지 않고 독립적으로 쓰이는 문장 성분
☐ **지시 형용사**	성질이나 상태, 시간, 수량 등이 어떠하다는 것을 대신 나타내는 형용사	☐ **독립 성분**	문장에서 다른 문장 성분과 밀접한 관계가 없는 성분
☐ **용언**	문장에서 주체의 움직임, 작용, 성질, 상태 등을 서술하는 역할을 하는 단어	☐ **홑문장**	주어와 서술어의 관계가 한 번만 나타나는 문장
☐ **활용**	용언(동사, 형용사)이나 조사 '이다'가 문장에서의 쓰임에 따라 그 형태가 변하는 일	☐ **겹문장**	주어와 서술어의 관계가 두 번 이상 나타나는 문장
☐ **어간**	활용하는 단어가 활용할 때 변하지 않는 부분	☐ **이어진문장**	둘 이상의 홑문장이 나란히 이어져 이루어진 문장
☐ **어미**	활용하는 단어가 활용할 때 변하는 부분	☐ **대등하게 이어진문장**	둘 이상의 홑문장이 '나열, 대조, 선택' 등의 의미 관계로 대등하게 이어진 문장
☐ **어휘**	일정한 범위 안에서 쓰이는 단어의 집합	☐ **종속적으로 이어진문장**	둘 이상의 홑문장이 '원인, 조건, 목적' 등의 의미 관계로 종속적으로 이어진 문장
☐ **고유어**	본래부터 우리말에 있었거나 우리말에 기초하여 새로 만들어진 말	☐ **안은문장**	하나의 홑문장이 다른 홑문장을 하나의 문장 성분처럼 안고 있는 문장
☐ **한자어**	한자에 기초하여 만들어진 말	☐ **안긴문장**	다른 문장 속에 들어가 하나의 문장 성분처럼 쓰이는 문장
☐ **외래어**	다른 나라에서 들어와 우리말처럼 쓰이는 말	☐ **명사절을 가진 안은문장**	주어, 목적어, 부사어 등의 기능을 하는 절을 안은 문장
☐ **지역 방언**	지리적으로 떨어져 있어 오랜 시간이 흐르면서 지역에 따라 달라진 말	☐ **관형절을 가진 안은문장**	관형어의 기능을 하는 절을 안은 문장
☐ **사회 방언**	세대, 직업, 성별 등 사회적 원인에 따라 다르게 쓰이는 말	☐ **부사절을 가진 안은문장**	부사어의 기능을 하는 절을 안은 문장
		☐ **서술절을 가진 안은문장**	서술어의 기능을 하는 절을 안은 문장
		☐ **인용절을 가진 안은문장**	다른 사람의 말이나 생각을 인용한 문장을 절의 형태로 안은 문장

Ⅱ 문장

☐ **문장**	생각이나 감정을 말과 글로 표현할 때 완결된 내용을 나타내는 가장 작은 단위
☐ **문장 성분**	문장 안에서 일정한 문법적 기능을 하는 부분
☐ **주어**	동작 또는 상태나 성질의 주체가 되는 문장 성분
☐ **서술어**	주어의 동작 또는 상태나 성질 등을 풀이하는 문장 성분
☐ **목적어**	서술어가 나타내는 동작의 대상이 되는 문장 성분
☐ **보어**	서술어 '되다', '아니다' 앞에서 의미를 보충하는 문장 성분
☐ **주성분**	문장을 이루는 데 기본적으로 필요한 성분
☐ **관형어**	체언을 꾸며 주는 문장 성분
☐ **부사어**	주로 용언을 꾸며 주고, 관형어, 다른 부사어, 문장 전체를 꾸며 주기도 하는 문장 성분
☐ **부속 성분**	문장에서 주로 주성분의 내용을 꾸며 뜻을 더해 주는 성분

Ⅲ 음운

☐ **음운**	말의 뜻을 구별해 주는 소리의 가장 작은 단위
☐ **모음**	발음할 때 공기의 흐름이 방해를 받지 않고 나는 소리
☐ **자음**	발음할 때 공기의 흐름이 목 안이나 입안에서 방해를 받으며 나는 소리
☐ **단모음**	발음할 때 입술 모양이나 혀의 위치가 고정되어 움직이지 않는 모음
☐ **이중 모음**	발음할 때 입술 모양이나 혀의 위치가 달라지는 모음

☐ **전설 모음**	입천장의 중간점을 기준으로 혀의 최고점의 위치가 앞쪽에 있을 때 발음되는 모음	
☐ **후설 모음**	입천장의 중간점을 기준으로 혀의 최고점의 위치가 뒤쪽에 있을 때 발음되는 모음	
☐ **고모음**	입을 조금 벌리고 혀의 높이를 높여 발음하는 모음	
☐ **중모음**	입을 보통으로 벌리고 혀의 높이를 중간으로 하여 발음하는 모음	
☐ **저모음**	입을 크게 벌리고 혀의 높이를 낮춰 발음하는 모음	
☐ **원순 모음**	입술을 둥글게 오므려 발음하는 모음	
☐ **평순 모음**	입술을 둥글게 오므리지 않고 발음하는 모음	
☐ **입술소리**	두 입술 사이에서 나는 소리	
☐ **잇몸소리**	윗잇몸과 혀끝이 닿아서 나는 소리	
☐ **센입천장소리**	센입천장과 혓바닥 사이에서 나는 소리	
☐ **여린입천장소리**	여린입천장과 혀의 뒷부분 사이에서 나는 소리	
☐ **목청소리**	목청 사이에서 나는 소리	
☐ **파열음**	공기의 흐름을 막았다가 터뜨리면서 내는 소리	
☐ **마찰음**	공기 통로를 좁히고 좁은 틈 사이로 공기를 내보내어 마찰을 일으키면서 내는 소리	
☐ **파찰음**	공기의 흐름을 막았다가 서서히 터뜨리면서 마찰을 일으켜 내는 소리	
☐ **비음**	입안의 통로를 막고 코로 공기를 내보내면서 내는 소리	
☐ **유음**	혀끝을 잇몸에 가볍게 대었다가 떼거나, 혀끝을 윗잇몸에 댄 채 공기를 그 양옆으로 흘려보내면서 내는 소리	
☐ **예사소리**	성대를 편안히 둔 상태에서 자연스럽게 나오는 소리	
☐ **된소리**	성대 근육이 긴장된 상태에서 숨이 거의 없이 나오는 소리	
☐ **거센소리**	숨이 거세게 나오는 소리	

Ⅳ 발음과 표기

☐ **홑받침**	하나의 자음 글자로 이루어진 받침

☐ **쌍받침**	같은 자음 글자가 겹쳐서 이루어진 받침
☐ **겹받침**	서로 다른 두 개의 자음 글자로 이루어진 받침

Ⅴ 언어와 국어

☐ **언어의 자의성**	언어의 의미와 말소리는 필연적으로 결합한 것이 아니라 우연히 그렇게 맺어진 것임.
☐ **언어의 사회성**	언어는 그 언어를 사용하는 사람들 사이의 사회적 약속이므로 개인이 마음대로 바꿀 수 없음.
☐ **언어의 역사성**	언어는 시간이 흐르면서 쓰이던 말이 쓰이지 않게 되어 사라지거나, 없던 말이 생기거나, 의미나 말소리가 변하기도 함.
☐ **언어의 창조성**	인간은 이미 알고 있는 언어를 바탕으로 새로운 단어를 만들 수도 있고, 단어를 결합해 무수히 많은 문장을 만들 수도 있음.
☐ **담화**	생각을 표현하는 문장들이 모여 이루어진 언어 단위
☐ **말하는 이**	내용을 표현하는 사람
☐ **듣는 이**	내용의 의미를 해석하는 사람
☐ **내용**	말이나 글을 통해 전달하고자 하는 것
☐ **맥락**	의사소통에 영향을 미치는 배경이나 환경
☐ **상황 맥락**	시간과 장소, 말하는 이와 듣는 이, 말하는 이의 의도와 목적 등 담화가 이루어지는 구체적인 상황과 관련된 맥락
☐ **사회·문화적 맥락**	역사적·사회적 상황, 공동체의 가치와 신념, 사고방식, 언어 습관 등 담화가 이루어지는 사회·문화적 배경과 관련된 맥락
☐ **상형의 원리**	발음 기관의 모양 또는 하늘, 땅, 사람의 모양을 본떠 기본자를 만든 원리
☐ **가획의 원리**	소리가 세짐에 따라 기본자에 획을 더하여 글자를 만든 원리
☐ **이체자**	소리의 세기와 상관없이 획을 더하여 모양을 달리한 글자
☐ **병서**	둘 이상의 자음 글자를 가로로 나란히 붙여 쓰는 것
☐ **합성의 원리**	기본자를 합하여 글자를 만든 원리
☐ **초출자**	'ㅡ'와 'ㅣ'에 '·'를 한 번 합하여 만든 글자
☐ **재출자**	초출자에 '·'를 한 번 더 합하여 만든 글자

빠른 시작
빠짝